JN436835

격동기에 겪은 **사상들**

격동기에 겪은 사상들

초판 1쇄 발행 2014년 7월 30일
초판 2쇄 발행 2015년 7월 5일

지은이 정범모
펴낸곳 서울대학교출판문화원
펴낸이 성낙인

책임 편집 곽진희
디자인 최선아

출판등록 제15-3호

주소 151-742 서울 관악구 관악로 1
대표전화 02-880-5252 | **팩스** 02-888-4148
마케팅팀(주문상담) 02-889-4424, 02-880-7995
이메일 snubook@snu.ac.kr
홈페이지 www.snupress.com

ISBN 978-89-521-1620-8 93300

Ideologies in the Turbulent Period

격동기에 겪은 사상들

정범모

서울대학교출판문화원

Ideologies in the Turbulent Period

Bom-Mo Chung

Seoul National University Press

| 머리말 |

내 나이 올해 아흔이다. 오래도 살았지만 그 덕으로 수많은 격동의 역사적 사건들을 겪었다. 일제 강점기·8.15 해방·6.25 전쟁·4.19 혁명·5.16 군사혁명·경제발전 등을 겪으면서 여러 가지 생각에 잠기기도 했고, 여러 사상思想들의 주장도 들었다. 민주주의·전제주의, 자본주의·공산주의, 관념론·물질론 등을 위시한 수많은 사상의 주장들을 소화해야 했다.

그런 사상들은 다 제각기 자연, 인간, 사회란 무엇이고 그에 따라 우리는 어떻게 행동해야 할 것이냐를 주장한다. 우리는 그런 사상을 소화해 가면서 자기 나름의 '믿음'을 형성해 간다. 사상이란 곧 믿음이다.

우리는 여러 가지 믿음을 가지고 산다. 어떤 믿음 없이는 우리는 한시도 마음 놓고 살아갈 수가 없다. 봄 다음엔 여름이 온다는 것을 믿어야 모내기를 할 수 있고, 빨간 신호엔 자동차가 멈춘다는 것을 믿을 수 있어야 안심하고 길을 건너며, 민주주의가 독재보다 낫다는 것을 믿어야 기꺼이 투표하러 간다.

이 책은 격동의 역사 속에서 내가 겪은 여러 사상 중의 몇몇을 반추·성찰하고 정리해 본 것이다. 그런 성찰이 내일을 위한 믿음의 향방을 밝히는 데 일조가 되리라고 믿는다.

내 전공은 교육이다. 지난 반세기 나는 교육에 관한 여러 권의 책을 펴냈다. 그 책들 속에는 자연히 인간과 사회에 관한 나의 생각들이 여기저기에 끼어 들어가 있다. 그럴 수밖에 없는 것이, 본시 교육이란 이상적 인간, 이상적 사회를 꿈꾸는 일이고 보면, 필연 인간과 사회에 관한 사상을 섭렵하지 않을 수가 없었기 때문이다. 이 책에는 그렇게 지난날 내 여러 책 속에 흩어져 있는 인간과 사회에 관한 생각들을 한곳에 모아 정리한 부분도 많다. 따라서 내가 전에 펴낸 저서의 내용과 중첩되는 곳이 많다는 점을 미리 밝혀 둔다.

물론 나는 각 사상의 전문학자도 아니고, 철학·사회학·정치학·경제학의 학자도 아니다. 따라서 이 책에 실린 내용이 각기 전문학자의 눈으로 보면 그리 깊이가 있는 내용이 아닐 수도 있다. 그저 한 인간, 한 국민, 한 교육학도로서 필연 생각하지 않을 수가 없었던 사상의 문제에 관한 비전문가로서의 소견인 것도 미리 양해하기 바란다.

나는 이 책의 내용이, 지난날 내가 그랬듯이, 사상이 난무하는 세계에서 '나의 위치'가 어디냐를 발견해야 하는 청년기의 학생들에게 작은 도움이 되기를 바란다. 그 자아정체성의 발견이라는 청년기의 발달과업에 한 시대 앞선 세대의 경험이 약간의 참고는 되리라고 믿는다. 또한 이 책이 이 나라의 교육을 걱정하는 교육자와 교육학도에게도 교육의 향방을 가늠하는 데에 일조가 되기를 기대한다. 앞에서도 말했듯이, 교육은 본래 이상적 인간, 이상적 사회가 목표인 사업이라면 그에 관한 사상은 응당 교육학도의 관심사일 것이기 때문이다.

언제나 그러하였듯이 이 책이 나오기까지는 여러 분의 은혜와 도움이 있었다. 우선 일송학원 尹大原 이사장께, 그리고 한림과학원

金容九 원장께 감사한다. 자주 같이하는 간담에서 두 분은 내게 많은 지적 자극을 주셨을 뿐만 아니라, 이 책도 두 분의 권유에 따라 시작했다. 또한 이 책 초고를 면밀히 읽으시고 많은 제안을 해주신 외우 金炯國 교수와 金光雄 교수께 각별한 감은의 뜻을 전한다. 그리고 지저분한 원고를 깨끗하게 정리해 주신 한국행동과학연구소 朴民義 과장과 한림과학원 金藝熙 씨에게도 새삼 감사한다.

2014. 6. 15

鄭範謨 적음

| 차례 |

서론

이분론 너머

그때 그 생각
사상 정향
중용
둘이 하나로
대뇌의 좌·우반구

그때 그 생각

지난날을 회고하면 나와 동시대를 산 사람들은 누구나 다 '다사다난한 격동의 시대를 살아왔다'는 감회에 젖을 것이다. 나도 예외는 아니다. 스무 살 전후에 조국 광복을 맞이한 내 세대는 정말 파란만장한 한국사 속에서 수많은 사건들을 겪으면서 살아왔다.

그 몇몇만 되돌아보아도,

굴욕의 일제 강점기, 제2차 세계 대전, 환희의 해방, 불의의 한반도 양단, 첨예한 좌·우익의 사상 갈등, 처참한 6.25 전쟁, GDP 80달러도 안 되었을 해묵은 '보릿고개'의 가난, 자유당 독재, 4.19 혁명, 이어진 혼란의 1년, 5.16 군사혁명, 긴 세월의 학생데모, 경제발전, 5.18 광주 의거, 88 서울올림픽, IMF의 구제 금융, 2002년 월드컵 그리고 GDP 2만 달러 등, 거기에 개인적으로는 2년씩 두 번의 미국 유학 시절이 끼어든다.

이런 격랑 속에서 내 세대는 수많은 사상思想의 주장들을 어지럽게 듣고 겪어야 했고 생각도 해야 했다. 민주주의·전제주의, 자본주의·사회주의, 개인주의·집단주의, 성선설·성악설, 관념론·물질론, 이성론·경험론, 유교·불교·기독교 등 그 예를 들자면 한이 없다.

유년기·소년기 시절의 나는 순진했다. 그저 어머니, 아버지가 하라고 하시는 대로 생각하고 느끼고 행동하는 착한 아이였다. 나만 아니라 그 또래 아이들은 거의 다 그랬을 것이다. 우리 집안은 대대로 유교 집안이라 그때 내게 유교의 가치관이 부지불식간에 심어졌을 것이고, 그 여운은 필연 지금도 내 사상의 기층을 형성하고 있을 것이다.

오늘날의 초·중학교에 해당하는 시절에도 나는 선생님이 하라는 대로 공부하고 생각하고 행동하는 착한 우등생이었다. 그러나 초·중학교에 이어서 고등학교에 해당하는 시절에 내 세대가 받은 교육은 일제 강점기라 철저한 일본식 교육이었다. 일본말로 된 교과서로 교사도 일본말로 가르치고, 아이들도 일본말로 배우고, 문답도 일본말로 해야 했다. 아이들은 학교 안에서 서로 일본말을 사용했다. 아이들의 언어학습능력은 대단하다. 어떻게 배웠는지는 모르지만, 1학년 2학기쯤부터는 일본말에 귀·입·눈이 큰 불편 없이 트였다. '국사' 과목도 일본국사였다. 그래도 어린 마음은 '세상은 그저 그런 것이려니' 여기고 별 반감은 없었다.

그러나 일본이 1937년 중국을 침공하면서 중일전쟁을 벌이고, 이어 1941년 진주만을 기습하면서 태평양전쟁을 도발한 내 중등학교 시절부터는 일본의 제국주의·군국주의·식민주의가 학교생활에도 점점 짙게 노골적으로 격화되었다. 그것이 자아정체성을 찾는 내 사춘기와 맞물려 점점 더 고민에 빠지게 했고, 곧 '나라 없는 서러움'이 골수에 맺히기 시작했다. 그러나 마침내 나에게도 일본군에 입대하라는 징병령이 내렸다. '죽음'을 생각해야 했다. '내 나라가 아닌 일본을 위해서 죽어야 한다'는 것이 몹시도 분하고 서러웠다. 그래도 중등부 5년을 마치고, 전문부 3년의 경성사범학교를 전문부 2년에 중퇴

하고 1945년 8월 2일 입대를 해야 했다. 그리고 내가 속해 있던 부대는 8월 17일에 만주 전선 전투에 투입될 예정이라고 했다.

해방은 8월 15일이었다. 그날 연병장에서 일본 천황의 항복 선언 방송을 들었고, 몇 시간 후에 조선 병사는 짐을 싸서 집에 가라는 방송이 이어졌다. 희한하게도 입대 후 꼭 2주만이다. 사지死地를 벗어난 셈이다.

부대를 나와 귀가하는 길에 충격과 환희와 회한이 섞인 허탈감이 들었다. 은연히 전쟁의 패색은 엿보였지만 '이렇게 졸지에!'라는 것이 충격이었고, 힘껏 들이마시는 '내' 나라의 대기가 그렇게 달 수가 없는 것이 환희였으며, 일본문화에 거의 세뇌가 되고 한국사도 한국문학도 모르고 보낸 지난 긴 세월이 억울하고 분함이 회한이었다. 나는 '이제는 어떤 사상에도 다시는 온통 세뇌되지도 않고 속지도 않겠다!'고 속으로 맹세했다. 그때의 맹세는 줄곧 지금까지도 내게 살아있다.

한반도는 남북으로 양단되고, 서울 거리는 벌써 좌·우익의 정치선동과 충돌로 어지럽고 시끄러웠다. 몇 주 집에서 쉬었다가 다니던 경성사범학교에 가 보았다. 물론 수업은 없었고, 학교에도 벌써 정치바람이 불어 언제부터 좌익이 되었는지 좌익 학생들이 학생회를 조직하고 거의 연일 학생총회를 열고 있었다. 학생총회는 회의라기보다는 자칭 간부들에 의한 강압적이고 테러 위협까지 수반되는 공포 분위기에서 진행되는 모임이었다. 그 간부 중엔 일제 강점기에 깡패였던 학생도 있었고, 일본 황국을 찬양하는 글로 일등 당선한 학생도 있었다. 나는 그 강압·공포의 분위기가 몹시 역겨웠고, 이제 내가 할 일은 '내 나라의 문화를 찾는' 공부라는 생각에서 친구들과 '나라 찾기' 공부에 나날을 보내고 학생회에 동참하지 않았다. 공산주의에 대한 혐오증은 그때 싹튼 셈이다. 그 때문에 그들은 나를 반동분자로 몰았다.

1948년 남쪽엔 자유 민주주의 대한민국이 탄생하고 곧이어 북쪽엔 공산주의의 조선인민공화국이 생겼다. 경성사범학교는 사범대학으로 승격되었고, 엉성한 대로 나는 대학 공부에 열중했다. 해방 후 나는 교육학을 전공으로 택했다. 교육학은 '다학문적' 성격이 강하다. 그것은 곧 철학·윤리학을 비롯하여 사회과학·자연과학의 기본을 넓게 이해하는 것을 뜻했다. 대학이 정비되면서, 나는 우선 재미있게 가르쳐 주시는 세 분 철학교수의 강의를 들으면서 철학 관련서적을 읽기에 열중했다.

그리고 졸업 후 미국 장학생 프로그램에 응모해서 당선되어 도미한 것이 1950년 6월 21일이었다. 고약하게도 6.25 전쟁이 터지기 나흘 전이었다.

미국 유학 나흘만에 6.25 전쟁이 터졌다는 방송을 들었을 때, 나는 그전에도 38선에서 자주 있었던 소전투 정도로만 생각했다. 그러나 다음 날 신문의 일면 전부에 대문짝만한 글씨로 북한 남침을 보도하면서 곧 서울이 함락될 것이라고 했을 때엔 실신할 정도로 아찔했다. 몸 둘 곳 모르고 허공을 헤매는 느낌이었다. '아무리 사상이 다르다 해도 어떻게 같은 민족끼리 이럴 수가!' 옆에서 한 미국 친구가 "넌 용케 빠져나와 행운"이라고 했다. 나는 벌컥 화를 냈다. "행운은 무슨 행운! 내 가족은 어쩌고, 대한민국은 어쩌라고? 이렇게 떨어져 있는 것이 도리어 죄스러운 불행이 아니냐!"

나는 6.25 전쟁의 여러 참극을 직접 경험하고 목도하지 못했다.

유학 2년간 거의 매일 신문과 라디오 뉴스에 매달려서 겪는 전란의 간접경험은 색다른 고통·고뇌의 시간이었다. '민족이 뭐고, 국가가 뭐고, 사상이 뭐고, 전쟁이 뭐냐'를 골똘히 생각하게도 되었다. 지금도 가끔 자다가 겪지도 않은 전란의 악몽을 꾸는 것은 그때 충격이 깊었던 탓일 것이다.

처음 가 본 미국은 여러 모로 놀라웠다. 우선 그 풍요에 압도되었고, 날이 지나면서 그 풍요가 사람들의 부드러운 마음의 여유에 이어져 있음을 느낄 수 있었다. 캠퍼스 안에서 마주치면 초면에도 가벼운 미소를 보내며 지나가는 것이 처음엔 좀 이상했다. 마음의 여유는 그들의 민주주의, 인권사상에도 연관이 있음을 직관할 수 있었다. 그리고 그 민주주의는 모든 면에서 규율·규정·법률을 무섭게 지키는 관습에 연결되어 있음도 알 수 있었다. 물론 미국사회도 이상 사회는 아니고 많은 문제를 안고 있는 사회임도 간과할 수는 없었다.

유학 기간 동안 심리학·교육학의 여러 이론들에 폭넓게 접한 것은 큰 소득이었다. 또한 한국에서 대학시절에 여러 철학교수의 영향을 받아 철학을 중시하고 과학적 사고를 경시했던 나에게, 모든 입언立言에 그 진위를 가리는 실증적 근거를 찾는 미국 학계의 과학적 사고 풍조는 깊은 인상을 주었다.

1952년 6월에 수도가 피난했던 부산으로 귀국했고, 그 당시 부산에 피난했던 서울대학교 사범대학의 판잣집 교실에서 교편을 잡기 시작했다. 1954년에 서울로 환도했다. 1950년대 모든 것이 궁하고 을씨년스러운 환경 속에서도 나는 정말 전심으로 수업과 연구와 저술에 열중했다. 학생들도 열심이었다. 모든 것이 궁하니 공부 밖에 할 일이 없었던 셈이다.

독재가 점점 심해졌다. 자유 민주주의로 시작한 이승만 정부는 여러 이유를 들면서 독재의 색채를 띠기 시작했다. 정계 · 관계 · 경제계가 아닌 대학이라는 곳은 그래도 비교적 정치적 무풍無風지대였기 때문에 짙어가는 독재의 풍토를 한동안 답답하게 느끼지는 못했다.

그러나 1954년 대통령 중임 제한을 철폐하는 개헌을 강행하고부터는 학원 안에서도 자유당 독재의 여파를 느낄 수 있었고, 더구나 대통령 선거를 앞둔 1959년 겨울부터는 자유당의 노골적인 여러 부정 선거공작은 사회를 울분과 불안으로 몰아갔다. 마침내 1960년 3월 15일 안하무인의 부정선거는 온 국민의 분노를 샀고, 대학에서조차도 '이 사회가 이대로는 안 되겠다!'는 벼랑 끝의 절박감과 위기감이 짙어갔다. 나도 이대로는 내가 대학에서 가르친다는 일도 무의미하다는 절망감에 사로잡혔다.

드디어 그해 4월 19일에 학생봉기가 발발했다. 그날 내가 강의하던 교실에서도 누군가 문을 열고 전달하는 신호를 받더니 학생들이 모두 뛰쳐나갔다. 나는 늦 개나리가 피어 있는 교정을 종일 서성거렸다. 오후 늦게 200명 가까운 학생들이 총탄에 쓰러졌다는 비보가 들려왔다. 그중엔 사범대학 학생도 셋이 있었고 그중 한 학생은 아침에 바로 내 앞에서 강의를 듣고 있던 학생이었다. 가슴에 형언할 수 없는 분노가 일었다.

4월 25일에 고려대학에 있던 친구 교수가 '오늘 대학교수들이 시국선언을 하는 모임이 있을 것이다'라는 전갈을 해왔다. 서울의대의 한 건물에 200명 남짓한 교수들이 모였다. 시국선언을 채택한 다음 "학생의 피에 보답하라"고 쓴 급조된 플래카드를 앞세우고 가두 행진에 들어갔다. 연로한 교수들이 "혹 총탄이 날아들어도 오래 산 우리가 먼저 죽을 테니, 젊은 교수들은 행렬의 뒤로 가라"고 했다. 그러러나 총탄은 날아들지 않았다. 교수들의 행진을 따라 가두의 시민들이 합세하면서, 당시 국회 의사당에 도착했을 때엔 세종로 일대가 인산인해였다. 다음 날인 26일 대통령이 하야 성명을 발표했다.

이어 탄생한 장면張勉 정부는 독재기에 울적했던 불만의 폭발을 수습하기엔 너무나 힘이 없는 약체 내각이었다. 거리는 거의 매일 같이 수많은 데모로 어지러웠고, 한국사회는 극히 불안한 무질서 속으로 빠져들었다. 식자들 사이에서도 '이대로는 안 되고' 사회질서를 잡을 '강력한 지도자'가 필요하다는 소리가 일기 시작했다.

1961년 봄 4월부터 나는 학교 교장들이 한 학기 연수하는 서울사대의 교육행정연수원에서 "민주주의와 교육"이라는 제목으로 한 학기 강의를 담당했다. 2, 3주째 강의하던 어느 날 한 교장이 질문했다. "선생님, 민주주의도 좋지만, 지금 거리를 보세요. 이렇게 매일 같이 요란한 데모로 사회가 무질서하고 불안해서야 이 나라가 어떻게 되겠습니까? 지금 필요한 것은 사회기강을 잡을 강력한 지도자가 아니겠습니까?" 많은 교장들이 동조하듯 머리를 끄덕였다. 나는 그렇게 간단하게 생각할 것은 아니라고 내 의견을 말한 다음, "그러나 여러 선생님들이 그렇게 강력한 지도자를 바라신다면, 머지않아 그런 지도자가 출현할 수도 있습니다. 그때에 가서 후회는 하지 마십시오"라고 했다. 그 몇 주 후 5.16 군사혁명이 터졌다. 역사는 극심한 무질서와 사회불안은 민주주의를 허물고 독재를 부른다고 일러준다.

5.16 군사혁명은 나로 하여금 '올 것이 왔다'는 허탈한 체관에 빠지게 했다. 그런 가운데도 혁명이 내건 경제발전과 반공의 공약이 어떻게 진행될까 하는 의구심을 떨쳐 버릴 수가 없었다. 자고로 독재자는 겉으로 화려한 공약을 내세우지만, 뒤에선 사리사욕을 채우기를

일삼는 것이 상례기 때문이었다.

8월말의 어느 날 대학 학생회가 총회에서 내게 강연을 해달라고 했다. 강연 도중 내가 "지금 우리는 민주냐, 독재냐의 갈래에 서 있다"고 말했던 모양이다. 그것이 혁명 정부의 귀에 거슬려, 나는 구속되어 2주간 영어囹圄의 몸이 되었다가 풀려났다. 이듬해 나는 신선한 학풍學風도 쐬고 박사학위도 끝낼 겸, 다시 2년간의 미국 유학을 떠났다.

두 번째 미국 유학에서의 큰 소득은 경제발전을 포함하는 국가발전과 교육의 관계를 공부할 기회를 가졌던 것과 '앎'이 뭔지, '연구한다', '학문한다'는 것이 무엇인지를 곰곰이 생각하게 한 과학철학에 접할 수 있었다는 것이다. 그것이 귀국 후 내 학구생활에 큰 영향을 주었다.

경제도약은 1960~70년 '개발독재'의 지상 과제였다. 때마침 UN도 1960년대는 '발전의 연대'Development Decade로 지정했고, 군사정부도 경제개발정책에 박차를 가하고 있을 때였기 때문에, 발전에 관한 세미나와 회의도 빈번했다. 그때 내 관심도 '국가발전과 교육'이었기에 그런 회의에도 많이 참석했고 이 방면의 연구와 저작에도 열중했다.

1970년 전후부터 세계적으로 경제발전에 따른 환경오염과 생태계 파괴의 문제와 정신적 폐해의 문제도 관심사로 떠올랐다. 한국에서도 그런 문제에 관심을 가진 인사들이 '미래학회'를 조직하고 그 학문적 연구와 회의를 진행했다. 나도 동참했다. 미래 문제에 대한 관심은 진정 국가의 '발전'이란 무엇이고, 인간의 '행복'이란 무엇인지를 곰곰이 궁리하게도 했다.

수차의 '경제개발 5개년 계획'이 진행되면서 그 성과가 점점 크게 드러나고, 동분서주하는 박정희 대통령의 모습을 보면서 그에 대한 나의 견해는 점점 긍정적으로 바뀌어 갔다. 정말 그의 공약대로 경제 발전을 실현하려는 그의 결의와, 흔한 독재자와 달리 사리사욕에 관심이 없는 청렴한 독재자임을 믿게 되었다. 어떤 계제에 나는 시인 박목월 씨와 같이 청와대 점심에 초대된 적이 있었다. 면전에서 점심을 나누는 박 대통령은 한 나라의 대통령이라기보다는 가뭄을 걱정하며 얼굴이 까맣게 그을린 시골 농부같이 보였다. 국사에 노심초사하는 흔적이 역력한 그의 얼굴에 일말의 연민까지 느꼈다.

그는 '국민 교육 헌장'의 선언대로 '민족중흥'을 이루어냈다. 그것은 그의 공적으로 높이 평가해야 한다. 그러나 그의 큰 실책은 '유신'이었다. 그 때문에 그의 명예도 훼손되고 신명도 잃었다.

한편 군사정부의 크나큰 부산물적인 피해는, 근 30년간 정통성 없는 군부독재를 반대하는 학생데모로 인한 대학의 수업질서의 파괴와 데모에 편승한 좌경 학생들의 준동이다. 데모로 인해 수업 일수가 터무니없이 모자라도 학점이 나가고 졸업도 되는 학사규율의 해이는 지금까지도 그 여파가 남아 있다. 좌경 학생들은 학생데모를 정치적 활동의 장으로 이용도 했다. 이런 상황은 대학의 본연이 무엇인지를 곰곰 성찰하게 했다.

북한은 어쩌면 대한민국의 제일 큰 문제다. 6.25 전쟁도 북한이 도발했고, 엄연한 현실은 아직도 기술적으로는 6.25 전쟁은 종결되지 않았고 반세기 넘게 그저 '휴전' 상태에 있다는 사실이다. 그간 두 나라의 관계가 부드러워진 듯한 '공동성명'도 있었고 개성공단·금강산 관광 등 평화적 교호도 있었으나, 북한의 남한 도발은 청와대 습격 계획부터 시작해서 땅굴, 동해 잠수함 침투, 근래엔 천안함 격침, 연평도 포격에 이르기까지 끊임이 없다. 국제 협약을 어기면서 원자탄도 개발하고, '서울을 불바다'로 만들겠다는 위협도 자주 한다. 여러 방법으로 남한의 정정政情을 어지럽게 하려는 간섭도 잦다. 그리고 북한의 빈곤과 인권문제도 있다.

우리는 반세기의 평화와 경제발전이 안겨준 풍요의 생활에 젖어 북한의 존재를 잊고 사는 경향이 없지 않다. 언젠가는 통일이 되어야 하지만, 그 통일은 한반도의 지정학적 현실과 깊이 맞물려 있다. 즉 통일에 대한 주변국의 이해와 동의가 통일의 전제조건일 수밖에 없다. 그리고 우리가 그렇게도 염원하는 통일은 그 후에 수많은 엄청난 난제들이 예견된다.

이 모든 현실은 다시 민족이란 뭐고, 국가란 뭐고, 민주주의와 공산주의란 뭐며, 자유와 독재란 뭐고, 나아가 국제관계의 문제까지도 심각하게 성찰하지 않을 수 없게 한다.

1978년, 교육부의 거의 강압적인 요청으로 나는 새로 종합대학으로 승격하는 충북대학교 총장에 취임했다. 그 4년의 임기 동안 나는 제대로 된 대학 육성을 위해 혼신의 힘을 다했다. 대신 학구생활은 정돈(停頓) 상태에 들어갔다. 모든 행정직은 학구에 관한 한 학자의 '무덤'인 것을 스스로 실감했다. 그 재임 시에 일어난 광주의 5.18 의거와 그 피의 진압 과정은 또 한 번 정치의 비정非情을 통감하게 했다.

나는 1982년에 임기를 다하고, 춘천에 신설된 한림대학翰林大學에 몸을 담아 한때 총장을 4년간 역임한 이외엔 조용한 학구생활을 즐겼고, 저서도 서너 권 출간했다. 정년 후에도 지금까지 웬만한 세상사와는 거리를 두고 석좌교수로 독서와 사색과 저술의 시간을 가질 수 있는 은전을 입어 왔다.

이 모든 역사의 격동은 복잡한 사상들의 숲 속을 섭렵할 수밖에 없게 했다. 다음에 펼칠 이 책의 논의는 그때 그 생각, 그 사상들을 새삼 성찰하고 부연해서 정리해 본 것이다.

사상 정향

1945년 광복 후, 한국에서 산다는 것은 온갖 사상思想의 소용돌이 속에서 산다는 것을 뜻했다.

제국주의 · 민족주의 · 민주주의 · 전제주의 · 독재주의... 자본주의 · 사회주의 · 공산주의, 자유 · 평등 · 보수 · 진보... 유물론 · 유심론 · 무신론 · 유신론... 성선설 · 성악설 · 유전론 · 환경론... 합리론 · 경험론... 이상주의 · 현실주의... 이기주의 · 이타주의... 동기론 · 결과론 · 목적론 · 의무론... 인상파 · 추상파 · 입체파 등등, 무슨 '주의', 무슨 '론', 무슨 '설', 무슨 '관', 무슨 'ism', 무슨 '이념'으로 표현된 사상들이 어지러울 정도로 무수히 우리 주변에서 소용돌이쳤다.

우리는 수많은 '믿음'을 가지고 산다. 아침이면 해가 뜨려니... 겨울 다음엔 봄이 오려니... 땅은 꺼지지 않으려니 등 자연에 대한 그런 믿음이 없으면 도무지 처신할 길을 찾을 수가 없을 것이다. 저 사람에게 길을 물으면 제대로 가르쳐 주려니... 이 식당에서 설렁탕을 사 먹어도 배탈은 안 나려니... 내가 내는 세금은 나라를 위해 제대로 쓰여지고 있으려니... 등 인간과 사회에 관한 이런 믿음이 없으면, 불안해서 살아갈 길도 막막해진다.

사상은 그런 '믿음'을 형성한다. 앞에서 예로 든 주의·론·설·관·ism의 주장들은 제각기 이렇게 믿어달라고 외치고 때로는 협박도 한다. 이런 주장들의 소용돌이 속에서 우리는 제나름으로 사상의 방향을 잡아야 한다. 즉 '정향'定向해야 한다. 모든 사상의 체계들은 제각기 세상은 이렇게 되어 있고, 또 이렇게 되어야 하며, 무엇이 바람직하고 무엇이 그렇지 못하며, 그러니 우리는 어떻게 생각해야 하고 어떻게 행동해야 할 것이냐를 설득하고 유혹하려는 의도를 가지고 있다. 따라서 자칫 상반되는 그런 설득과 유혹에 마음이 갈가리 찢길 수도 있다. 유신론은 신을 믿어야 한다는 설득을 함축하고 있고, 무신론은 그럴 필요가 없다고 말한다. 민주주의는 보통선거가 가야 할 길이라 주장하고, 독재는 보통선거란 도리어 재앙을 부른다고 주장한다. 이러한 여러 갈등적인 사상의 압력 속에서 우리는 자기가 취할 사상의 방향을 정해야 한다.

물론 이런 갈등적인 상황 속에서 자신의 사상을 정향해야 할 필요는 20세기 후반의 한반도에만 한정된 것은 아니다. 어느 시대, 어느 사회에서나 정도의 차이는 좀 있을 망정 여러 갈등적인 사상의 소용돌이는 있게 마련이다. 하지만 20세기 후반 한국의 사회적 정황 그리고 그 속에서 교육학을 전공한다는 나 자신의 개인적 사정은 이런 갈등 상황을 더 절박하게 했다.

한국엔 광복과 더불어 외국의 문물과 사상들이 도도히 밀어닥쳤다. 문자 그대로 갑자기 봇물 터지듯이 흘러들어왔다. 지난날 조선조에서 유교 이외의 사상은 다 이단사설로 몰았던 긴 세월의 쇄국주의 그리고 일제 강점기의 강압적인 군국·제국주의는 다양한 사상이 발생하거나 유입되는 것을 허용하지 않았다. 따라서 해방 당시의 한국은 사상적으로는 메마른 땅이었고, 그런 땅에 다양한 사상의 물결이 터진 봇물처럼 쏟아져 들어왔던 셈이다.

그 사상들의 파노라마는 사람들에게 한편으로는 발랄한 신선함을 만끽하게 하면서도 다른 한편으로는 어지러운 혼돈감에 사로잡히게도 했다. 해방 직후부터 정치·경제·사회·문화·교육에 걸쳐 제각기 어떤 사상을 내건 수많은 각종 단체들이 우후죽순처럼 생겨나기도 하고 사라지기도 한 것이 그 발랄함의 증거다. 그리고 그들 단체들 사이에서 자주 벌어진 알력·갈등·무질서의 여러 사건들이 그 어지러움의 증좌다. 1950년대에 식자들 사이에서 "사상계"思想界라는 월간 잡지가 많이 회자되었던 것도 이런 어지러움을 덜어보려는 시도와 무관하지 않았다. 정치사상에서 첨예하게 대립했던 좌·우익 단체들이 그런 갈등의 대표적인 예다. 모두 다 사상 정향의 시행착오가 큰 진폭을 그렸던 과정이었다. 그런 시행착오의 진폭은 사회도 개인도 지금도 어느 시대에도 크게건 작게건 겪게 마련이다.

해방은 내 나이 20세 때였다. 나이 20세 청년기는 '이 복잡한 세상에서 그리고 어지러운 여러 사상의 세계에서 나의 위치가 어디냐'를 모색하고 정립해야 하는 '자아정체성'自我正體性의 발견이 그 중추적 발달과업인 시기다. 사상의 봇물이 터진 광복은 내 청년기 발달과업과 맞물려서 사상 정향의 사고를 더 절박하게 했다. 싫건 좋건 넓은 사상의 세계를 기웃거릴 수밖에 없었다.

또한 개인적 사정도 있었다. 나는 중등학교 시절 내내 자연과학자, 특히 물리학자가 되는 것이 꿈이었다. 그러나 해방과 더불어 생각하는 바가 있어 교육학 전공으로 방향을 바꿨다. 단적으로 표현해서, 교육이란 사람을 사람답게 기르고 나라를 나라답게 만드는 일이다. 그렇다면 우선 사람이 무엇이고 사람다움이 무엇이며, 나라가 무엇이고 나라다움이 무엇이냐를 밝혀야 한다. 이 말은 인간과 국가사회에 관한 온갖 사상·이념·이상을 알아보아야 한다는 말이 된다. 교육학에도 연구분야는 교육철학·교육심리학·교육사회학... 교육과정론·교육방법론·교육평가론 등 여러 분야가 있다. 그러나 어느 분야를 전공하든 이상적인 인간상, 이상적인 사회상에 관한 상념을 가지고 있을 것은 필수다. 내가 교육학을 전공으로 결정했다는 것은 바로 인간사상·사회사상의 세계를 섭렵하지 않을 수 없게 했다.

사상적인 문제에 관심을 안 가질 수가 없었다고 해서 내가 무슨 철학자나 윤리학자가 되려는 것도 아니고 어떤 사회사상가연하려는 것도 아니다. 철학·윤리·정치·경제 등의 문제가 나의 전공은 아니다. 이 책에 실린 글들은 그저 현대 국가의 한 시민으로서 그리고 교육학을 전공하는 학도로서, 때로는 그래야 할 압력을 받아서, 때로는 그래야 할 필요가 있어서 그리고 때로는 그것이 재미있어서 이런저런 사상에 관해서 책도 읽고 사색도 하고 글도 쓰고 벗들과 이야기도 나누는 과정에서 든 생각들을 붓 가는 대로 정리했을 뿐이다.

어떤 방향으로 자신의 사상을 정향해 가느냐는 그야말로 개인의 자유다. 하지만 그 과정에 몇 가지 스스로 경계해야 할 점이 있다.

첫째, 사상은 결국 '나의 사상'이라야지, 남의 사상의 맹목적 추종 내지 동조同調라서는 안 된다는 점이다. 물론 개인의 사상은 주어진 환경의 영향을 안 받을 수는 없다. 유교 집안에서는 유교적인 사상, 기독교 집안에서는 기독교적 사상을 강하게 받을 수밖에 없다. 물론 독서와 청강도 우리의 사상을 길러준다. 하지만 그러는 과정에 조금은, 바람직하게는 깊게, 자기 자신의 사고思考가 거기에 투입되어야 한다. 아니면 주체성 없는 남들의 유행이나 압력에 무반성적으로 휘말리는 이른바 '타인他人지향적' 성격으로 전락한다.

둘째, 더 중요한 것은 '열린' 정향과 '닫힌' 정향이 있다는 문제다. 열린 정향은 새로운 사실이나 증거에 직면하면 발전적으로 스스로를 재구성하는 융통성을 내포하고 있는 정향이다. 이에 반해 닫힌 정향은 그럴 여유를 허용하지 않는 완고하고 과격한 근본주의적 정향으로 흔히 사회적 분쟁을 촉발하게 된다. 사상은 언제나 계속적인 발전의 여유를 가지고 있어야 한다.

셋째, 누구나 경계해야 할 좀 병적인 현상으로서는 이른바 기회주의와 일종의 사상적 정신분열증이 있다. 기회주의는 물론 독재시대에는 독재주의를 찬양하고, 민주시대에는 민주주의를 찬미하는 변절을 뜻한다. 기회주의자는 자기가 변절하고 있는 것을 의식하고 있지만, 사상적 정신분열증은 상반되는 사상의 논리적 모순 자체를 의식하지 못하고, 이때는 이 사상, 저때는 저 사상으로 사태를 해석하는 증세다. 사상의 소용돌이에 시달리고 있는 현대인에게는 의외로 이런 사상 정신분열증이 많을 것이라고 우리는 스스로 경계해야 한다.

이 책의 논의가 '타인지향적'이 아닌 뚜렷한 자기성찰적인 사상 정향, '닫힌' 극단주의가 아닌 '열린' 사상 지향, 그리고 정신분열증적이 아닌 수미일관된 사상의 정향에 일조가 되기를 희망한다. 그리고 나 자신도 그런 뚜렷한 수미일관된 그러면서도 열려 있는 사상을 간직하려는 것이 이 책 집필의 한 동기기도 하다.

중용

아마 중등학교 시절에 처음 배웠을 것이다. 중용中庸이 인간사에서 아주 중요한 덕목이라고. 그리고 공자孔子(551-479 BC)가 『논어』에서 "중용이라는 덕은 지극하구나. 중용을 능히 행할 수 있는 사람이 드문지가 오래다"라고 했다는 구절도 배웠다. 유교에 『중용』이라는 경서가 따로 있을 정도로 중용은 중요한 덕목이라고도 배웠다.

하지만 그때에도 그리고 그 후에도 상당히 긴 세월 나는 중용이란 '그저 그런가보다' 덤덤했을 뿐, 별로 더 깊게 생각하지는 않았다. 그런 덤덤함에는 약간의 회의도 담겨 있었다. 모든 일에서 그저 양쪽의 중간만 취하면 제일인가, 그래서 소신을 버리고 그 중간으로 가야 하나, 그것은 도리어 지조와 절개를 버리는 것이 아닌가, 예를 들어, 적국이 내 나라의 땅 일부를 내놓으라고 핍박한다면, '그러지 말고 그 중간인 반으로 하자'고 하는 것이 중용인가, 그게 옳은 일인가 하는 단순한 회의도 섞여 있었다.

그러나 언제부턴가 중용의 개념을 새삼 음미하게 되었다. 거기에는 아리스토텔레스Aristotle(384-322 BC)가 『윤리학』[1]에서 주장한 중용에 관한 논의를 접한 것도 한 계기였다.

아리스토텔레스는 『윤리학』에서 공자처럼 중용mean, intermediate이 최고의 덕virtue이라고 주장한 것으로 유명하다. 모든 덕목엔 그 과함과 부족함 사이 어디엔가 중용이 있고, 과함과 부족함은 악덕이고 중용만이 미덕이라는 주장이다. 용감은 미덕이지만, 용기가 과한 만용이나 부족한 비겁은 악덕이다. 하지만 그도 공자와 매한가지로 중용을 행하기는 매우 어렵다고 말한다. 만용은 용기를 비겁이라고 나무라고, 비겁은 용기를 만용이라고 나무라면서, 둘 다 중용을 적대하기 때문이다. 또한 화를 내거나 또는 돈을 주거나 하는 일은 누구나 할 수 있다. 그러나 그런 행위를 "올바른 사람에게, 올바른 정도로, 올바른 때에, 올바른 동기에서, 올바른 방법으로 행하는 일은 아무나 할 수 있는 일이 아니다. 그래서 선행은 드물고 칭송할 만하고 고귀하다." 이렇게 "올바른" 길을 찾으려면 지적·도덕적인 사려思慮가 있어야 한다. 그런 깊은 사려를 하는 사람이 드물다고 공자도 아리스토텔레스도 개탄했다.

공자도 『중용』[2]에서 비슷하게 "군자는 때와 경우에 맞게 행동하며, 소인은 사려없이 막무가내로 꺼리는 바가 없다"君子而時中... 小人而無忌憚也라고 했다. 中은 '가운데'라기보다는 경우와 사리에 '맞는다'는 뜻으로 해석해야 한다. 그리고 庸에는 常과 和라는 뜻이 있다. 즉 항상 '신중'함으로써 화합을 이룬다는 생각이 담겨 있다. 신중도 어렵고, 항상 그러하기는 더 어렵다는 것이다.

우리는 여기에서 많은 사상적 개념들, 거의 전부라고 해도 될 만큼 수많은 개념들이 이분론dichotomy을 이루고 있다는 것에 주목해야 한다. 기쁨과 슬픔, 사랑과 증오, 나와 남, 선과 악, 진과 위, 행복과 불행, 생과 사, 음과 양, 좌와 우, 부와 빈, 지도자와 추종자... 민주주의와 전제주의, 자본주의와 사회주의, 자유와 평등, 경험론과 합리론, 이상주의와 현실주의, 정신과 물질, 유심론과 유물론, 유신론과 무신론 등의 이분론은 극히 일부에 불과하다. 이런 이분론들은 한편으로는 사물 또는 현상을 분명하게 변별하게 해주지만, 다른 한편으로는 갈등과 혼미로 현실적 판단을 어렵게 하기도 한다. 예컨대, 자본주의와 사회주의는 서로 다른 이분론이다. 그리고 그 갈등을 융화로 이끌기는 그리 쉽지 않다.

이것은 어쩌면 필연적이라고 해야 할 것이다. 애당초 거의 모든 사상은 기존의 사상에 대한 반대·부정에서 탄생하기 때문이다. 민주주의가 전제주의를, 사회주의가 자본주의를 비판하면서 탄생했듯이.

이런 이분론은 어의(語義)상으로는 다 서로 맞대고 있는 대척관계를 뜻한다. 그러나 실제에서는 서로 맞잡을 수 있는 상보·상조의 관계에 있을 수도 있고, 반대로 서로 맞부딪치는 적대·상반의 관계에 설 수도 있다. 예컨대, 자연계에서의 상하, +−, 남녀, 음양은 대칭이지만 쉬이 상보관계를 이룰 수 있다. 그러나 우리의 관심인 인간계에 관한 사상적 개념에는 사랑과 증오, 민주와 독재, 자본주의와 사회주의, 이상과 현실 등 도리어 적대·상반관계에서 대립하기 쉬운 개념들이 많다. 이런 상반되는 사상적 개념들이 우리를 혼미하게 하고, 사려있게 '중용'을 취하기를 어렵게 한다.

하지만 사상적인 개념의 몇 가지 특징을 깊이 음미한다면 이런 적대를 극복·완화·조율할 수 있는 가능성이 생기고, 사려 있는 중용의 길도 찾을 수 있다는 것이 나의 생각이다. 그리고 그것이 공자와 아리스토텔레스가 그렇게도 간절하게 호소한 중용의 뜻이라고 나는 해석한다.

현실은 보편성과 특수성의 합작이다. 단풍나무 잎들이 모두 다 아이의 손처럼 다섯 갈래로 되어 있는 것은 보편성이고, 각각 자세히 들여다보면 크기와 색깔이 다 다른 것은 특수성이다. 민주주의 나라들이 다 보통선거를 취하고 있는 것은 보편성이고, 나라들의 역사·문화·사회의 여건에 따라서 민주주의적 제도가 조금씩 다르게 운영되고 있는 것은 특수성이다.

한 사상에 포함되어 있는 이론·이념·이상들은 제각기 일련의 현실 속에서 서로 다른 특수성은 떼어버리고 즉 사상捨象하고, 공통된 보편성만을 추려낸 즉 추상抽象해낸 것들이다. 따라서 이론·이념·이상들을 현실에 되살리려면 다시 적절한 특수성을 감안·가미해야 한다. 즉 구상具象해야 한다. 보통선거가 그 중핵 개념인 민주주의도 서로 다른 여러 특수한 역사적, 사회적 조건에 적합한 조건들이 감안·가미되어야만 원활하게 영위될 수가 있다.

이념을 구현하기 위한 이런 특수조건들을 배려하는 것이 바로 아리스토텔레스가 말하는 "올바른 사람에게, 올바른 정도로, 올바른 때... 올바른 방법"을 찾는 중용이다. 그리고 공자가 말하는 "군자는 때에 맞추고時中 소인은 그런 배려도 거리낌도 없이" 막무가내로 고집을 밀어붙인다는 경고도 그런 배려가 있어야 함을 뜻한다.

현실의 특수조건을 배려하지 않은 순수한 막무가내 사상 정향은 바로 과격한 근본주의자·극단주의자를 낳고, 타인을 이해하려는 하등의 아량도 없이 주변과 갈등·알력·분쟁만을 자초한다. 그러면서 사상의 이념 자체를 현실에 조금도 실현하지 못하고 도리어 혼란과 갈등과 희생만 낳는다. 프랑스 혁명기에 피비린내 나는 숙청으로까지 몰고 간 자코뱅이 그 예고, 끝없는 상호 보복을 거듭한 조선조의 당쟁도 그 예다.

그들은 과격한 근본주의를 가장 때묻지 않은 '순수파'로 자처하고, 반대파는 물론 수정주의마저도 변절·배신자로 몰면서, 상호 이해보다는 증오의 사회풍조마저 조성한다. 앞에서 말한, 만용은 용기를 비겁이라고 나무라고 비겁은 용기를 만용이라고 나무라는 경우다. 하지만 전쟁에 이기는 것은 만용도 아니고 비겁도 아니고 용기다. 중용을 찾지 않는 이런 근본주의적 갈등이 혹 지금 한국 정치 현상에 가까운 것은 아닐까? 공자도 아리스토텔레스도 중용을 주창했을 때 이런 갈등이 그들이 염려하는 바였을 것이다.

또렷한 사상적 정향은 필요하다. 하지만 그 정향은 새로운 증거 앞에서는 자체 수정할 여유가 있고, 특수 사정을 감안하는 '시중'時中의 용의가 있는 '열려 있는' 정향이라야 한다. 이 책에서 다루는 모든 사상 논의는 그런 중용의 철학을 전제로 한다.

둘이 하나로

사상의 세계에는, 앞에서 많은 예를 들었듯이, 각양각색의 이분론이 범람해 있다. 그리고 그렇게 갈라놓은 둘을 흔히 서로를 용납하지 않는 반대 관계에 있는 것으로 간주한다.

인간에겐 만사를 그렇게 갈라놓고 생각하려는 성벽도 있다. 그래야 둘을 식별함으로써 각각의 실체가 더 또렷하게 드러나기 때문이다. 식별함은 갈라놓음이다. 초·중등학교 시절 한 단어의 '반대어'를 알아내는 연습을 자주 했고, 시험문제에도 반대어를 묻는 문제가 자주 나왔던 것이 생각난다. 그때 흔히 좌의 반대는 우, 정신의 반대는 물질, 평화의 반대는 전쟁, 종합의 반대는 분석 등으로 생각했다. 이런 학습이 이분론을 부추겼을 수도 있다.

문제는, 또렷한 변별을 위해서 둘로 갈라놓고 마주 서는 대칭의 관계로 보는 것까지는 좋지만, 그렇다고 둘을 반드시 빙탄불상용氷炭不相容 즉 불구대천의 적대관계로만 보아야 하느냐에 있다. 좌의 반대가 우고, 동의 반대가 서는 아니다. 둘은 위치의 차이일 뿐이지, 불상용하는 반대가 아니다. 위치를 옮기면 좌가 우가 되고, 동이 서가 된다. '차다'가 '뜨겁다'의 반대는 아니다. 둘은 열의 높낮음의 차이일 뿐이다. 실제에서는 차지도 않고 뜨겁지도 않은 미지근한 것이 많다. 즉 그 중간지대도 넓다.

흔히 반대로 여겨 갈라놓은 것이 실은 반대기보다는 도리어 상호보완관계에 있는 경우도 많다. 대개 '분석'과 '종합'은 반대로 여긴다. 그러나 여러 현상의 이해에는 분석과 종합이 다 같이 필요하다. 인식작용에는 일반화generalization와 변별differentiation이 다 필요하다. 일련의 현상들 속에서 어떤 보편적인 공통점을 찾는 것이 일반화고, 서로 다른 점을 찾는 것이 변별이다. 사물의 이해에는 두 작용이 다 필요하다.

흔히 반대라고 이분하는 두 사상事象이 실은 둘 다 필요한 하나의 상보相補관계에 있을 수 있다. 밤과 낮이 구별없이 낮뿐이라면, 아마도 생물은 존재할 수 없을 것이고, 몇 달을 줄곧 가물면 한 줄기 소나기가 그리워진다. 인간이 행복하기만 하다면 행복이라는 개념 자체가 있을 수가 없다. 경제적 사회주의는 자본주의에 반기를 든 반대의 사상이었지만, 그것은 도리어 자본주의의 결점을 시정할 수 있는 역할도 한다. 소득의 빈부에 따른 누진세율이 그 예 중 하나다. 오늘날 여러 나라의 자본주의는 옛날 '순수한' 자본주의의 모습은 거의 없고 거의 다 여러 모양의 '수정' 자본주의다.

모든 사상의 형성에는 이유가 있었을 것이다. 우리는 흔히 독재를 민주주의의 반대라고 여긴다. 그러나 옛날 군주가 독재를 전횡한 데에는, 그들의 사적인 탐욕도 있었겠지만, 전시 같은 위급한 사태에 국민들이 탐욕으로 싸움만 일삼고 나라를 파멸로 몰고 가는 비극을 막으려는 의도가 있었을 수도 있다. 모든 사상에 그런 발생의 이유, 존재이유가 있었다면, 그 이유를 성찰하는 것은 오늘날에도 사상의 유연성과 종합에 도움이 될 것이다. '만인의 만인과의 싸움'이라는 말로 유명한 홉스Hobbes(1588-1679)의 저서 『리바이어던』Leviathan[3]의 주제는 바로 그런 사람들의 욕심의 싸움이 나라를 파국에 이르지 않게 하기 위해서 거대한 괴물같이 강력한 정부가 필요하다는 주장이다.

보다 근본적으로, 흔히 반대라고 여겨 이분한 둘의 결합이 실은 새로운 생성生成의 원인이 된다는 이치에 우리는 주목해야 한다. 단적인 예로 남자와 여자의 결합이 아이를 낳고, +와 -의 전극이 있어야 전기가 통하고, 원자는 -인 전자와 +인 양성자로 결합된다.

철학자 헤겔Hegel(1770-1831)은 역사의 발전을 정正, 반反, 합合의 과정으로 본 변증론으로 유명하다. 즉 어떤 주장인 '정'과 그것에 반대되는 주장인 '반'이 우여곡절을 거쳐 그 둘의 어떤 종합, '합'을 이룰 때 하나의 새로운 생성과 발전이 이루어진다는 생각이다. 그렇다면 두 사상의 대립 또는 반립은 빙탄불상용의 적대관계가 아니라 어떤 하나로의 발전을 생성하는 소재로 보아야 한다는 말이 된다.

굳이 헤겔의 이론을 들지 않아도, 우리 태극기의 문양이 의미심장하다. 태극기가 상징하는 음양사상은 음과 양의 결합이 우주만물, 삼라만상의 생성의 원리라고 말한다. 음양의 조화로 만사를 풀이하는 『주역』周易은, 내 한문 실력이 부족해서인지 나에겐 그저 풍부한 비유로 차 있는 문학작품으로만 느껴지지만, 생성의 원리로서의 음양설만은 나도 믿는다. 세상은 둘이 하나가 되는 과정의 반복이다.

이분론은 앙수로 대립해야 하는 반대·적대관계가 아니라 발전적 생성을 위하여 상용·상보해야 하는 관계에 있다고 보아야 한다는 것이 앞으로 이 책이 펼 논의들의 한 전제다. 또한 그것은 앞서 논의한 '중용'의 전제와도 맥락을 같이한다.

대뇌의 좌·우반구

인간의 사고방식을 지배하고 있는 수많은 이분론, 정신론과 물질론, 분석과 종합, 개체와 전체, 경쟁과 협력 등의 이분론과 그 종합은 애당초 대뇌의 구조와 기능에 기인한다는 추론이 가능하다. 그리고 그 추론은 공자나 아리스토텔레스가 호소하는 중용의 사상도 밑받침한다. 근래 대뇌신경학의 발견으로 미루어 충분히 가능한 추론이다.

인간의 둥그스름한 대뇌는 좌반구와 우반구로 갈라져 있고, 그 둘은 뇌량corpus callosum이라는 '다리'로 이어져 있다. 좌·우반구는 구조도 완전히 대칭적이 아니고, 더구나 그 기능은, 뒤에서 예를 들겠지만, 거의 상반될 정도로 다르다. 좌·우반구 사이를 이어주는 뇌량은 좌·우반구의 기능이 서로 견제하고 상보하는 '통로'를 형성하고 있다. 즉 서로 일단은 상반되는 좌·우반구의 기능이 상호견제를 통해서 결국은 상보하는 생산적인 사고 내지 행동을 도출하는 것이 대뇌의 좌·우반구의 구조와 기능이라고 신경학자들은 말한다. 만약 그렇게 대뇌가 둘로 갈라져 있지 않고 그저 한 덩어리였다면 브레이크가 없는 기관차처럼 사고와 행동이 언제나 저돌성을 면하지 못했을 것이다.

최근 정신분석학자면서 대뇌신경학자기도 한 맥길크리스트McGilchrist는 그의 역작 『주인과 사자使者』The Master and his Emissary[4]를 펴냈다. 우선 그의 설득력 있는 논지의 요지부터 간추리면 다음과 같다.

인간의 가장 원초적인 정신작용은 주의注意attention다. 주의는 문자 그대로 어디엔가 마음을 쏟음이다. 우리가 어디에 마음을 쏟는 주의를 하지 않는 한, 그 물건이나 사건은 존재하지 않음과 같다. 소매치기는 이 기제를 이용한다. 사람들을 소매치기의 오른손이 하는 행동에만 주의하게 하면 그의 왼손이 지갑을 훔쳐도 모른다. 실험에 전심몰두하고 있는 과학자에겐 그 순간 대포 소리가 요란해도 안 들린다.

그런 주의에는 크게 두 가지가 있다. 사태 전반을 두루 주의하는 '배분된 주의'divided attention와 어떤 한 사물이나 사태만을 주의하는 '초점에 모인 주의'focused attention다. 전자는 두루 전반을 살피고 조심하고 경계하는 넓게 '열린 주의'고, 후자는 다른 것을 제외하고 초점에만 맞춘 좁게 '닫힌 주의'다.

예컨대, 수상한 거리를 걷다가 갑자기 댓 명의 자객을 만난 검객은 다섯 명의 동작을 두루 주의해야 한다. 다른 자객이 더 숨어 있는지 사방을 경계하기도 해야 한다. 이 모두는 넓게 '열린 주의'다. 그러다가 어느 한 명이 덤벼들면 순간 그 사람의 동작에만 초점을 맞추고 주의를 집중하고 응전해야 한다. 이것은 좁은 '닫힌 주의'다. 두 가지 주의를 해야 살아남는다.

독수리가 하늘을 난다. 독수리는 먹이를 찾기 전에 우선 눈 아래 넓은 지형이 어떻게 생겼는지, 어디에 어떤 먹잇감이 있는지, 땅 위 어디에 자기를 공격하려는 살쾡이 같은 포식자가 숨어 있는지 두루 넓게 살펴야 한다. 이것은 열린 주의다. 그래야 먹이를 찾을 수 있다. 그러다가 산토끼 한 마리를 발견하면, 그것에 초점을 맞추고 집중적으로 주의하면서 쏜살같이 강하해야 한다. 그래야 먹이를 잡을 수 있다. 열린 주의는 삶의 환경을 우선 넓게 '탐색'하기에 필요하고, 닫힌 주의는 쟁취하고 '포획'하기에 필요하다.

여기에서 문제는, 여러 연구에 의하면, 넓게 두루 살피는 열린 주의는 주로 대뇌 우반구의 기능이고, 좁게 한 초점에만 맞춘 닫힌 주의는 대뇌 좌반구의 기능이라는 점이다. 그리고 두 가지 주의는 어찌 보면 상반되면서도 상보해야 생존할 수 있다는 점이다. 맥길크리스트는 여러 가지 실험 예와 임상 예를 근거로 두 기능의 비교를 상세화한다. 다음은 그 몇 가지 예다.

첫째, 우반구는 새로운 불안한 사태, 위험을 내포하는 불확실한 사태에 우선 폭넓게 그리고 유연하게 반응하는 정신작용이다. 이와 대조적으로 좌반구는 이미 아는 것을 좁고 깊게 파고드는 정신작용이다. 따라서 생존을 위해서는 원초적으로 우반구가 먼저 작용하고 좌반구에 우선한다. 좌우를 먼저 살피지 않고 먹이가 있다고 좁게 좌반구가 먼저 덥석 작용하면 위험을 자초할 수 있기 때문이다.

둘째, 우반구는 사태에 전체적·종합적·통합적으로 대응하고, 좌반구는 사태의 어떤 한 부분만을 분리·분석하는 데에 초점을 맞춘다. 따라서 우반구는 사태 속 부분들 상호간의 맥락을 찾고, 좌반구는 부분을 맥락에서 떼어 추상抽象하는 데 관심이 있다. 그 결과로 우반구는 개체individual의 독특성을 간취하는 반면, 좌반구는 개체를 추상적인 유목category 속에 매몰하게 된다. 독특한 개체인 철수나 순희는 매몰되고, 그들을 그저 '사람' 또는 '주민' 또는 '주민등록번호' 같은 추상으로만 취급한다.

셋째, 우반구는 전체와 맥락을 찾기 때문에 인간을 인격적인 존재로 인식하고 존중하게 되고, 좌반구는 인간을 물건과 같은 비인격적인 존재로 다루게 되면서, 다시 철수, 순희는 사라지고 비인격적인 학생번호 20번 또는 30번만 남는다. 따라서 우반구는 생명이 있는 존재에 관심이 있고, 생물에 대한 연민성을 간직한다. 이에 반해 좌반구는 생명이 있는 존재마저도 무생물처럼 다루게 된다. 소, 돼지를 마구 도살하는 것은 물론 인간마저도 무생물처럼 보게 된다.

넷째, 우반구는 중뇌 속의 변연계와 더불어 타인의 감정에 대한 감수성, 타인의 감정을 나의 감정으로 느끼는 감정이입, 적절한 감정표현 등의 감정생활을 주로 관장한다. 맥락과 관계를 찾는 우반구의 당연한 결과다. 이런 감정생활은 인간'관계'에서 작용하는 특성이기 때문에 주로 우반구의 관장에 속한다. 좌반구도 감정생활과 도덕생활에 관여는 하지만, 그 관여의 범위와 강도는 우반구에 비해 그리 넓지도 않고 강하지도 않다. 따라서 우반구에 상해를 입으면 위와 같은 정서적 · 도덕적 능력들이 심하게 왜곡된다.

다섯째, 음악의 능력과 시간 의식도 주로 우반구의 소관에 속한다. 음악의 박자나 멜로디는 여러 음정들의 상호관계와 맥락으로 형성되기 때문이고, 시간 의식도 전후 사건들의 관계에서 성립되기 때문이다. 문학에서 자주 사용하는 직유直喩 또는 은유隱喩 등의 비유도 주로 우반구의 소관이다. 직유와 은유는 둘 또는 여러 현상의 직접 또는 간접적인 유사점을 드러내는 정신작용이기 때문이다.

여섯째, 위의 모든 관찰은 결국 생존을 위해서는 우반구의 기능이 우선이고, 연후에 좌반구의 기능이 필요하다는 말이 된다. 우선 우반구가 처신의 안전을 확인해야 하고, 연후에 먹이를 찾아내고 포착하는 좌반구의 기능이 발동해야 한다. 그러면서도 우반구와 좌반구는, 앞에서도 언급했듯이, 언뜻 상반되는 두 기능을 무시로 상호 견제도

하고 억제도 하면서 상보관계를 도출해낸다. 한쪽이 지나치게 강해서 그런 상보관계에 이르지 못하면 어느 경우에든 생존 자체가 위태로워진다. 우반구만 강해서 잡아야 할 토끼에 초점을 맞추지 못해도 문제고, 좌반구만 강해서 근처에 살쾡이가 숨어 있는 것을 못 보아도 문제다.

그리고 그런 상호견제로써 좌·우반구의 적절한 상보관계를 도출하는 것이 결국 '중용'의 길이라는 것이 나의 추론이다.

맥길크리스트의 저서의 표제는 앞에서 언급했듯이 『주인과 사자』다. 그리고 그 부제는 "갈라진 대뇌와 서구 세계의 형성"이다. 그가 전편을 통해서 주창한 주제는, 생존을 위해서는 본시 우반구가 주인이고 좌반구는 그 심부름을 해야 하는 사자인데, 서구 문명은 좌반구가 너무 번성해서 도리어 좌반구가 주인 노릇해 온 것이 서구 문명이 인류의 생존과 안녕을 어렵고 위태롭게 하고 있다는 경고다. 그리고 그는 전통적으로 동양문화에서는 우반구 대뇌 활동이 우세하다고 보았다. 그러나 이제는 동양마저도 서구에 밀려 그 좌반구가 강해진 것이 아닐까? 동양문화가 선택해야 할 길은 좌반구와 우반구를 상보하게 하는 것이고, 그것이 또한 '중용'의 길일 것이다.

1

인간의 삶

행복

정확한 글귀는 잊었으나 중등학교 시절에 뜻은 대충 다음과 같은 시를 읽은 기억이 난다.

> 저 산 너머에 행복이 있다기에 험한 길을 헤치고 찾아갔더니 행복은 거기 없고, 사람들은 또 다시 행복은 여기가 아닌 저기 저 산 너머에 있다고 첩첩산중을 가리키더라!

사람들은 행복을 바라지만, 무엇이 행복이고 어디에 행복이 있는지는 그리 확연하지 않다는 풍자다.

내가 어렸을 때 쓰던 베개엔 양쪽 베갯모에 한자로 '부'富와 '귀'貴 또는 '수'壽와 '복'福이 수놓아 있었다. 부자가 되고 출세영달하고 오래 사는 것이 복이고, 꿈속에서도 그런 행복을 바란다는 말이다. 기실 많은 사람들이 부, 귀, 수를 행복으로 여기고 있고 그렇게 되려고 애를 쓴다. 하지만 부자인 사장도 자살하고, 영달한 장관이나 대통령도 자살하는 사건을 자주 목도하고 보면 부귀가 반드시 행복의 조건인 것만은 아닌 것 같고, 오래 산다 해도 암이나 치매로 오래 고생하는 것이 반드시 행복인 것만은 아닐 것이다. 그래서 애써 산 너머에 부, 귀, 수를 찾아가 보아도 '행복은 거기 없고 다시 저기 저 산 너머' 어디 딴 곳에 있다는 것이 맞는 말이다.

근래 국내외에서 유난히 '행복'에 대한 관심이 높아지고 있다. '웰빙'well-being이라는 글자가 사방에 보인다. 혹 가난했을 때엔 호구지책을 찾기에 바빠서 행복이고 뭐고 생각할 겨를도 없다가 좀 먹고 살만하니까 행복이 무엇인지 곰곰이 생각해 볼 여유가 생겼기 때문일까? 무언 중에 '돈 즉 행복'이라는 전제를 깔고 있는 경제학 자체에서도, 근래 여러 조사연구가 진행되면서 하나 밝혀진 사실이 있다. 어느 수준 이상에서는 더 많은 부가 더 많은 행복감으로 이어지지는 않는다는 것이다.[1] 미국이나 일본 등 부자 나라에서는 지난 수십 년간 경제는 성장했어도 그 국민의 행복감에는 성장이 없었고, 도리어 필리핀, 인도네시아, 부탄 같은 훨씬 가난한 나라 사람들의 행복 지수가 더 높았다.

문제는 그 부의 '어느 수준 이상'이 어디냐에도 있다. 어떤 사람은 밥 한 그릇에 김치 몇 조각으로도 만족하지만, 어떤 사람은 산해진미의 성찬으로도 성에 차지 않는다. 초가삼간으로도 흐뭇한 사람이 있고, 고대광실로도 부족한 사람이 있다. 남양 섬 어느 부락에서는 숲에서 큰 메뚜기 한 바구니 잡아서 구워먹으면 그것으로 끼니는 족하고, 나머지 시간은 희희낙락 어울려 놀고 지낸다. 적정한 부가 어느 수준이냐를 따지는 것 자체가 거의 무의미할 정도로 그 높낮음의 범위가 무척 넓다.

행복의 문제는 심리학, 사회학, 철학 그리고 신경생리학에서까지 넓게 연구의 관심사다. 그런 연구들을 종합하면, 행복은 다음과 같은 곳에 있다고 정리해 볼 수 있다.

첫째, 우선 신체적 그리고 정신적으로 건강해야 한다. 행복하려면 인간으로서의 여러 기본적인 욕구가 '적정適正하게' 만족되어야 한다. 생물인 이상 인간도 배고프고 추우면 불행하고, 너무 힘들고 병 들어 아파도 불행한 것은 당연하다. 이런 생리적인 기본욕구 이외에도 인간에게는 여러 정서적·사회적·인지적認知的 욕구들도 적정하게 충족되어야 한다. 고아처럼 너무 고독하고 쓸쓸해도 불행하고, 남들이 '알아주지 않고' 따돌림을 해도 불행하다. 또 유난히 대뇌가 큰 인간에게는 진·선·미를 찾는 넓은 뜻의 '앎'의 욕구가 있다. 세상이 어떻게 생긴 것인지를 어느 정도는 알아야 하고 그 속에서 '나'의 위치도 가늠할 수 있어야 한다. 세상이 뭐가 뭔지 알 수 없다면 그 정도만큼 불행이다. 따라서 기본적인 필요가 충족되어 있는 신체건강과 정신건강이 행복의 첫 번째 조건이라고 할 수 있다.

하지만 여기에는 몇 가지 단서를 달아야 한다. 우선, 기본적 욕구의 충족은 적정適正하면 됐지, 과해도 부족해도 불행이다. 한 끼 밥은 한 그릇이면 됐지, 서너 그릇은 체한다. 너무 정에 흐르면 의리를 잊는다. 사람들과 사회적으로 어울리는 것은 필요하지만, 너무 집단과 사교에만 집착하면 자아自我를 잃는다. 그러나 인지의 욕구만은 그 예외로 다다익선이다.

또한 통상적으로는 불행이라고 여길 수밖에 없는 역경을 이겨내서 도리어 대성하는 경우가 있다. 몹시 가난한 집안에서 대재벌이 나오고, 보지도 듣지도 못하는 헬렌 켈러Keller가 행복을 논하고, 전신마비의 루게릭 병자인 스티븐 호킹Hawking이 우주론의 대가인 것이 그 예다.

둘째, 근래 많은 연구들이 가정·친구·직장 그리고 사회생활에서의 '화목한 인간관계'를 으뜸가는 행복 요인으로 꼽고 있다. 가난하지만 식구들이 화목한 가정이, 억만장자지만 가족이 불화한 가정보다 더 행복하다는 말이다. '서리까마귀 우지짖고 지나가는 초라한 지붕' 아래에서도 '흐릿한 불빛에 둘러앉아 도란도란거리는 곳'이 더 행복하다. 앞에서 언급한 부탄이나 필리핀 같은 나라 사람들이 이른바 선진국 사람들보다 더 행복감을 느끼는 것도 바로 이 인간관계의 화목 때문이다.

이 점에서 경제발전을 추구하는 선진사회나 발전사회는 부는 축적해 가지만, 그 과정에서 야기되는 지나친 경쟁심, 돈만 보이고 사람은 보이지 않는 심리, 그에 따른 초조감·몰인정·시기심·반목 등의 심리가 있다. 그 때문에 화목한 인간관계는 이차적 관심으로 밀려나는 데에 행복을 추구한다는 선진·발전사회의 자체 모순이 있다고 할 수 있다. 행복을 바란다면 그 자체 모순부터 지향해야 하는 것이 선진·발전사회의 과제다.

셋째, 인간은 어떤 일에 무아지경으로 몰입沒入할 때 행복하다. 피아니스트가 연주에 열중하고 있을 때, 화가가 그림 그리기에 몰두하고 있을 때, 과학자가 실험에 삼매경일 때 그는 행복하다. 그리고 무아의 삼매경은 하는 일이 어떤 다른 목적을 위한 수단적 활동이 아니고 그 자체가 재미고 보람인 자체목적적自體目的的 활동일 때 만끽하게 된다.

예컨대, 역사공부를 A학생은 재미는 없었지만 대학입시 합격이라는 목적을 위한 수단으로 하고 있고, B학생은 역사 자체가 무척 재미있어서 그 공부에 몰두하고 있다면, 누가 더 역사에 능통할까는 둘째 치고, 그 공부를 하는 시간에 누가 더 행복할까?

답은 뻔하다. 역사공부가 수단인 A학생은 가끔 공부에 싫증도 나겠지만 입시 합격이라는 가상의 행복은 저 '멀리'에 있고, 지금 여기 현실에서의 행복은 없다. 대학에 들어가서도 대학공부를 그 자체의 보람은 모르고 다시 취직의 수단으로 여기게 된다면, 그만큼 행복은 다시 멀리 저 산 너머로 가고 현실에는 없을 것이다. 이에 비해 공부의 묘미 자체가 목적인 B학생은 지금 여기 몰입의 삼매경이 행복이다.

공부에서 뿐만 아니라 일상생활에서 이때 저때 보이는 경치, 만나는 사람, 하고 있는 일 등을 그 쓸모가 아니라 그 자체로 반기고 매료되는 경우에 우리는 행복하다. 행복은 저기 내일이 아니라 여기 지금에서 찾아야 한다. 경치의 아름다움에 경탄하고, 희한한 이치에 매료되는 행복은 빈부와 귀천에 관계없다. 그렇게 반기고 매료되는 대상을 찾을 수 있다면 감옥 안에서도 행복할 수 있다.

넷째, 많은 논자들이 행복의 한 요건으로 사람들을 자주 칭찬하고 자주 도와주고 사람들에게 자주 감사하고 자주 베풀고 하는 선善행위를 꼽는다. 기실 그 반대로 남에게 인색하고 남을 욕하고 질투하고 원한을 품을 때엔 사람은 행복할 수가 없다는 것은 모든 사람들의 경험이다. 한 신경학자는, 불교의 승려들이 좌선의 명상에서 그 명상 내용이 남을 도와주고 남에게 베풀고 하는 선행위에 관한 것일 때 행복감을 일으키는 대뇌의 부위가 활발해진다는 것을 실험으로 밝혔다.[2]

이런 사실 뒤에는 깊은 종교적 그리고 윤리적인 뜻이 있다. 모든 종교는 인간이 자신의 온갖 고뇌에서 벗어나서 행복을 찾으려는 동기에서 출발한다. 그런데 그 교리의 중심은 기독교도 불교도 유교도 '사랑', '자비', '인' 등 다 남에게 선을 베풀라는 사상이다. 내가 행복하려면 남부터 행복하게 하라는 것이다. 따라서 행복은 선행위 즉 도덕적 행위와 직결된다.

아리스토텔레스도 그의 『윤리학』에서 "인생의 최고 가치는 행복이고, 그 행복은 물질적 쾌락 따위는 아니며, 선행을 추구하는 이성적 활동을 하는 삶"이라고 했다. 그의 행복관은 통상적인 뜻의 행복관과는 사뭇 다르다. 유교 사상에 '오복'五福, 다섯 가지 복이 있다. '수壽, 부富, 강녕康寧, 유호덕攸好德, 고종명'考終命이다. '유호덕' 즉 덕행을 좋아하는 것을 큰 복으로 여겼다. 결국 진정한 행복은 흔한 말로 감성과 이성과 덕성의 종합에서 오는 셈이다. 그 종합이 쉽지 않은 것이 가도 가도 행복은 '저 산 너머'에 있는 이유일까?

그러나 한 가지 생각해 볼 문제가 있다. 그것은 인생이 꼭 행복하기만 해야 하는 것인가라는 문제다. 도리어 어떤 불행 속에서 삶의 참뜻을 발견할 수 있는 것이 아닐까? 통상적인 뜻의 행복의 관념은 도리어 참된 삶의 일면만 보고 있는 것이 아닐까? 행복과 불행을 이분론적으로 보지 않고, 그 둘을 동시에 꿰뚫어 보는 어떤 종합적인 안목이 삶을 바라보는 '참된' 안목이라야 하지 않을까? 이 문제는 "비극"에서 다룰 것이다.

비극

인간은 행복을 추구한다. 그러나 인간이 행복하기만 해야 하나? 행복하기만 한 것이 정말 사람다운 삶인가? 도리어 인간이란 원초적으로 불행한 슬픈 존재기 때문에 행복을 찾는 것이 아닐까? 인간의 삶에서 불행·좌절·비극은 본래 없어야 마땅한 것이 아니라 도리어 삶의 본질적인 일부가 아닌가?

철학자 니체Nietzsche(1844-1900)는 그의 저서 『비극의 탄생』[3]에서 다음과 같은 희랍 신화를 인용한다.

> 미다스 왕은 숲 속에서 반인반수의 현자인 실레노스를 찾아내고 그에게 물었다. 인간에게 가장 좋은 것 그리고 가장 바람직한 것이 무엇인가라고. 그 마신은 입을 잘 열지 않다가 간청에 못 이겨 깨지는 듯한 웃음소리와 함께 토하듯이 말했다. '불쌍한 하루살이 종족들이여, 우연과 피땀의 아들들이여, 듣지 않는 편이 몸에 가장 좋은 것을 왜 억지로 들으려 하는가? 가장 좋은 것은 너희들이 도저히 이룰 수 없는 일이니, 태어나지 않은 것이요, 존재하지 않는다는 것이요, 무無라는 것이다. 그러나 너희들에게 다음으로 좋은 것은 곧 죽는다는 것이다.

나는 이 글을 처음 읽었을 때 적지 않은 충격을 받고 많은 생각에 잠겼다. 인간으로 태어난다는 자체가 비극이고, 삶이란 본래 불행이라는 말이다. 그래서 태어나자마자 갓난아이는 고고의 울음을 터뜨리는 것일까? 니체는 음악도 합창도 삶의 비극감·불행감을 달래기 위한 것이라고도 했다. 세계적인 명작도 대부분 삶의 비극이 그 주제다.

가끔 저녁 밥상에 잔 멸치를 볶은 반찬이 나온다. 한 젓가락 집으면 수십 마리의 멸치가 내 입속으로 들어간다. '내가 먹고 살려고 수십 수백의 생명을 앗아 가는구나' 하는 생각이 스쳐간다. 그러고 보면 멸치뿐만 아니라 내가 먹는 쇠고기도 생선도 배추도 무도 다 생명체다. 사람은 돌멩이나 흙과 같은 무생물을 먹고 살지는 못한다. 생명이 있는 동물은 다 생명을 잡아먹어야 산다는 것 자체가 생명의 원초적인 비극이라 해야 한다. 가끔 텔레비전의 '동물의 세계'에서 사자가 노루 같은 것을 잡아먹는 장면은 외면하지 않을 수 없을 정도로 무참한 비극이다. 사람이 소 잡아먹고 멸치 잡아먹고 하는 것은 덜 무참한 비극인가? 희랍 신화엔 사람이 멸치 잡아먹듯이 사람을 잡아먹는 괴물이 나온다.

불교에서 생·로·병·사를 사고四苦라고 한다. 살고 늙고 병들고 죽는 것이 다 고생이라는 말이다. 살아가는 것 자체도 온갖 어려움을 해결하고 극복해 가야 하는 고생이 따르게 마련이다. 어려운 문제를 잘 해결하느냐 못 하느냐에 따라 성공과 실패, 승리와 패배, 득의와 실의, 희열과 비탄, 때로는 삶과 죽음의 갈래가 놓인다. 니체는 인간의 삶을 두 낭떠러지 사이에 걸쳐 놓은 밧줄을 타고 건너가야 하는 곡예사의 삶에 비유했다. 바짝 정신 차려 잘 건너가면 저쪽은 낙원이고, 자칫 헛디디면 아래는 나락이다. 그래서 삶에는 행복과 불행의 가능성이 둘 다 놓여 있다. 행복의 갈래만 있고 또 있어야 한다는 생각은 환상이라는 말이다.

그리고 인간은 결국 죽음을 맞아야 한다. 철학자 하이데거Heidegger(1889-1976)가 말하는 '죽음을 향한 존재'Sein zum Tode다.[4] 그는 죽음을 의식하는 삶이 '진정한 삶'이고, 죽음의 의식이 없는 삶은 진정한 삶이 못 된다고 했다. 시인 윤동주가 그의 "서시"에서 '모든 죽어가는 것을 사랑해야지'라고 한 것도 '모든 살아 있는 것을 사랑해야지'와 같은 말이다. 산다는 것은 이미 죽는다는 것을 함축하고 있다.

사람들이 가지고 있는 끈질긴 환상의 하나는 영원히 살 것처럼 살고 있다는 것이다. 그것은 죽음의 의식이 없는 삶이다. 멀건 가깝건 다가올 죽음을 직시한다면, 삶의 질이 크게 달라질 것이다. 심리학자 메이May는, 사랑이란 서로의 죽음을 의식함에서 성립된다고 했다.[5] 서로 영원히 살 것이라고 생각한다면 사랑은 성립되지 않는다는 말이다. 죽음을 내다보는 전쟁 출정전야엔 두 연인의 사랑은 더없이 간절하고 애틋하다.

우리는 가끔 생生과 사死를 이분론으로 갈라서만 볼 것이 아니라 오늘의 삶과 내일의 죽음을 같은 차원의 일직선상으로 꿰뚫어 보면서 오늘을 영위해야 할 필요가 있다. 즉 삶과 죽음을 이어볼 필요가 있다. 가령 한 달 후면 죽을 것이라는 선고를 받았다고 할 때 사람들은 선善해질까, 악惡해질까? 희대의 흉악범도 사형 직전에는 회개하고 선심을 되찾는다고 한다. 죽을 것으로 알았던 중병에서 어쩌다 살아난 사람은 삶의 환희와 아름다움과 고마움을 만끽하게 되고 삶에 대해 더욱 진지해진다는 일화도 많다.

삶에 비극은 있다. 실패·패배·좌절·고통 등 여러 가지 불행은 있게 마련이다. 삶에는 행복의 가능성과 동시에 언제나 비극·불행의 가능성도 있고 또 있어야 한다. 삶에는 허기와 배부름, 추위와 따뜻함, 힘듦과 편안함이 있다. 그것이 삶에 생기를 준다. 불행·비극의 가능성이 있기에 사람은 그것을 극복함으로써 행복·희열을 찾으려 한다.

운동경기엔 승·패가 있고, 대학입시엔 당·락이 있고, 사업엔 득·실이 있고, 전쟁엔 생·사가 있다. 그래서 행복·희열을 찾아 어려움에 도전하기도 한다. 조난·횡사의 가능성이 있기에 에베레스트 등반의 성공은 더 큰 희열이다. 삶에는 '환희 속에 비탄이 드나들고 비탄 속에 환희가 드나든다.' 필요한 것은 본래 불행은 없고 없어야 한다는 환상을 버리고 행복과 불행을 동시에 직시·직면하면서 그것에 대응하는 자세일 것이다.

신학철학자인 틸리히Tillich(1886-1965)는 인간의 삶을 존재being와 비존재non-being의 대결이라고 규정한다.[6] '있다'와 '없다'의 대결이다. 승리·성공·합격을 찾는 것은 존재 즉 '있다'고, 자칫 겪게 될지도 모를 패배·실패·낙제는 비존재 즉 '없다'다. 다른 실존주의자들은 비존재, '없다'를 무無라고 부르기도 한다. 인간에게 종당의 '없다'는 물론 죽음이다.

틸리히는 존재와 비존재의 대결이라는 인간실존의 상황에서 가장 긴요한 덕목은 용기勇氣라고 했고, 철학사에서 용기라는 덕목이 소홀히 취급되어 온 것이 이상하다고 했다. 그는 용기를 '존재가 비존재에도 불구하고 자신을 긍정함'이라고 정의했다. 이 정의가 언뜻 까다로워 보이지만, 다음 예로써 쉬이 이해할 수 있다. 두세 살짜리 아이들은 주사를 맞으면 기겁하고 운다. 그러나 다섯 살만 되어도 잘

타이르면 울지 않고 아픔을 참고 견뎌낸다. 그 아이(존재)가 주사가 아프다(비존재)는 것은 알지만 그래도 그것을 참고(불구하고) '나는 이 아픔을 이겨낼 수 있다(자기 긍정)'고 생각하고 감행하는 심성이 곧 용기다. 전쟁터에서 병사(존재)가 죽을 수도 있다(비존재)는 것을 알지만 그래도 그것을 무릅쓰고(불구하고) '나는 이겨내야 한다(자기 긍정)'고 감행하는 심성이다. 하나는 작은 용기 또 하나는 큰 용기다.

이런 용기는 아픔이나 죽음(비존재)을 모르거나 무시하며 저지르는 폭호빙하暴虎馮河의 만용과는 다르다. 만용은 그저 한 충동일 뿐이고, 용기에는 자기 긍정에 필요한 지적·도덕적 판단이 따라야 한다.

"무서움을 모르는 백전노장이란 거짓말입니다. 전투란 싸워볼수록 더 무서워집니다. 다만 백전노장은 그 무서움을 참고, 나는 이길 수 있다, 이겨야겠다는 자기 다짐이 강할 뿐입니다." 한국전쟁에서 수없이 전투를 경험한 한 백전노장의 말이다. 그는 이어 "무식한 병사와 교육 받은 병사 중 누가 전쟁터에서 더 용감하겠습니까?"라고 자문자답한다. "흔히 무식한 병사가 더 용감할 거라고 생각하지만 그렇지 않습니다. 무식한 병사는 '이 전투는 이긴다'는 확신을 심어주면 용감하게 앞장서서 전진하지만, 질 듯한 기미가 보이면 제일 먼저 도망갑니다. 그러나 교육 받은 병사는 전진할 때도 좌우를 살피며 전진하고, 퇴각할 때도 맨 뒤에서 이리저리 살피며 퇴각합니다."

인간의 삶에는 행복과 불행의 가능성이 공존한다. 인간은 물론 행복을 찾고 또 찾아야 하지만, 동시에 온갖 불행을 이겨낼 수 있는 용기, 의지, 의연성毅然性도 기르고 간직해야 하는 존재다. 인생은 행복하기만 해야 하고, 불행과 비극은 없어야 한다는 환상은 버려야 한다.

인간과 동물

인간은 동물이다. 그러나 여타 동물과 조금은 다른 동물이다. 인간과 제일 가까운 동물이라는 영장류의 침팬지와 인간의 유전인자 DNA는 98퍼센트가 같고 2퍼센트만 다르다. 그러나 그 '조금'이 실은 엄청 큰 차이이다. 그 작은 2퍼센트의 차이 때문에 인간은 다른 동물계에 없는 언어와 문학이 있고, 음악과 미술이 있고, 기술과 과학이 있어서 만물의 영장으로서 동물계에 군림하게 되었다. 그 2퍼센트가 어떤 차이기에 이런 어마어마한 차이가 생겼을까?

나는 그 차이를 여타 동물은 거의 전적으로 현실성現實性actuality 속에서 살고, 인간은 잠재 가능성可能性potentiality 속에서 산다는 차이로 파악한다.

망아지는 낳자마자 몇 분도 안 되어 뛰어다닌다. 그리고 이미 본능으로 정해진 즉 '현실화된' 삶의 궤도대로 살아가다가 죽는다. 망아지에겐 좀 커서도 수학을 배우고 소설을 읽고 과학을 탐구할 수 있는 가능성은 잠재해 있지 않다. 이에 비해서 인간의 갓난아이는 갓 태어나서 할 수 있는 일이란 고작 배고프면 울고 젖 빠는 능력 밖에 다른 현실적인 능력은 거의 없다. 그리고 그의 삶의 궤도는 확정되어 있지 않다. 그러나 그의 유전구조에는 수학으로 음악으로 과학으로 사업으로 대성할 수 있는 풍부한 잠재 가능성이 깃들어 있다.

그 풍부한 가능성의 성숙을 위해서 인간의 성장기는 동물 중에서 제일 길기도 하다. 망아지는 3, 4년이면 성마가 되지만, 인간은 20년 이상 지나야 성인이 된다. 즉 '동물은 많은 현실성과 적은 가능성을 가지고 태어나고, 인간은 적은 현실성과 많은 가능성을 가지고 태어난다.' 그리고 인간은 그 가능성을 풍부하게 실현하는 데에 생후 20년만 아니라 생애 전부가 필요하다.

물론 인간도 동물인 이상 삶의 많은 시간을 여타 동물처럼 정해진 궤도대로 살아간다. 배고프면 먹을 것을 찾아야 하고, 추우면 따뜻한 곳을 찾아야 하고, 때가 되면 배필을 찾아 아이도 낳고 길러야 한다. 이런 삶의 부분은 본능의 궤도대로 사는 '동물적인 삶'이다. 그러나 어느 대학을 지망할 것이냐, 무엇을 진로로 택할 것이냐, 어떤 사람을 배필로 맞이할 것이냐, 어떤 사업을 시작할 것이냐 등 어려운 결정의 문제에서는 정해진 궤도가 없다. 넓게 열려 있는 여러 가능성 속에서 스스로 그 궤도를 결정해 가야 한다. 그렇게 궤도를 스스로 결정해야 하는 삶의 부분이 '인간적인 삶'이다.

근래 대뇌신경생리학의 연구가 날로 발전하면서 여러 가지 희한한 발견과 이론이 속출하고 있다. 그중 신경작용에 관한 양자역학量子力學적 이론[7]과 후생유전epigenetic인자[8]의 발견이 있다.

양자역학이란, 아주 단순하게 말해서, 뉴턴의 역학은 보통의 거시적인 큰 물체의 세계에서는 언제나 일정한 공식대로 결정론적으로 작용하지만, 분자 · 원자 · 전자 · 쿼크 같은 미시적인 극소 물체의 세계에서는 결정적으로가 아니라 확률론적으로 작용한다는 이론이다. 일컬어 불확정성uncertainty 원리가 작용한다. 예컨대, 당구대에서 한 당구로 다른 당구를 향해서 일정한 각도와 일정한 힘으로 치면, 당구가 가는 방향과 위치는 언제나 똑같지만, 미시의 세계는 그 방향과 위치가 폭넓게 흐리멍덩하고 이랬다저랬다 하기 때문에, 다만 확률적으로만 파악할 수 있다는 이론이다. 상식으로는 쉬이 이해하기 어려운 이론이지만, 현대 물리학은 그것을 전폭적으로 수용하고 있고 각종 공학에도 응용하고 있다.

근래 몇몇 신경학자들은, 신경세포들 사이를 잇고 있는 신경연접synapsis에서 진행되는 신경정보의 전달 작용은 아주 미시적인 화학물질인 신경전달물질neurotransmitter들의 양자역학적 현상이라는 데에 주목한다. 신경작용은 어떤 확정된 생리적 공식이나 기제대로 진행되는 결정론적 작용이 아니라 여러 가능성이 있는 열려 있는 확률적 현상이고, 거기에 주의집중과 자유의지意志 여하가 영향을 줄 수 있다는 것이다. 결정론이 아닌 확률이 미확정성인 가능성의 넓이를 암시하는 셈이다. 그리고 여타 동물보다 인간의 경우 그 가능성의 넓이가 훨씬 더 넓다는 기제가 인간에게만 독특한 2퍼센트의 유전인자 속에 숨어 있는 것일까?

유전인자 DNA의 발견은 한때 DNA가 모든 인간특성을 결정한다는 결정론을 부추겼다. 그러나 최근에 DNA 인자 위에 후생유전지표epigenetic mark라는 화학물질이 얹혀 있어서, 그것이 해당 DNA 인자를 작용하게도 하고 못하게도 한다는 것이 밝혀졌다. 그리고 후생유전지표는 당사자의 환경과 경험 여하가 그 작용을 좌우할 수 있다는 것도 밝혀졌다. 이 말은 자유의지에 따른 경험 여하가 유전인자의 영향을 넘어 가능성을 넓힌다는 말로 해석할 수 있다.

인간이 동물에 속할 망정 '동물적인 삶'이 아닌 '인간적인 삶'을 사는 한, 그 인간적인 삶은 몇 가지 인간적인 특성을 지니고 또 지녀야 한다.

첫째, 인간적인 삶은 풍부한 가능성을 전망한다. 인간의 갓난아이 속에는 아인슈타인·베토벤의 가능성, 다빈치·처칠의 가능성, 이순신·김정희의 가능성이 다소간 공존한다. 그런 풍부한 가능성을 될 수 있는 한 높고 깊고 넓게 실현해 가는 자아실현自我實現이 인간의 삶의 보람이다.

둘째, 가능성은 성공과 실패, 행복과 불행, 환희와 비판 등 '유'有와 '무'無의 가능성을 둘 다 포함한다. 그리고 여타 동물처럼 정해진 궤도대로 살지 않고 폭넓게 열려 있는 가능성 속에 산다는 것은 불확정성을 의미하고, 불확정 상태는 언제나 응당한 불안을 포함한다. 따라서 인간적인 삶은 그 불안을 감당할 용기와 동시에 실패·불행·비탄의 가능성도 직시하는 용기가 필수다.

셋째, 가능성은 자유自由의 근거다. 여러 가능성 속에서 내가 갈 궤도를 내가 선택한다는 것은 곧 자유를 뜻한다. 자유란 선택할 수 있는 상황을 말한다. 정해 놓은 궤도대로 가야 한다면 그것은 자유가 아니다. 선택할 수 있는 한 그것은 전적全的으로 자유다. 그러나 그 전적인 자유는 전적인 책임을 수반한다. 내가 선택한 일의 결과에 대한 책임을 다른 누구에게도 전가할 수 없다. '너 때문이야'라고 책임을 전가하는 것은 곧 '네가 선택한 것에 따랐다'는 비자유를 뜻하기 때문이다. 자유인은 책임을 전가하지 않는다. 셰익스피어의 『햄릿』에서 사람들이 제일 깊은 인상을 받는 것이 "To be or not to be, that is the question."이라는 구절이다. 그 이유는, 이 구절을 문자 그대로 번역한다면 "존재할 것이냐, 존재하지 않을 것이냐, 그것이 문제로다"

가 되고, 틸리히의 '존재'와 '비존재'를 연상케 하면서, 그 구절이 선택의 자유와 책임이라는 인간적 존재의 본질적 특징을 가장 극명하게 드러내고 있기 때문일 것이다.

넷째, 가능성은 개아個我 또는 자아自我 탄생의 근거다. 가능성 속에서 선택한다는 것은 내가 선택해야 선택이지, 타인이 또는 집단이 또는 자연이 결정해 놓은 것을 그대로 따른다면 그것은 선택도 아니고 자유도 아니다. 물론 사람은 타인, 집단, 자연이 정해 놓은 궤도대로 따라야 할 경우도 많다. 도리어 그런 경우가 삶의 대부분일지도 모른다. 그러나 그러는 정도, 그래야 하는 정도에 따라 그것은 '인간적'이 아닌 '동물적'인 삶의 부분일 뿐이다. 인간의 인간적인 삶의 부분은 개아가 남과 다른 길, 집단과 다른 생각, 때로는 자연을 거역하는 행위도 선택하는 경우다. 때로는 그래야 한다고 생각되면 부모나 군주의 말에도 반대하고, 집단의 전통도 따르지 않고, 자연의 섭리를 어기는 모험도 감행하는 삶의 부분이 '인간적인' 삶이다.

다섯째, 풍부한 가능성은 인간 특유의 풍부한 학습學習작용의 근거다. 여타 동물처럼 본능이 정해 놓은 궤도대로 살아간다면 학습은 필요없다. 학습이란 지난날의 경험으로 오늘의 행동을 바꾸어 가는 기제를 말한다. 즉 지난날의 행동의 궤도를 새 궤도로 바꾸는 것을 뜻한다. 대부분 정해진 궤도대로 사는 여타 동물에겐 그런 새 궤도의 학습은 필요없다. 인간은 넓은 광야에서 스스로 가야 할 궤도를 찾아야 하기 때문에 그 광야의 구석구석을 잘 알고 잘 궁리해야 한다. 학습이란 새로운 궤도를 찾음이다. 인간의 대뇌피질이 유난히 큰 것도 학습의 필요 때문이다.

더구나 인간의 학습결과는 역사적으로 세대에서 세대로 축적되어 간다. 여타 동물들의 학습은 있다 해도 대부분 각 세대에서 단절

되고 다음 세대로 누적되어 가지 않는다. 인간의 학습결과는 구비口碑로 서적으로 현물로 다음 세대로 전달·누적되어 가면서 여타 동물의 추종을 불허하는 인류의 찬란한 문화로 계승·발전되어 간다.

프랑스의 철학자 베르그송Bergson(1859-1941)은 인간의 진화는 여타 동물처럼 변화하는 환경에 수동적으로 적응하는 기계적인 과정이 아니라 생동적 비약élan vital에 의한 창조의 과정, 즉 새로운 궤도를 능동적으로 찾아가는 창의적 학습 과정이라고 보았다. 그러하기에 인간의 문화는 다른 동물의 삶에 비해 비약적으로 현격한 차이를 낳은 셈이다.

인간과 자연

인간은 대자연 속에서 산다. 대자연 속에서 태어나고 살아가고 그리고 마침내는 대자연 속으로 돌아간다. 영어로 자연을 '어머니 대자연'mother nature이라고도 부르듯이 인간은 자연의 품에서 산다. 하지만 사람들이 자연을 보는 눈은 자연을 반드시 자애로운 어머니처럼만 보지는 않는다. 때로는 준엄한 아버지처럼 두려워하기도 하고, 때로는 착취의 대상으로 여기기도 하고, 때로는 청풍명월을 벗으로도 삼는다.

인간이 자연을 어떻게 보느냐에 따라 그의 행위에 큰 차이가 생긴다. 문화인류학자 클럭혼Kluckhohn은 인간과 자연의 관계를 보는 대자연관에는 시대와 사회에 따라 예속관, 정복관, 조화관이라는 꽤 심각한 차이가 있다고 주장한다.[9]

자연에 대한 예속관隷屬觀은, 인간이란 대자연 '아래'에서 자연에 예속되어 자연의 힘에 눌려 자연의 자의대로 지배 받으면서 살 수밖에 없는 운명적인 존재라는 관념이다. 옛날 사회, 전통적인 사회에 만연했던 대자연관이다. 화산이 터져 동네가 휩쓸리고, 지진·태풍·해

일이 일어 삽시간에 수만 명이 생명을 잃고, 돌림병으로 수천 명이 죽어가도 그대로 당하고 참을 수밖에 없는 삶의 되풀이 속에서는 그런 관념이 들 수밖에 없었을 것이다. 지금도 우리 주변엔 그 예속관의 여운이 곳곳에 남아 있다.

자연이 혹한의 겨울 다음엔 따뜻한 봄을 가져오고, 목마른 가뭄 끝엔 단비를 내려주고, 꽃을 피우고 열매를 맺어주고 할 때엔 자연에 대해 어머니 같은 자애로움과 정다움을 느낀다. 하지만 재앙을 자주 겪고 나면 자연에 대한 무력감, 외포감, 예속관, 운명론에 기울기 쉬운 것은 당연하다. 과학의 발달이 그런 예속관·무력감을 완화시켜준다 해도 대자연의 위력은 지금도 대형 지진이나 해일에서 보듯이 과학공학의 힘을 왜소하게 만든다.

자연의 위력에 대한 무력감·외포감은 그 위력을 행사하고 지배하는 주체로서 어떤 '초자연적'인 힘 또는 존재를 가상하고 믿기도 하는 풍습으로 이어진다. 각종 일신교, 다신교, 신령, 귀신 그리고 여러 미신도 여기에 속한다. 불가사의의 힘을 신격화한 것이다.

우리나라엔 아직도 '토정비결'을 찾고 입시 즈음이나 선거 때면 '유명' 점쟁이집이 문전성시를 이룬다고 한다. 전통적 예속관의 연장이다. 그러나 지나친 대자연 예속관·운명관은 비합리주의로 이어지고 따라서 과학의 발전이나 경제발전에도 장애가 될 것은 명백하다.

자연에 대한 정복관征服觀은, 반대로 인간이 대자연 '위'에서 인간의 마음대로 자연을 자르고 쑤시고 부수고 짓고 고치고 하면서 자연을 욕심대로 요리하고 지배할 수 있다는 관념이다. 근대 과학과 과학기술의 철학이고, 근대 경제발전의 철학이며, 서구에서 먼저 성한 철학이다.

특히 기독교 교리는 자연에 대한 정복관을 하나님이 재가한 것으로 해석한다. 바이블 창세기에 다음과 같은 구절이 있다.

> 하나님이 이르시되 우리의 형상을 따라 우리의 모양대로 우리가 사람을 만들고 그들로 바다의 물고기와 하늘의 새와 가축과 온 땅과 땅에 기는 모든 것을 다스리게 하자 하시고... 그들에게 이르시되 생육하고 번성하여 땅에 충만하라, 땅을 정복하라, 바다의 물고기와 하늘의 새와 땅에 움직이는 모든 생물을 다스리라 하시니라.

이것은 바로 인간의 자연에 대한 정복관을 종교적으로 재가한 구절이다.

위 바이블 창세기의 구절에서 주목해야 할 대목은 기독교의 인간형상적anthropomorphic 신관神觀과 인간중심적anthropocentric 우주관宇宙觀이다. 한편 하나님은 인간과 같은 형상이기에 인간은 하나님처럼 지배자가 될 수 있다는 신관과 또 한편 인간의 형상인 신이 이 우주를 인간을 위해서 만들었다는 우주관이 합해서 자연에 대한 정복관을 강화한다. 만물 중에서 인간에게만 특별한 위치와 권한을 주었다는 생각이다.

이와 대조적으로 예컨대, 인도 힌두교의 중심인 바라문교에서는 우주를 만들고 지배하는 최고 신인 브라만Brahman은 인간의 형상이 아닌 그저 한 '절대적인 정신'이다. 인간에게 특별한 위치도 권한도 주지 않는다. 고대 인도 사상의 연장선상에 있는 석가의 불교에도, 그 근본 교리를 밝힌 『반야심경』에서도 알 수 있다시피, 거기에 인간형상의 신관은 없다. 만물에 제각기 불성佛性이 있다는 것이 불교의 사상이다.

자연에 대한 조화관調和觀은, 인간은 대자연 '속'에서 자연과 사이좋게 조화되어 살아가야 한다는 관념이다. 오만하게 마구 자연을 부수고 헐고 자르고 쑤시고 할 것이 아니라 필요한 만큼만 겸손하게 자연에 작동을 걸면 자연도 기꺼이 적당히 그 보답을 베풀고, 반면 욕심껏 헤치고 들면 자연은 어떤 모양이든 재앙으로 보복을 하게 된다는 생각이다.

이런 조화관의 대표적인 표상을 우리는 동양화의 산수화에서 볼 수 있다. 산수화에는 평화로운 산수풍경 속에 으레 어디엔가에 사람 또는 사람이 만든 작은 집이나 배 등이 들어가 있다. 그러나 인간의 오만을 나타내는 고대광실은 산수화에 들어가서는 안 된다. 인간의 집이 들어서려면 주위 자연과 조화된 한 칸 초옥이 겸손하게 들어가 있어야 한다. 강에는 군함이나 기선은 안 되고, 일엽편주가 어울린다. 고기를 잡으려면 낚싯대 하나 던져 놓고 물어줄 때를 기다려야지 일망타진하려는 투망은 산수화에 들어갈 수 없다. 더구나 서양화에서 자주 보는 전쟁이 주제인 격렬한 그림은 동양화의 주제가 아니다.

아전인수일지 모르나 자연과 함께하는 조화관은 옛 전통사회에서는 한·중·일 중에 한국이 제일 강조했던 것 같다. 예컨대, 중국의 도자기는 다양한 채색의 다양한 무늬로 오히려 칙칙하지만, 한국의 청자·백자·분청사기에는 산뜻한 자연미가 있다. 일본의 정원은 구석구석을 갈고 닦고 깎고 한 인공미가 짙으나 한국 정원의 나무들은 제멋대로 자라나 있는 것이 멋이다.

그러나 이런 동양 3국의 조화관도 근대화와 경제발전의 바람이 일면서, 도리어 서구를 빰칠 정도로 자연 정복관으로 기울어져 있다는 관찰을 하지 않을 수 없다. 급속하게 진전되고 있는 자연파괴와 환경오염이 그 증거다.

어차피 지구의 모체인 50억 년 전에 생겨난 태양계는 지금으로부터 50억 년 후엔 블랙홀이 되면서 사라지게 될 것이라고 천문학자들은 예언한다. 그렇게 길게는 아니더라도 지금부터 백 년, 천 년, 만 년 동안은 지구에 큰 탈이 나지 말아야 할 터인데, 근래 예측보다 훨씬 급속하게 진전되고 있는 지구 생태계 파괴에 비추어 보면 전망이 그리 밝지가 않다. 한 예로, 산업화가 뿜어내는 이산화탄소로 인한 지구 온난화는 남·북극 빙산氷山을 녹이면서, 지구의 해수면이 예상 이상으로 급속히 상승하고 있고, 지구상에 있는 상당수의 대도시를 삼켜버릴 것이라는 경고를 우리는 자주 듣는다. 그래도 세계 여러 나라는 거기에 아직 별 대책이 없다. 하지만 이것은 실제로는 예사로운 문제가 아니다.

전망은 엇갈린다. 과학자·경제학자들 중에는 과학공학이 저지르는 자연파괴의 재해는 새로운 과학공학의 발전으로 시정할 수 있다는 낙관론을 펴는 사람들도 많다. 반면 그런 낙관론은 너무 안일한 생각이고, 자연생태계 파괴 문제는 광범위하고 심각한 다학문적多學問的인 반성과 연구를 요구한다는 논자들도 많다. 나는 후자에 속한다. 그런 반성과 연구엔 자연과학은 물론 정치학·경제학·사회학·심리학, 나아가 윤리학·철학·형이상학적 성찰까지도 동반되어야 할 것이다.

나는 그런 다학문적 성찰의 초점은 결국 자연에 대한 '새로운 조화관'으로 접근할 수밖에 없다고 본다. 그 새로운 조화관은 필경은 유사 이래 모든 성현들이 역설해 온 대로 방탕 아닌 절제, 호화 아닌 검소, 과욕過慾 아닌 과욕寡慾의 사회를 실현함을 뜻할 것이라고 믿는다. 삶의 뜻과 행복이 방탕·과욕過慾의 삶에만 있는 것이 아니라 도리어 절제·과욕寡慾의 삶에 더 풍부하다. 이 점에서 생태계 보전의 문제는 과학의 문제기 전에 윤리학·철학, 나아가 종교관의 문제라고 해야 한다. 어쩌면 뉴욕의 번화가나 라스베이거스의 도박장이 아니라 수도원의 생활, 절간의 생활에 접근해야 하는 것이 필연적으로 가야 할 미래의 전망일지도 모른다. 방탕과 호화와 과욕에 젖어 있거나 그것을 그리워하는 사람들에겐 이것은 좀 우울한 전망일지 모른다. 하지만 그것이 생명의 터전인 지구가 그래도 좀 길게 버텨낼 수 있는 길이라고 나는 믿는다.

지 · 정 · 체

인간 탄생의 염원을 우주의 기원으로까지 거슬러 올라가 보자. 세계와 인간은 길어야 약 8,000년 전에 하느님이 만들었다는 바이블의 '창조설'을 문자 그대로 믿는 사람도 더러는 있지만, 식자들 사이의 대세는 역시 지구상에서 인간은 약 7백만 년 전에 두 발로 서서 다니는 직립인간이 출현한 이후 진화를 거듭하면서 오늘에 이르렀다는 '진화론'이다.

이 우주는 145억 년 전 '대폭발'로 탄생했고, 거기에서 50억 년 전에 태양이 형성되어 나왔고, 약 45억 년 전에 불덩어리의 지구가 태양에서 떨어져 나왔다. 그 지구가 식으면서, 죽 같은 액체 속에서 고온과 번개 같은 격렬한 힘으로 유기물이 형성되었다. 그 유기물들의 희한한 결합으로 자체를 복제(번식)하는 아메바 같은 단세포 동물이 출현했고, 그것이 수십억 년에 걸쳐 어류, 파충류, 포유류 등 다양한 생물로 진화해 가면서 마침내 인간이라는 종이 진화했다는 것이 생물학의 이론이다.[10] 기실 모든 생물, 동물과 식물의 유전인자인 DNA는 다 같이 A · G · C · T로 약칭하는 네 가지 염기鹽基로 구성되어 있으며, 다만 그 수와 배열이 서로 달라서 다른 종種으로 진화했을 뿐이다. 따라서 생물들이 서로 잡아먹고 먹히고 하지만, 실은 다 '형제'고 한 '가족'인 셈이다.

그런 긴 세월에 걸친 생물 진화의 계통발생 과정은 그 흔적이 인간 개인의 개체발생 과정에서 흡사하게 반복된다. 난자와 정자는 아메바 같은 단세포 시절, 뱃속 양수 안의 태아는 어류와 같은 시절, 어려서 네 발로 기어다니는 것은 네 발 동물 시절인 셈이다. 이른바 '개체발생은 계통발생을 반복한다'는 반복설이다.

인간의 대뇌 구조에도 지난날 긴 진화 과정의 흔적이 남아 있다. 인간의 두뇌는 밑 부분의 소뇌小腦와 한가운데의 중뇌中腦와 그 겉을 둘러싸고 있는 대뇌피질大腦皮質로 구성되어 있다.

소뇌는 주로 생리작용과 운동기능을 담당하며, 뱀에게도 있는 '파충류 뇌'라고도 부른다. 뇌저·뇌간이 이루는 소뇌는 거의 무의식으로 그야말로 본능에 따라 충동대로 작용한다.

변연계를 포함하는 중뇌는 주로 희로애락의 감정을 관장하며, '포유류 뇌'라고도 일컫는다. 뱀이나 물고기처럼 알을 낳고는 제가 알아서 살아가게 내버려두는 것이 아니라 일정 기간 새끼를 돌보고 길러야 하는 포유동물에겐 새끼가 배고픈지 추운지를 감지하는 기능이 필수다. 뱀은 정情이 없다. 자기 알에서 깨어난 새끼도 눈에 얼씬거리면 잡아먹는다. 그러나 포유동물에겐 정이 있다.

그리고 대뇌피질은 주로 지적 사고작용을 담당하며, 근력으로는 맹수를 당하지 못하고 영리해야 살아남을 수 있는 원숭이, 특히 인간에게 크게 발달해 있는 '영장류의 뇌'다.

간단하게 말하면, 대뇌피질은 '지성'을 담당하고, 중뇌는 '감성'을 담당하며, 소뇌는 생리적 본능대로 움직이는 몸, '신체성'을 담당한다. 몸의 자율신경계에 따라 체온·혈압·맥박은 자기가 알아서 오르내리고, 웬만한 감기나 상처도 자기가 알아서 낫는 것도 '신체성'의 덕이다.

이렇게 장황하게 대뇌 구조를 설명하는 이유는 인간이란 누구나 두뇌의 구조에서부터 파충류·포유류·영장류의 뇌를 다 가지고 있다는 사실, 따라서 누구나 다 이성·감성·신체성, 즉 지·정·체가 다 같이 작용하는 다중적多重的, 전인적全人的 존재라는 사실을 부각하기 위해서다.

우리는 편의상 그러는지 아니면 실제가 그렇다고 생각해서인지, 흔히 지·정·체를 갈라놓는 버릇이 있다. 둘 다 정신현상인 지성과 감성도 이분론으로 갈라놓고, 명석한 이성적인 작용에는 감성·감정이 될 수 있는 한 자제되고 배제되어야 한다고들 생각하고 있다. 학교나 가정에서도, 그것을 지능·지력이라고 부르건, 지성·이성·오성이라고 부르건, 아이들이 '머리가 좋다'는 것을 중요하게 여기고, 감성·감정·정서는 대수롭지 않게 여기며 주로 자제해야 할 것으로 생각한다. 정서와 관계가 깊은 예술과목은 학교에서 흔히 푸대접이다. 도덕성은 지성과 감성이 종합된 특성인데, 도덕에 대한 관심도 문제가 터지기 전에는 지성보다 늘 뒷전에 놓인다. 그러나 위와 같은 인간의 복합적인 두뇌구조는 이런 이분론적 사고를 허용하지 않는다.

철학자 데카르트Descartes(1596-1650)는 정신과 물질, 따라서 정신과 신체를 칼로 두부를 자르듯이 딱 갈라놓은 이분론으로 유명하다. 둘은 아무런 관계가 없는 별개의 세계라는 주장이다. 학교나 가정에서도, 아이가 중병을 앓거나 몹시 허약하기 전에는 몸에 관심이 별로 없다. 아이들이 뛰놀고 장난치는 것은 객쩍은 일이고, 대부분의 시간을 공부에 할애하도록 강요한다. 학교에서 체육시간은 마지못해 하거나 해도 좋고 안 해도 좋은 시간 정도로 여긴다.

그러나 근래의 여러 연구는 이런 이분적인 통상관념을 정면으로 부정한다. 신경생리학자 다마시오Damasio는 그 제목부터 도전적인 『데카르트의 오류』Descartes' Error라는 책[11]에서 여러 임상적 사례를 들면서 지·정·체의 삼위일체론을 주장한다. 환경에 어떤 변화나 문제가 생기면, 예컨대 갑자기 맹수가 나타나면, 먼저 동공이 커지고 맥박이 뛰고 근육이 긴장하는 등 몸의 생리 반응이 일어나고, 그것이 곧 공포의 감정을 일게 하고, 다시 그 감정이 도망갈 궁리를 생각하게 자극한다는 것이다. 거의 동시적이지만, 순서는 몸의 생리적 반응이 먼저다.

뿐만 아니라, 지적 사고의 과정에서 어떤 생각이 의식에 떠오르려 하다가도, 그 생각이 과거의 심히 불쾌했던 일을 무의식적으로 연상케 하는 것이면, 그 감정이 생각을 의식상에 떠오르지 못하게 하는 역할을 한다. 즉 감정이 지적 작용을 거르는 '체'의 작용을 한다는 것이다. '감성을 배제한 이성적인 판단'이란 있을 수 없다는 말이다.

'창백한 수재'라는 말이 있듯이, 흔히 머리가 좋은 수재는 몸이 그리 건강하지 않다는 통념이 있고, 운동선수는 머리가 그리 좋은 편이 아니라는 통념도 있다. 근래의 신경생리 연구는 이런 통념들을 정면으로 부인하고, 도리어 고대 그리스의 "건전한 정신은 건전한 신체에 깃든다"는 격언으로 회귀하고 있다. 분자생물학자 메디나Medina는 인간의 지능은, 인간이란 본시 많이 '움직여야' 살아남는 존재라는 데에서 발달하고 진화해 왔다고 전제한다.[12] 움직여야 환경이 다양하게 변화하고, 다양한 변화는 다양한 자극으로 다양한 사고를 자극하기 때문이다.

진화론적으로 많이 움직여야 하기에 지능이 발달해왔다면, 지금도 우리가 운동·스포츠를 많이 하면 지능작용, 인지·사고작용이 더 좋아지느냐? 답은 '그렇다'고 그는 말한다. 다른 이유는 둘째 치고, 인간의 뇌는 몸 전체 무게의 2퍼센트 밖에 안 되는데, 호흡할 때 들이마시는 산소의 20퍼센트를 소모할 정도로 많은 산소가 뇌의 작용에 필요하다. 산소가 부족하면 머리도 둔해진다. 운동은 산소의 공급도 늘려준다. 또 공장의 폐기물처럼, 인간의 몸도 그 활동에서 '유리기' 遊離基free radical라는 악성 폐기물을 만들어 내는데, 이것을 빨리 청소해 주지 않으면, 온갖 질병과 노쇠의 원인이 된다. 적절한 운동은 그 '유리기'를 빨리 청소해 준다. 따라서 메디나는 학교에서 그리고 모든 직장에서 특히 맑은 머리로 많은 명석한 결정을 내려야 하는 CEO들은 매일 오후 20, 30분 정도의 운동을 정례화·제도화할 것을 제안한다. 그래야 학습·작업·결정의 효율도 향상된다는 것이다.

인간의 뇌가 삼중 구조로 되어 있다는 사실은 생존을 위한 인간의 기본적인 욕구 내지 필요의 구조에도 그대로 반영된다. 당연한 얘기지만, 현대 심리학의 중요한 발견의 하나는 인간에게 생리적 욕구, 정서적 욕구, 사회적 욕구 그리고 인지적 욕구가 모두 동등하게 중요하고 동등하게 만족되고 배려되어야 한다는 것이다. 그 어느 하나라도 지나치게 실조되면 각종 병질로 죽음에까지도 이를 수 있다고 한다.

생리적 욕구란 먹고 마시고 움직이고 쉬고 자고 하는 필요고, 정서적 욕구란 사랑·유대의 필요 및 안정감·무공포·무죄악감 등의 필요다. 사회적 욕구란 인간관계·사회관계 속에서 소속·인정·수락되어야 할 필요고, 인지적 욕구란 의미·조화·성취·자유 등을 찾는 주로 정신적인 필요다. 생리적 욕구는 주로 파충류 뇌, 정서적·사회적 욕구는 주로 포유류 뇌, 그리고 인지적 욕구는 주로 영장류 뇌의 소관인 셈이다.

대인관계에서, 학교에서, 직장에서 나아가 한 국가의 경영에서도 인간이 그저 그의 한 단면만 아니라 그의 전인적全人的 필요를 전인적으로 충족할 수 있어야 인간적인 가정, 인간적인 학교, 인간적인 회사, 인간적인 국가가 기약된다. '전인'의 문제는 교육과의 관련에서 "전인사상"에서 재론한다.

성선설과 성악설

인간의 본성, 인간이 본래 타고난 성질이 선하다고 보는 것이 성선설性善說이고, 본래 악하다고 생각하는 것이 성악설性惡說이다. 性은 글자 자체가 '타고난'과 '마음'의 합성어다. 성선설·성악설 중 어느 생각을 취하느냐에 따라 개인을 둘러싼 인간관계와 사회관계에 갖가지 차이가 생긴다.

인간의 본성이 선하다고 생각하면 사람들이 그만큼 더 마음놓고 서로를 믿을 것이고, 악하다고 생각하면 그만큼 더 서로 불신하고 경계를 늦추지 않을 것이다. 정치에서도 인간은 천성이 선하다고 믿으면 위정자도 많은 자유를 허용하고 웬만한 일은 다 자율에 맡기고 통제는 느슨해질 것이다. 반대로 악하다고 생각하면 자유는 제한되고 통제를 강화하며 경찰·검찰·감찰을 확충할 것이다.

동양에서는 고대 중국의 맹자孟子(BC 372-289)가 인성은 원초적으로 선하다는 성선설을 대표한다. 맹자는 사람은 날 때부터 측은지심惻隱之心, 수오지심羞惡之心, 사양지심辭讓之心, 시비지심是非之心의 사단四端을 가지고 태어나는데, 이 사단을 실행에 옮기면 곧 각기 인·의·예·

지仁義禮智, 사덕四德의 선으로 이어진다는 것이 맹자의 성선설이다. 이렇게 본래 사람 안의 인성은 선한데, 밖을 보는 감각이 욕망과 감정을 자극하면 악이 생기기 쉽다는 것이다. 후일 조선에서 퇴계 이황李滉(1501-1570)이 그 욕망과 감정을 희로애구애오욕喜怒哀懼愛惡欲의 칠정七情으로 간주한 것이 사단칠정설이다. 즉 인간의 본성은 선인데, 감정이 악을 낳기 쉽다는 말이다. 이성理性은 선한데 감성感性이 악을 낳게 할 수도 있다는 것이다.

서양의 경우, 성선설은 루소Rousseau(1712-1778)가 그 대표적인 주창자일 것이다. 후대에 칸트, 괴테, 톨스토이, 페스탈로치 등에 큰 영향을 준 그의 사회사상·정치사상·교육사상은 그 기저에 자연이 베푼 '인간의 본성은 선이다'라는 대전제가 놓여 있다. 그런데도 인간이 때때로 흉악해지는 것은 사회의 결함 때문이라는 전제도 이에 따른다. 그는 모든 악의 원인은 인간의 자연적인 본성이 아니라 일그러진 사회에 있다고 주장한다. 이 생각은 그의 정치사상으로도 이어진다. 그의 교육사상을 담은 저서 『에밀』Émile에서도, 그는 교육은 사회가 가지고 있는 지식이나 규범을 아이에게 주입할 것이 아니라 아이의 천성에 내재해 있는 선한 가능성을 이끌어내서 실현되도록 도와주는 일이라야 한다고 주장한다. 그 사상이 페스탈로치로 이어지고, 오늘까지도 진보주의 교육사상의 본원이 되고 있다.

한편 성악설은 고대 중국사상가 중 순자荀子가 그 대표자다.[13] 그는 성악설을 내세우면서 맹자의 성선설을 정면으로 부인한다. 순자에 의하면 인간의 본성은 욕欲 즉 욕망이고, 그 욕망을 채우기 위해 싸우고 뺏고 살상을 서슴지 않는다. 따라서 인간의 본성은 악이다. 사람은 날 때부터 질투하고 미워하는 성향도 있다. 그런 악의 본성 때문에 사람들의 세계에서는 그 악을 다스리기 위해서 예禮가 필요하고 법法이 필요하다. 순자는 예 지상주의자라 할 정도로 예의 교육을 강조한다. 같은 고대 중국의 관자管子나 한비자韓非子도 성악론자에 속하지만, 이들은 법을 더 강조한다. 그들은 법을 엄히 세우고 그 법을 어김없이 집행하는 것이 군왕의 책임이라고 했다.

근세로 내려와서, 영국의 홉스Hobbes는 고대 중국의 순자와 비등한 성악론자다. 그는 인간의 모든 행동은 이기적 욕망이 그 동기라고 보았고, 그런 이기적 욕망의 추구는 자연 사회를 '만인萬人이 만인의 적敵'이 되는 아수라장으로 몰아가게 마련이다. 따라서 국가에 강력한 권력을 지닌 지배자가 있어야만, 사회적 안정을 유지할 수 있다고 주장한다.

종교에서 기독교의 '원죄론'原罪論은 성악론을 함축하고 있다. 즉 아담과 이브가 하나님의 명령을 어기고 금단의 열매를 따먹었을 때부터 인간은 악의 존재로 타락했고, 그 원죄를 속죄하는 길은 다시 하나님께 귀의하고 하나님의 뜻을 이 세상에 실현하는 일이라는 교리다. 이에 비하면 모든 사람에게 부처님과 같은 불성佛性이 있다고 보는 불교는 성선설에 가깝다.

이렇듯, 인간의 본성이 무엇이냐에 관해서는 설왕설래 여러 견해가 많다. 하지만 나는 인간은 성선·성악의 성향을 다 내포하고 있는 야누스적인 존재라고 본다. 두 성향이 때로는 갈등도 빚고, 때로는 견제도 하고, 때로는 '정'과 '반'으로 변증론적인 '합'을 이루어내기도 하는 관계에 있다고 보는 것이다.

신학자 니부어Niebuhr(1892-1971)는 "민주주의는 사람들의 정의를 행하려는 성향 때문에 가능하고 또한 사람들의 부정을 행하려는 성벽 때문에 필요하다"고 선언했다. 민주주의는 인간의 이타적인 성선설과 이기적인 성악설을 동시에 둘 다 전제하고 있다는 말이다. 인간에게는 공공을 위해 사리私利는 접어두고 공공의 법을 준수하고 나아가 타인의 인권·자유·안녕도 존중하는 등 선의 의지가 있기 때문에 민주사회의 존립이 가능하다. 아니면 민주사회도 붕괴한다. 그러나 반면 공익은 버리고 부당·부정하게 사리私利를 추구하는 악惡의 성벽도 있기 때문에 그 성벽을 억제하기 위해서 삼권분립, 각종 법령 등 민주주의의 여러 제도가 필요하다는 것이다.

니부어의 말은 인간은 누구에게나 다 선의 성향과 악의 성벽이 둘 다 잠재해 있다는 것을 함축한다. 선을 설교하는 목사나 승려에게도 선의 성향만 있는 것이 아니고, 악을 저지르는 도둑이나 사기꾼이라도 악의 성벽만 있는 것이 아니다. 목사나 승려에게도 악의 씨가 내재해 있고, 도둑이나 사기꾼에게도 선의 씨가 잠재해 있다. 이런 글을 쓰고 있는 나 자신에게도 선과 악의 씨는 둘 다 숨어 있다. '국가의 양심'이라는 대학교수들에게서도 비행자·범법자가 자주 드러나고, 악을 다스린다는 경찰·검사·법관마저도 그들의 악이 발각되는 경우가 드물지 않다.

우리는 가끔 정부의 현직顯職에 천거된 훌륭해 보이는 인사들이 국회 청문회에서 온갖 비행들이 들통 나는 경우를 자주 본다. 도리어 높은 현직에 있는 인사일수록 숨겨져 있는 비행이 더 많은 것이 아니냐 하는 의심이 들 정도다. 하기는 그럴 수도 있다. 현직자일수록 더 큰 권력자고, 더 큰 권력자일수록 '절대 권력은 절대 썩는다'는 말대로 더 썩을 수 있고, 또한 현직과 권력이라는 좋은 명분은 비행을 가려 주는 보호막도 되기 때문이다. 이 모든 관찰은 선의 성향과 악의 성벽은 누구에게나 잠재해 있음을 방증한다.

인간의 본성에 선의 성향과 악의 성벽이 공존해 있다는 사실은 애당초 두뇌의 삼중 구조와 필연적인 연관이 있다. 앞에서도 언급했듯이, 인간의 두뇌는 주로 생리적 욕망을 관장하는 파충류 뇌, 주로 감정을 관리하는 포유류 뇌, 그리고 인지적 작용을 관할하는 영장류 뇌로 구성되어 있다. 인간이 선악과는 무관한 각종 이기적인 생리적 욕구·욕망이 발동하는 파충류 뇌를 가지고 있는 한, 악의 성벽은 언제나 발동할 수 있다. 또한 타인의 감정을 내 것처럼 느끼는 감정이입을 관장하는 포유류 뇌를 가지고 있는 한, 선과 악의 두 길은 다 터 있다. 그리고 선악의 판별과 선택을 관할하는 영장류 뇌를 가지고 있는 한, 인간은 누구에게나 선의 성향을 드러낼 수 있는 가능성이 내재해 있다고 보아야 한다.

세 가지 뇌는 물론 서로 관련되고 영향을 준다. 그러나 그 영향은 주로 '아래에서 위로' 작용하고 그 역으로 작용하기는 어렵다. 생리가 감정에 곧 영향을 주고, 감정이 지적 작용에 영향을 주기는 하지만, 거꾸로 지적 작용으로 감정을 눌러버리기는 어렵고, 지성이나 감정으로 생리적 욕구와 기능을 억압하거나 조절하기는 거의 불가능하다. 생각을 바꾼다고 배고픔이 사라지지 않으며, 그러지 말자고 마음먹어도 맥박이나 혈압은 제멋대로 오르내린다. 또한 삶을 위해서는 악의 근원이기 쉬운 욕구·욕망을 적절히 다스려야지 아주 눌러 없앨 수는 없다. 문제는 선악과는 무관한 생리적·감정적인 욕구를 적정하게 충족할 수 있게 하면서 어떻게 선의 성향에 적합하게 유도하느냐에 있다. 그것이 제반 정치적·경제적·사회적·문화적 제도와 정책을 경영해야 하는 방대한 문제들의 중심 과제다.

2

서로 어울려

개인과 집단
사회계층
문화: 절대·상대·보편주의
경쟁과 협동
국가와 민족

개인과 집단

인간은 홀로 태어난다. 그러나 사람들의 무리 속에서 태어나고 그 속에서 자라나고 살아간다. 개체성과 집단성은 인간이 지닌 숙명이고, 그 둘을 조화시켜야 하는 것도 그의 운명이다.

맹수에 비해서 힘이 없는 원숭이에서 진화했다는 인간은 호랑이나 표범 같은 맹수들을 근력만으로는 당해내지 못한다. 잡아먹히기가 일쑤다. 그래서 살아남기 위해서 인간은 긴 진화의 과정에서 두 가지 '전략'을 발전시켜 왔다.

하나는 맹수들보다 머리가 영리해져서 꾀로써 맹수들을 이겨낸다는 전략이다. 머리를 써서 돌도끼, 칼, 활을 만들어 쓰면 맹수도 제압할 수 있다. 그래서 인간의 두뇌는 몸집에 비해서 여타 동물보다 유난히 크다.

또 하나는 맹수를 혼자서 대적하기는 어렵지만, 여러 사람들이 짜고 같이 덤벼들어 이리 찌르고 저리 찌르고 하면 능히 대적할 수 있다는 전략이다. 그렇게 짜고 같이 덤벼들려면 서로가 하는 행동의 의도와 감정을 알아내는 의사소통 능력이 필요하다. 그래서 인간의 두뇌에는 남의 의도와 감정을 감지해내는 기관으로 변연계limbic system 그리고 남이 하는 행동의 의도와 감정을 거울에 비춰보듯 알아내는 거울신경세포mirror neuron가 발달되어 있다. 거울신경세포는 최근에 발견되었다.

이렇게 인간은 진화론적으로 스스로 생존해야 하는 개체적인 동물인 동시에 집단적으로도 같이 생존해야 하는 사회적 동물로 발달해왔다. 그리고 더 말할 나위없이 개체생존과 집단생존은 밀접하게 연계되어 있다. 개인과 집단은 개인이 살아야 집단도 살고, 집단이 살아야 개인도 사는 공생共生관계에 있다. 따라서 개체생존을 위한 자아의식自我意識과 집단생존을 위한 사회의식社會意識이 동시에 불가결한 요소다. 둘은 이분론이 아니라 이원론적인 공생관계로 이해되어야 한다. 자아의식은 집단과 구별되는 자신의 존재, 자기 나름의 능력·취미·사상·사명 등에 관한 의식을 포함한다. 사회의식은 집단을 자아의식 속으로 내면화內面化하면서, 집단에 동화·협조·봉사하는 의식을 말한다. 그 사회의식에는 인간적인 정서를 바탕으로 하는 인권의식·도덕의식·법의식 등이 포함된다. 건전한 자아의식과 사회의식을 함양하는 것이 한 나라의 교육의 사명이다. 사회의식이란 다른 표현으로는 사회적 감수성, 사회적 책임감, 사회적 사명감, 애국심 등을 뜻한다.

집단으로 살아가는 군거群居동물은 인간 이외에도 많다. 벌·개미·새·물고기·야생의 소 등이 그것이다. 하지만 그런 동물들은 자연의 섭리가 그들 집단에게 부여한 삶의 궤도에 따라서만 살아간다. 그들에겐 집단과 구별되는 자신에 대한 개체의식은 없다. 인간에게만 궤도대로 살지 않고, 불확정 상황에서 스스로 궤도를 정해가는 자아의식이 성숙한다. 따라서 인간도, 매일 일곱 시에 아침 먹고 아홉

시에 출근하고 등, 정해진 궤도대로 행동하는 동안에는 자아의식은 없다. 다만 출근 때 버스를 타느냐 아니면 택시를 타느냐를 결정할 때, 더 심각하게는 직장을 옮기느냐 마느냐를 스스로 결정해야 할 때 자아의식이 발동한다.

그러나 자아의식의 소유자는 외롭다. 궁극적으로 고독하다. 사소한 결정이건 중대한 결정이건 결정은 아무 곳에도 아무에게도 의지하지 못하고 자신만의 책임으로 결정해야 하기 때문이다. 어디에 의지한다면 그것은 나의 결정이 아니라, 남이 결정해 준 궤도를 따르는 것이고 자아는 소실되기 때문이다. 물론 어려운 문제에서는 주위 사람들에게 의견을 물을 수도 있다. 하지만 그 의견들은 어디까지나 참고사항이지 결정 자체는 자신만의 고독한 책임이다. 이런 고독은 친구가 없어서 또는 애인이 없어서 쓸쓸하다는 감정적인 고독과는 다르다. 궤도를 따르는 동물적인 삶이 아니라 궤도를 스스로 혼자 결정해야 하는 인간적인 삶에 필연적인 '실존적實存的 고독'이다. 고독한 결정에 관한 한, 인간은 하이데거의 표현대로, '남의 집 문 앞에 버려진 고아'와도 같이 고독하다.

실존적 고독은 쓸쓸하고 짐스럽지만 인간적 삶에서 의연히 감당해야 할 고독이다. 그러나 때로는, 실은 상당히 많은 경우에, 고독이 힘겨워서 원인인 자아의식을 버리고 어디엔가 의지·귀의하는 자아의 포기 내지 상실 현상이 생긴다. 자아의 포기는 곧 '자유의 포기'를 의미한다. 정신분석학자 프롬Fromm(1900-1980)은 그런 현상 몇 가지를 지적한다.[1]

첫째, 독재자에게 귀의하는 자아 포기의 기제다. 다른 연유도 있지만, 이런 기제 때문에 히틀러, 무솔리니 같은 독재자들이 생겨나고 존속한다.

둘째, 모든 고뇌를 해결해 주고 영생의 길도 약속한다는 허무맹랑한 참설讖說이나 사교邪敎에 자아를 위탁하는 기제다. 그 때문에 각종 점쟁이가 성하고, 재산과 생명까지도 박탈해 가는 백백교나 영생교 또는 '인민사원' 같은 사악한 종교집단도 생긴다.

셋째, 대중大衆의 흐름 속에 자아를 위탁하고, 대중이 느끼는 대로, 생각하는 대로, 행동하는 대로 느끼고 생각하고 행동하는 기제다. 그래서 현대사회는 무섭게 '유행'이 퍼지는 사회, 개성을 주장하면서도 실은 개성을 상실하는 역설적인 동조주의同調主義conformism사회다.

결국 인간적인 삶을 영위하는 길은 필연적으로 사회집단 속에 살면서도 책임을 지닌 결정자로서의 자아의식을 견지하는 길이다. 그것이 동시에 인간적인 사회집단을 실현하고 경영하는 데에도 필수조건이 된다. 자아의식이 건재해야 창의·창조에 의한 계속적인 사회변화·사회진화도 가능하다. 사람들의 자아의식 포기 내지 상실은 그대로 사회의 침체와 퇴행으로 이어지기 때문이다.

사회학자 화이트Whyte는 다음과 같은 요지의 말을 한 적이 있다.[2] 개인은 자신의 개성을 유지하기 위해서 언제나 사회조직과 싸우지 않으면 안 된다. 어리석고 이기적이지 않도록 싸워야 한다. 왜냐하면, 모든 사회조직은 개인에게 자아의식의 항복을 요구하는 힘을 가지고 있기 때문이다. 개인과 사회조직 간에 갈등이 없고 또 없어야 한다는 생각은 환상이다.

집단의 자아박탈을 경고하는 충분히 수긍이 가는 말이다.

그러나 개인과 사회가 '개인이 살아야 집단이 살고 집단이 살아야 개인이 산다'는 공생관계에 있는 한, 개인에게는 집단에 대한 경계심警戒心뿐만 아니라 친애감親愛感도 있어야 하는 것이 당연하다. 회사의 부당한 압력도 경계해야 하지만 회사를 배려하는 애사심도 있어야 하고, 국가권력의 부당한 처사도 경계해야 하지만 애국심이 있어야 하는 것도 자연스럽고 당연하다.

나는 사람은 자신이 태어나고 자라나고 일하고 살고 있는 각종 집단, 가족 · 고향 · 학교 · 회사 그리고 국가에 대해서 친애감을 가지는 것은 타고난 자연적인 성향이라고 믿는다. 애당초 개인과 집단은 공생관계에 있기 때문이다. 다만 그 자연적인 친애감이 건전하게 성숙하는 데엔, 애국심의 경우로 예를 들어, 몇 가지 고려가 필요하다.

첫째, 국민의 애국심은 프롬의 용어를 빌리면, 수취적receptive 지향에서부터 생산적productive 지향으로 성숙해 가야 한다. 이것은 미국의 전 대통령 케네디Kennedy(1917-1963)가 "국가가 너에게 무엇을 해주기를 바라기 전에 네가 국가를 위해 무엇을 할 것인가를 먼저 생각하라"고 한 명언에 단적으로 표현되어 있다. 내가 국가로부터 어떤 이득을 받아내기를 생각하기보다는 내가 국가에 무엇을 공헌할 수 있느냐를 먼저 생각하라는 것이다. 그것은 마치 갓난아이가 어머니 젖을 받아먹은 '수취적' 상태에서부터 스스로 남을 위해서 일을 이루고 공헌하는 '생산적' 위상으로 성숙해 가야 하는 것과 같다.

둘째, 애국심은 국수주의적인 독존獨尊으로 이어져서는 안 된다. 자기 나라에 대한 자긍심을 갖는 것은 필요하다. 하지만 별 근거도 없이 자기 나라만이 으뜸가는 나라라는 자기도취에 빠지는 것은 자기반성의 기회를 상실하면서 지속적인 국가발전에 도움이 되지 않는다. 어린 아이들에겐 '우리 집', '우리 아버지'가 세상에서 제일이다. 그러나 자라면서 그런 어린애 같은 자랑은 없어진다.

셋째, 무엇보다도 애국심은 닫혀 있지 않은 '열린 애국심'이라야 한다. 나라 사랑하는 마음이 다른 문화와 다른 나라 사정에도 열려 있고, 미래의 변화에도 열려 있고, 더 넓은 세계와 인류의 사정에도 열려 있어야 한다. 그것이 내 나라의 계속적인 발전에도 필수다. 닫힌 애국심이 쇄국주의, 국수주의의 형태를 취하면 결국은 국가 쇠퇴의 길로 이어진다.

넷째, '개인주의'individualism에 대해 언급할 필요가 있다. 개인주의를 흔히 집단과 남은 염두에 없고 자기 이익만 추구하는 이기주의egoism와 혼동하기 때문이다. 개인주의는 책임있는 개체적 결정자로서의 자신을 자경自敬self-respect 또는 자애自愛self-love하는 의식을 뜻하며, 이기주의나 이타주의와는 관계가 없는 개념이다. 자애와 이기selfish는 다르다.

이기주의는 개인문제건 사회문제건 그 결정이 잘못되었을 경우 책임 회피 또는 책임 전가를 일삼는다. 그것이 자기에게 이롭기 때문이다. 그러나 개인주의는 그 책임을 회피하지도 않고 남에게 전가하지도 않으며 떳떳이 전적으로 그 책임을 감수한다. 책임의 회피나 전가는 자경심의 손상을 의미하기 때문이다.

사회계층

닭장 속에 먹이를 던져주면 으레 '힘'이 제일 센 놈이 먼저 찍어먹는다. 그 놈이 '왕초'다. 다른 닭들이 먹으려 들면 왕초가 쪼아 쫓아버린다. 이른바 '먹이 순서'pecking order가 있다. 철새 떼가 먹이를 찾아 늪지대에 내려앉을 때에도 왕초가 먼저 먹이가 많은 데에 내려앉고, 그 주위에 힘 센 순서로 내려앉는다. 사람들도 도시의 중앙은 으레 권력층, 부유층의 집들이 차지하고, 변두리엔 서민층·빈민층이 자리잡는다. 물론 인간의 경우, 부유층이 대도시의 번잡을 피해서 교외로 나가는 경우도 있고, 그랬다가 도심의 편의가 그리워서 다시 도심의 대형아파트로 역류하는 현상은 있다.

그러고 보면 한 집단 내에 어떤 계급階級 또는 계층階層구조가 있는 것은 보편적인 현상이라고 해야 한다. 그것은 어쩌면 진화론이 말하는 생존경쟁의 원리에 비추어 당연한 결과일지도 모른다. 그 계층을 결정하는 요인이 동물의 경우는 전적으로 공격력과 같은 신체적 근력이지만, 인간의 경우는 사정이 좀 복잡하다. 인류도 원시 시대에는 그랬겠지만 문화가 발달되고 축적됨에 따라 그 '힘'의 질이 달라진다. 인간의 경우는 넓게 지적·정서적·도덕적인 다양한 '능력'이 계층의 결정요인이 된다. 신체적 근력은 이젠 총·대포·폭탄 같은 과학 기술의 무기를 당하지 못한다.

옛날엔 사람들의 신분이 대부분 세습적으로 결정되었다. 즉 아비의 계급신분을 아들이 그대로 이어받았다. 신라의 골품제, 조선의 반상제도 그 예다. 아비가 양반이면 아들도 양반이 되고, 아비가 상놈이면 그 아들은 아무리 발버둥 쳐도 양반이 될 수 없었다. 인도 고대의 사성四姓제도는 지금까지도 그 흔적이 남아 있는 가장 견고한 세습제다. 따라서 신분 세습제도를, 계층class과는 달리 계급caste제도라고 구분하기도 한다.

오늘날에도 남아 있는 오지의 원시부족에게서 볼 수 있듯이, 옛날엔 계급이 없었다. 추장은 있었지만 나머지는 다 평등했다. 그러다가 계급이 생긴 것은, 부족이 커지면서 일어나는 분쟁이나 내전에서의 패배자 그리고 옆 부족과의 전쟁에서 포획한 포로들이 생긴 때부터였을 것이다. 조선 시대에 역적으로 몰리면 삼족이 죽임을 당하거나 노비가 되었듯이. 역사적 연유가 어떻든간에 생득적인 신분을 신화나 종교로 미화하고 또는 유전의 차이로 합리화하는 경우가 많다. 많은 경우 종족의 우두머리인 시조는 신격화되기도 한다.

그러나 현대에는 거의 모든 나라에서 세습적 계급제도가 사라졌다. 한국에서도 조선 시대의 반상제도는 그 자취가 없어졌다. 이제 한국에선 양반·상놈은 아무도 묻지 않고 자처하지도 않는다. 그러나 그 대신 능력에 의한 계층제도가 생겼다. 이른바 사회경제적 지위socio-economic status에 따른 계층이다. 즉 생업이 사회적 존경을 받는 정도와 경제적 부유 정도에 따른 계층이다. 인간사회에 어떤 모양이든 계층은 필연적이다. 그리고 계층구조는 여러 가지로 중요한 사실과 상관관계가 있다.

한 사회의 상하 계층구조를 세분해서 6단계로 나누기도 하지만 흔히 간단하게 상·중·하로 나눈다. 사회계층과 정치적·경제적·도덕적·심리적인 특징과의 상관관계를 그 일반적인 경향만 간결하게 살펴보면 다음과 같다. 물론 예외는 많다.

정치적으로는 일반적으로 상류층은 보수주의가 그 기치다. 이미 누리고 있는 사회경제적 우위를 그대로 유지하려는 견지에서 이것은 당연하다. 이에 반해 하류층의 기치는 당연히 진보주의·혁신주의다. 변화가 있어야 자신들의 처지를 개선할 가능성이 생기기 때문이다. 중산층을 상하로 갈라서 보면 중상층은 보수주의, 중하층은 진보주의에 가깝다. 하층은 평등을 강조한다. 역사적으로 보면 상류층이 득세하면 귀족주의, 하류층이 득세하면 공산주의와 같은 급진주의가 생기고, 민주주의는 중산층의 소산물이다.

경제적 이념에서는 상류층은 자유주의·자본주의를 옹호하고, 하류층은 평등주의·사회주의의 경향을 띤다. 그러나 공산주의는 평등을 기치로 했으면서도 구소련에 노멘클라투라nomenklatura라는 특권적인 상류층이 생긴 것은 하나의 필연적인 아이러니다.

도덕적으로 상류층은 도덕 '위'에 있고, 중산층은 도덕 '속'에 있으며, 하류층은 도덕 '아래'에 있다는 표현이 가능하다. 역사적으로 상류층, 특히 왕실王室이나 독재자와 그 주변의 특권층은 도덕에서 벗어난 방탕과 방자가 그 특징이었다. 그들은 도덕을 지켜야 할 필요가 없었던 셈이다. 하류층은 사정이 빈궁해서 도덕을 지킬래야 지키기가 어려운 처지에 있었다. 근면하고 성실하고 선행을 하는 등의 도덕적 덕목은 주로 중산층의 몫이다. 그래야 상류층으로 올라갈 수 있기 때문이다.

심리적으로 상류층은 오만한 선민의식選民意識이 깃들기 쉽고, 중산층은 성취동기가 강하며, 하류층은 반항의식에 사로잡히기 쉽다. 또 상류층은 하류층이 못 사는 것은 '제 탓'이라는 유전론적 사고의 경향을 띠고, 하류층은 잘 사고 못 사는 것은 개인의 탓이 아니라 제도·구조·정책 등의 탓이라는 환경론으로 기운다.

문제는 사회계층간 불평등의 격차가 지나치게 커지고 그에 따라 정치관·경제관·도덕관의 격차가 심해지면, 사회는 점점 갈등이 심해지고 불안을 자초하게 된다는 것이다. 따라서 계층이 생기는 것은 불가피하지만, 계층간의 각종 격차는 될 수 있는 대로 최소화해야 한다. 이 문제는 다시 사회적 불평등이 애당초 어디에 기인하느냐라는 문제로 이어진다.

루소는 그의 유명한 "인간 불평등의 기원"이라는 논문에서 다음과 같은 논지를 폈다. 원시적인 자연상태 속의 인간은 선했고 그들 사이에 불평등이란 없었다. 그러다가 어느 날 어떤 자가 토지에 울타리를 치고, '이것은 내 것'이라고 선언하면서 토지 사유권을 주장한 때부터 인간의 불평등이 시작됐다고 그는 주장했다. 그의 낭만적 자연주의 주장에 수긍은 간다. 그러나 그렇다고 오늘날 세계의 현실에서 토지 소유·사유재산 제도가 쉽게 폐지될 수 있는 것이 아니라면, 인간 불평등 심화의 원인과 해답은 또 다른 데서 찾아볼 수밖에 없다. 나는 그것을 교육의 불평등에서 찾는다.

인간에겐 생득적으로 여러 가지 개인차가 있다. 키·근력·지능 등의 불평등은 타고나게 마련이다. 그러나 생득적인 개인차는 그리 크지 않다. 신체적 특징의 개인차의 범위는, 기형 체격을 제외하고,

대개 1 대 1.5다. 키는 보통 150~200센티미터 사이에 분포된다. 다른 정서적 · 지적 · 성격의 개인차도 비슷하다고 볼 수 있다.

그런데 문제는 여러 나라 현대교육의 현실은 그 불충실성 · 불완전성 때문에, 생득적인 개인차의 범위를 줄이기는커녕 해마다 점점 더 넓히고 있다는 점이다. 하지만 교육의 양과 질을 적절히 보강한다면 여러 가지 지적 · 정서적 · 도덕적 역량의 개인차를 크게 줄일 수 있다는 것이 내 신념이다. 현대의 교육이론으로도 그것은 가능한 일이다. 이 점은 "교육력"에서 좀 더 부연한다.

근래 여러 나라에서는 저소득층의 복지 문제 그리고 국제적으로 최빈국의 경제발전 문제가 큰 관심사가 되어 있다. 거기엔 경제적 · 정치적 · 문화적 배려가 필요할 것은 당연하다. 그러나 그중 최근의 한 현저한 동향은, 빈민 구제에서 돈이나 생필품을 베푸는 '물질 원조'는 결국 별 효과없이 의타심만 조장하게 되고, 도리어 경제적으로 자립할 수 있는 지적 · 기술적 능력과 정서적 성취동기 등을 길러주는 '교육 원조'가 가장 효과적이라는 결론이다. 결국 하류층 · 저소득층의 제반 능력 부족부터 보강해 주는 것이 불평등의 원천적 해결책이라는 것이다.

사람들의 개인차 · 불평등은 있고 또 있을 수밖에 없다. 그리고 한 견지에서는 있어야 한다고 할 수도 있다. 다만 이렇게 불평등을 긍정적으로 보는 견해는 두 조건을 대전제로 해야 한다. 하나는 어떤 계층을 막론하고 그 인권은 평등하게 존중되어야 한다는 것이고, 또 하나는 누구나 생계에 필요한 최소한의 경제수준은 보장되어야 한다는 것이다. 물론 이 두 조건 자체도 실현하기 그리 쉬운 것은 아니다. 그러나 그것을 대전제로 하면, 다음과 같은 사고가 가능하다.

중산층에겐, 그리고 하층에게도, 상층이 있고 그 상층으로의 진입이 가능하다는 생각이 삶의 노력에 촉진제가 될 수 있다. 근면하고 극기하고 정진하는 삶에 상층은 한 목표를 제시한다. 물론 끝없는 사재 축적에만 급급하고 자주 있는 수뢰 사건에 연루되는 일부 등 상층의 비리는 문제지만, 부에 따르는 풍요한 문화생활로 상승하는 것은 누구에게나 보람이다.

상층은 중층·하층이 있기에 자신의 위상에 상대적 자부심을 느낀다. 누군가 '상층은 자신의 우월감을 느끼기 위해 빈민층이 필요하다'고 한 것은 너무 비틀린 사고라고 생각된다. 하지만 부호 빌 게이츠처럼 많은 재산을 사회복지 사업에 희사한다는 것은 그 자신의 '삶의 보람'도 만끽하게 해줄 것이다. 보다 일반적으로, 상층에게는 '노블레스 오블리주'의 책임을 수행할 수 있는 의무감과 동시에 희열감이 있을 것이다. 또 그래야 마땅하다.

하층은 경제적으로는 하층이라도, 최소 경제수준이 보장되어 있는 한, 문화적으로는 반드시 하층이 아닐 수 있다. 도리어 굳이 부를 멀리하는 지성인·문화인·종교인이 문화적으로는 더 풍부할 수가 있다. 옛 선비들이 '청빈'淸貧을 마다하지 않은 것이 그 예다.

이와 같은 사고는 교육에서 자주 문제로 거론되는 학생들의 개인차의 문제에도 적용할 수 있다. 학생들의 개인차는 있다. 또 어떤 의미에서는 있어야 한다.

단, 전제조건이 있다. 생활인으로서 그리고 국민으로서 필수적인 최저수준의 기본적인 지적·정서적·도덕적 역량의 학습에서는 개인차 없이 모두가 '완전히' 그 역량을 갖추고 있어야 한다. 그리고 이를 위해 학교라는 집단교육 상황에서도 가능한 한 개별교육, 개별지도의 기회가 충분히 마련되어 있어야 한다.

이 전제조건이 충족되는 정도에 따라, 그 최저수준 이상에서 개인차는 크고 넓을수록 바람직하다. 그래야 그런 기본적 역량 위에서 탁월한 과학자·예술가·사업가·사상가 등이 배출될 수 있다. 그리고 학생들의 적성·취미·의견·사상도 서로 다르고 다양하게 함양되는 것이 바람직하다는 주장도 성립된다.

문화: 절대·상대·보편주의

한 사회집단, 특히 한국과 같은 한 민족국가에는 그 나름의 문화가 있다. 문화란 긴 역사에서 만들어지고 길러지고 보존·전승되어 온 그 나름의 갖가지 생활양식을 통칭하는 개념이다.

한 민족의 문화내용은 (1) 도구道具, (2) 지식·기술知識·技術, (3) 조직·제도組織·制度, (4) 통념通念, (5) 가치관價値觀의 5중 구조를 이룬다고 개념화할 수 있다.

즉 문화 속에는 쟁기·칼·스마트폰 같은 생존에 필요한 갖가지 도구가 있고, 여러 학문·기술·예술의 분야에서 축적된 방대한 지식·기술이 있으며, 정부·국회·법원·회사·학교 등 사회 경영을 위한 수많은 조직과 제도들도 있다. 그리고 '그렇다'는 사실의 근거가 있건 없건, 많은 사람들이 그렇다고 믿고 있는 갖가지 사회적 통념도 있다. 예컨대, 어른은 존대해야 한다는 관념 또는 신이 있고 천당·지옥이 있다는 관념 등이다. 그리고 그런 통념들 중에는 진·선·미의 평가 기준이 되는 여러 가치관들이 있다. 그런 가치관들은 인간의 행동을 규제하는 힘이 강하기 때문에 특히 중요한 문화내용이다.

이런 문화내용들은 사람들이 그 속에서 태어나고 자라나고 살아간다는 점, 사람들이 사람답게 자라나는 자아실현의 소재素材를 그 문화내용이 제공한다는 점, 사람들의 '나는 누구냐'라는 자아개념에 문화내용의 상당한 부분이 깊이 내면화된다는 점에서 여러 심각한 문제를 함축한다.

한국에 태어나면 '한국사람'이 되고, 영국에 태어나면 '영국사람'이 된다. 내가 집단이 되고, 집단이 내가 되는 집단과 자아의 동일시identification가 문화를 매개로 해서 진행된다. 이런 동일시는 애국심, 애향심, 애교심의 발단이 된다. 그러나 그런 동일시가 너무 강하면 객관적으로 집단을 성찰하고 '나'를 성찰하기가 어렵게 된다는 문제가 생긴다. 집단이나 자아의 생존과 발전에 애국심도 필수지만, 집단이나 자아의 객관적 성찰도 필수다. 집단의 일원이면서도 집단 너머에서 집단을 볼 수 있고 '나'도 볼 수 있어야 한다. 아니면 집단과 그 문화의 생존과 발전이 어려워진다.

자기들의 문화가 세계 제일이라고 믿고 주장하는 것이 '문화절대주의'다. 가장 대표적인 예가 옛날 중국의 경우다. 중국이 세계의 중화中華 즉 '중심의 꽃'이고, 다른 모든 나라들은 열등한 '오랑캐', 동이·서융·남만·북적이라고 업신여겼다. 심지어 19세기 초 처음 영국이 국교를 열기 위해 사절을 보냈을 때에도, 중국은 영국같은 오랑캐에게 배울 것이 하나도 없다고 호언하면서, 영국 사신에게 머리를 땅에 대고 조아리는 고두叩頭의 예를 요구했다. 사신이 그것을 거부하고 국교가 이루어지지 않은 것이 그 후 아편전쟁을 위시한 중국의 '치욕의 백년'의 발단이 되었다.

어느 민족이건 어느 정도는 자기 문화가 제일이라는 문화절대주의의 관념이 있게 마련이다. 특히 다른 나라와의 교접이 드물었던 시대엔 더 그렇다. 그것은 마치 자기 집안에서만 자라난 아이가 '울아버지', '울엄마'가 제일이라고 믿는 자기중심주의egocentrism와 같은 자민족중심주의ethnocentrism의 시대다. 영국은 자신을 '대'영제국이라고 했고, 일본도 '대'일본, 한국도 '대'한민국이다.

하지만 비록 이름은 크게 할 망정, 옆 나라들과의 원활한 교린관계는 나라의 생존·번영에 필수다. 바깥 세상과 교린이 없는 나라는 바깥과 신진대사 없는 생물처럼 퇴영의 길에 들어선다. 조선 말기의 쇄국정책이 그 뼈아픈 실례다. 끝내 자국의 문화절대주의를 고집할 경우, 남는 길은 퇴영이고, 아니면 두 문화절대주의가 맞부딪치는 갈등 또는 전쟁뿐이다. 다른 여러 원인도 있었겠지만, 일본과 독일이 제 나라의 문화가 제일이라고 망상한 자국 문화절대주의가 2차 세계 대전의 한 원인이었다. 지금은 이른바 지구화 시대다. 지구상의 여러 나라들이 동네 이웃처럼 무시로 얼굴을 맞대고 살아야 하는 시대인 것이다. 문화절대주의는 지난날의 유물로 사라져야 한다. 하지만 그 청산이 그리 쉽지 않은 것이 문제다.

두 문화절대주의의 갈등과 충돌을 예방하는 해결책으로 '문화상대주의'가 자주 주장된다. 말하자면, '내 문화도 좋고 네 문화도 좋으니, 누가 낫다고 따지지 말자'는 주장이다. 양복도 좋고 한복도 좋으니 그 우열을 따지지 말고, 기독교도 좋고 조상숭배도 좋으니 그 시비를 묻지 말자는 것이다. 기실 음식의 양식과 한식은 그 우열을 따지는 것이 별 의미가 없다.

그러나 문화상대주의는 언뜻 보기에는 갈등을 해결하는 것 같지만, 실은 갈등을 그저 덮어두는 것일 뿐이다. 상대주의는 두 문화가 서로 경이원지敬而遠之, 서로를 공손하게 위하는 척하면서 실은 차디차게 서로를 멀리하는 관계일 뿐이고, 속으로는 '역시 내 것이 제일'이라는 자신의 절대주의를 감추고 있을 뿐이다.

상대주의적 사고는, 문화의 경우만 아니라, 의외로 많은 영역에서 자주 주장되고 있다. 도덕의 상대주의는 같은 행위가 여기에서는 선이 되고 저기에서는 악이 되는 경우가 있다고 주장한다. 이른바 '상황윤리설'이다. 심지어 학문이 그 보편타당성을 추구해야 하는 진리마저도 동양·서양에 따라 다를 수밖에 없다고 주장하는 학자도 상당히 많다. 미국식 이론이 한국의 실정에 맞지 않는다는 주장이 그 예다. 정신병의 경우도 어떤 행동을 정신병으로 여기느냐가 사회에 따라 다르다는 주장도 있다. 정신분열증이 서양에서는 병으로 인지되지만, 무당이 성하는 사회에서는 도리어 유능한 무당의 자질로 여겨진다는 것이다.

이런 상대주의는, 시간과 공간이 물체의 속도에 따라 상대적으로 길어지기도 하고 짧아지기도 한다는 아인슈타인의 '상대성이론'을 흔히 그 배경으로 들먹인다. 그러나 물리 현상에서의 이론을 인간·사회현상에 원용하는 것은 지나친 일반화다. 상대성이론이 도덕의 상대성, 진리의 상대성을 함축하지는 않는다.

문화상대주의는 일종의 지적知的 허약증이라고 본다. 여러 문화가 서로 특수하게 다르지만, 그래도 거기에 어떤 공통점·유사성·일반성을 발견할 수 있을 터인데, 거기까지 지력知力을 뻗지 못하는 허약증의 결과다. 각 나라의 노래가 서로 달라도 그래도 노래인 이상 어떤 멜로디와 박자는 다 있다. 이런 사고는 바로 다음에서 다룰 문화보편주의를 시사한다.

지구상의 여러 민족의 문화들은 다양하고 다채롭게 서로 다르다. 그러나 동시에 그 모두에는 공통적으로 이해가 가능한 공통된 보편성이 있다. 아니라면 현대 한국에 있는 내가 옛날 영국 셰익스피어의 『햄릿』을 읽고 이해하고 공감할 수 없을 것이고, 옛날 독일 베토벤의 "운명교향곡"을 이해하고 감흥을 느낄 수도 없을 것이기 때문이다.

나는 이렇게 서로 다른 문화들 사이에 그 각기의 상이점·특수성도 십분 이해하고 존중하고 장려까지 하면서도, 동시에 어떤 공통점·공감성·보편성이 있고 그것을 찾고 음미하려는 견해를 '문화보편주의'라고 불러본다. 그런 공통점·공감성·보편성은 여러 문화 사이의 상호이해와 상호협력의 발판이 된다. 문제는 끊임없이 그렇게 서로의 공통점·공감성을 찾으려는 노력이 절대주의에도 없고 상대주의에도 없다는 점이다.

문화보편주의는 여러 문화의 보편성과 동시에 각 문화의 특수성·독특성·다양성도 존중하고 장려한다. 지구상의 생물 다양성bio-diversity이 귀중한 자산이고 건전한 생태계의 표상인 것처럼, 지구상의 문화 다양성cultural diversity도 귀중한 자산이고 건전한 국제적 문화세계의 표상일 것이다. 과거 식민시대의 일본처럼 식민 제국들이 민족문화를 말살하거나 허약화하려던 처사는, 생물의 종을 말살하는 처사와 같이 피해자에게도 가해자에게도 비극이었다고 해야 한다. 따지고 보면 지구상 모든 민족의 원류는 약 7백만 년 전 아프리카에서 탄생하고 진화하면서 30만 년 전 지구 전역으로 퍼져 나간 호모 사피엔스Homo sapiens의 '가족'들이 아니던가?

경쟁과 협동

1950년대 초 미국 유학 시, 내가 처음 듣는 '정신분석학' 강의는 모든 대목이 참으로 신기하고 희한했다. 다만 인간의 기본 본능에 사랑을 원하는 사랑 본능love instinct과 죽음을 원하는 죽음 본능death instinct이 있다는 프로이트Freud(1856-1939)의 주장에는 고개가 갸우뚱했다. 사랑을 원한다는 것은 이해가 가지만, 생명 있는 생물이 죽기를 원한다는 말이 처음엔 잘 수긍이 가지 않았다.

그러나 이리저리 생각해보니, 이해가 될직도 했다. 사랑 본능은 당연하기만 하다. 남녀의 사랑, 모자의 사랑, 나아가 친구 사이의 우정, 고향 사랑, 애교심, 애국심에 이르기까지 다 '사랑 본능'이 그 원천적인 동기일 것이다. 문제는 '죽음 본능'이다. 하지만 순자荀子의 말대로 인간은 욕정의 존재라면, 그래서 홉스의 말대로 '만인이 만인의 적'이 되어 싸울 수밖에 없다면, 싸움은 결국에 가서는 피차의 죽음까지도 각오해야 한다. 다윈Darwin(1809-1882)도 생물은 생존경쟁을 할 수밖에 없다고 했다.

모든 경쟁·투쟁은 승자와 패자를 낳는다. 그에 따라 희·비喜悲가 갈린다. 패배는 '없음', 죽음과 같다. 그것은 애당초 승자가 되건 패자가 되건 경쟁·투쟁에서는 희비가 갈릴 것을 각오하고, 극단의 경우 죽음을 각오해야 한다는 것을 뜻한다. 죽음도 각오한다는 것을 곧 '죽음 본능'이라고 생각하면 프로이트의 주장이 이해가 된다. 전쟁에서 죽음을 각오한 결사대, 죽음을 각오하고 결행하는 고산 등반 등 여러 가지 모험 등도 '죽음 본능'의 소치인 셈이다.

경쟁과 대조적으로 또 한편 부인할 수 없는 것은 인간사회에서 여러 형태의 협동이 진행되고 있다는 사실이다. 프로이트의 '사랑 본능'을 넓게 해석하면, 그것이 모든 협동의 기본 동기라고 볼 수도 있다. 또한 생리적으로 변연계·대뇌피질·거울신경세포 등 감정이입하고 동정하고 이해하는 기관이 대뇌 속에 마련되어 있는 것이 협동의 기반이라고도 할 수 있다. 그리고 다른 나라와의 전쟁 또는 스포츠에서 다른 팀과의 시합 등 집단의 이익과 생존이 개인의 이익과 생존에 직결되어 있는 경우처럼, 다른 집단과의 경쟁은 필연적으로 자체 집단 내의 협동을 유도하기도 한다. 어제의 적과 오늘은 협동해야 할 경우도 있다.

어느 경우에든 인간사회에서는 경쟁도 불가피하고 협동도 불가결하다. 경쟁도 협동도 둘 다 개인의 그리고 집단의 생존 원동력이다. 따라서 경쟁을 강조한 나머지 협동을 잊을 수도 없고, 협동을 강조한다고 경쟁을 소홀히 할 수도 없다. 여기에서도 이분론은 넘어서야 한다.

개인들 사이의 가장 원색적인 경쟁은 로마 시대 구경꾼이 모여 있는 원형경기장 안에서 한쪽이 죽어야 끝나는 검투사들의 싸움이다. 가끔 영화에도 나오는 것처럼 그들의 합숙소에서 어쩌다 우정을 나눌 때가 있다 해도, 일단 검투장에 서면 생사를 다투어야 하는 불구대천의 '적'이 된다. 홉스의 말대로 '만인이 만인의 적'이다. 동물학자 로렌츠Lorenz도 동물들에겐 '공격' 본능이 생존에 필연이라고 보았다. 이런 관찰이 지나치게 살벌한 사회관으로 들릴지도 모르나, 입시를 위한 성적 경쟁을 하고 있는 오늘의 고등학교 풍경과 실은 그리 다르지 않다. 하나는 생사를 건 경쟁이고, 또 하나는 당락을 건 경쟁이라는 차이가 있을 뿐이다. 하지만 그 당락도 당사자에겐 '생사'와 흡사한 인생의 '성패'가 달린 문제다.

경쟁엔 승자와 패자, 이기는 자와 지는 자가 있게 마련이다. 사생결단을 내는 경쟁·투쟁·전쟁에서 패자는 처참한 죽음을 맞는다. 틸리히의 표현을 빌리면, 승자는 '존재'의 낙원에 들고, 패자는 '비존재'의 나락으로 떨어진다. 인간의 세계에서는 그런 처참한 경쟁이 그치지 않는다. 세계에서 전쟁이 그칠 날이 없다. 지금도 세계의 어디에선가는 그런 참극이 벌어지고 있다.

하지만 인간의 세계에는 동시에 여러 가지 무수한 승화昇華된 경쟁, 참극이 없는 경쟁도 많다. 승화sublimation란, 정신분석학에서 사회규범으로는 용서가 안 되는 공격적 또는 성적 충동을 사회적으로 수락될 수 있고 때로는 찬양 받을 수도 있는 방식으로 표출하는 행동을 말한다. 예컨대, 권투는 로마 시대의 검투사보다는 공격심의 승화된 경쟁이다. 문학에서도 승화의 경우가 자주 등장한다. 찬양 받는 명작 소설엔 살인·정사·음모가 판을 친다.

이런 견지에서는 수많은 인간활동이 대부분 '승화된 싸움'이라고 볼 수도 있다. 학교 시험성적도 그렇고, 입시도 바둑도 운동경기도 그렇다. 사람들이 그럴 수밖에 없는 수많은 '싸움', 수많은 '경쟁'에서 필연 승자와 패자가 나오게 마련이라면, 사람에게는 승리도 패배도 정정당당히 받아들이는 예의와 도량이 있어야 할 것이다. 이겼다고 요란하게 자랑하며 패배자를 더 비참하게 하지 않는 예의와 졌다고 울고불고 자포자기하지 않는 도량이 있어야 한다. 그런 예의와 도량은 어디에선가는 길러져야 한다. 그런 예의와 도량이 없는 경우가 너무 많기 때문이다. 영웅으로 알려진 맥아더MacArthur 장군이 읊은 시의 한 구절이 여기에 적절하다.[3]

> 공정한 패배에는 당당하고 자존심이 꺾이지 않으며, 승리해도 겸손하고 점잖은 사람.
>
> (One who will be proud and unbending in honest defeat, and humble and gentle in victory.)

협동에는 승자·패자가 없다. 모두가 승자다. 다 같이 산다. 개미·벌·새 떼·야생 소 떼와 같은 군거동물에게는, 그리고 특히 원숭이와 인간에게는 집단적 협동은 필수다. 협동이 없으면 집단과 개체, 종족 자체가 멸망한다. 진화론적으로 생각한다면, 애당초 군거성 자체가 개체와 종족의 생존을 위해서 진화했고, 그에 따라 타인의 감정과 의사를 직감해내는 생리적 기관이 뇌 속에 발달해왔다고 볼 수 있다.

개미 떼와 벌 떼는 집단적 협동이 놀랍도록 치밀한 협동의 전형이다. 협동을 위해서 태어난 존재와 같다. 하늘을 나는 철새들의 질서정연한 행렬과 가끔 수천 수만 마리의 새 떼가 같이 하늘을 날면서 단 한 건의 접촉이나 충돌도 없이 정연히 갖가지 모양으로 펼치는 군무群舞는 아름답고도 신비하다. 그들의 군거와 협동에도 그래야 하는 진화론적 이유가 있을 것이다. 인간 사회가 펼치는 협동의 '군무'는 훨씬 다양하고 복잡하다. 단, 가끔 여러 가지 저촉과 무법, 충돌과 갈등이 도리어 여타 군거동물의 경우보다 많은 것이 아닌가 하는 생각이 드는 것이 문제다.

인간의 다른 심리적 특성의 경우와 같이 협동의 생리적 기초는 대뇌 속에 마련되어 있다. 하지만 협동의 심리적 기초가 되는 사회적 동체성·감수성·사명감·책임감 등 사회의식은 생후 적절한 사회적 경험의 누적이 있어야 형성되어 간다. 그 과정을 흔히 사회화 socialization라고 부른다. 그 사회화 과정이 부실하면 사회의식의 형성이 미숙하거나 왜곡되면서 '군무'가 일그러진다. 우리가 뉴스에서 자주 듣게 되는 수많은 각종 부정·불법·무법·무정의 사건들이 그것이다. 교육의 중요성이 여기에 부각된다.

경쟁과 협동의 문제는 교육과 관계가 깊다. 초·중등학교는 사회적 협동의 습성을 길러주는 중요한 기관이다. 아이들에게는 사적인 가정생활에서 나와 공적인 사회생활을 처음 경험하게 되는 사회화 기관이기 때문이다. 학교생활은 경쟁과 협동이 교차하는 또 교차해야 하는 곳이다. 지금 한국교육의 심각한 문제의 하나는, 학교생활이 성적 경쟁에 휘말려 협동성을 기르는 학습활동이 심하게 위축되어 있다는 사실이다. 이것이 장차 수많은 부정·불법·무법·무정의 사회 사건의 씨가 되는 것은 아닌가 염려될 정도다.

이념적으로는 경쟁은 자유주의의 가치고, 협동은 평등주의의 가치다. 따라서 극단의 자유, 방종적인 자유는 극심한 경쟁으로 승자와 패자, 부자와 빈자, 강자와 약자 사이에 첨예한 격차를 낳기 쉽다. 반면 극단의 평등주의는 인간의 필연적인 개인차를 말살하고 다양성 없는 회색의 사회, '가난의 평등'에 결과하기 쉽다. 가야 할 길은 역시 그 어떤 현명한 중용이다. 지금 세계의 모든 나라에 원색대로의 자본주의 또는 원칙대로의 사회주의가 없는 것도 그 때문이다.

민주주의는 자유와 평등을 지주로 삼는다. 자유는 경쟁을 낳고 평등은 협동으로 이루어진다. 그리고 민주주의는 그 둘의 조화와 균형에 끊임없이 접근하려는 정치체제다. 이에 반해서 현대의 여러 독재주의는 흔히 자유 없는 평등을 내세운다. 그러면서도 구소련에서처럼 그 뒤에는 '노멘클라투라'라는 특권계급이 형성되어 있다. 오웰Orwell(1903-1950)의 풍자소설 『동물농장』Animal Farm[4] 속의 해학적인 말을 빌리면, 그들은 남들보다 '더 평등한'more equal 존재들인 셈이다.

국가와 민족

여러 형태의 사회집단 중에 '국가'는 각별한 중요성을 띤다. 국가의 사정은 모든 사람의 생활에 여러 가지로 직접 영향을 미치기 때문이다. 나라가 가난하면 국민도 가난하게 살아야 하고, 나라가 어지러우면 국민의 삶도 불안해진다. 극단의 경우 일제 강점기처럼 나라가 망하면 국민은 일종의 노예가 되든지 유민의 신세가 된다.

아무리 현대가 국제화된 지구촌 시대라고 해도, 아직도 국가가 국제 활동의 기본단위다. 한 국가의 국민이 아니면 국제 여행도 못하고 무역도 못한다. 또한 많은 사람에게 국가는 자아정체성의 근거가 된다. 외국에 나가서 "너는 누구냐?"라는 질문을 받으면 "나는 한국사람이다"라는 답이 먼저 나온다. 기실 한국사람에겐 한국문화의 풍취가 속속들이 배어있게 마련이다.

따라서 모든 나라에서 그 국민들에게 애국심 등 국가의식을 함양하려고 노력한다. 한 나라의 학교교육은 그런 노력의 중요한 일익을 담당한다. 그리고 실제로 국제 축구경기의 응원에서 보듯이, 거의 모든 나라에서 그 국민들은 애국심이 드높다.

하지만 한국, 우리 대한민국의 경우엔 문제가 하나 있다. 그것은 한민족에 대한 '애족심'은 강하지만, 그에 비해 대한민국에 대한 '애국심'은 열어 보인다는 문제다. 즉 국가와 민족, 나라와 겨레가 혼동되어 정작 국가의식은 약해 보인다는 것이다. 월드컵 등 국제 축구경기에서는 '대~한민국'의 함성이 우렁차지만, 개천절이나 삼일절에 집집에 내거는 태극기의 수는 민망할 정도로 드물다. 민주적 개인주의의 나라라는 미국의 학교 교실에는 대개 칠판 위 벽에 국기가 걸려 있는데, 한국의 학교 교실에는 국기를 보기 어렵다.

더 심각한 것은, 어쩌다 한민족의 한반도가 남쪽에는 자유 민주주의 대한민국, 북쪽에는 공산독재의 인민공화국으로 갈라져서, 그로 인한 민족 통일의 염원 때문에 국가로서의 대한민국은 경시되고 있는 경우를 자주 본다는 현실이다.

이런 정황에는 몇 가지 역사적 연유도 있다. 우선 일제 강점기 때 우리에게는 '나라'는 빼앗겨 없었고 오랫동안 '민족'만 남아 있었다. 믿을 곳, 의지할 곳은 '겨레', 민족 밖에 없었다. 나라에 대한 그리움을 민족을 껴안음으로써 달랠 수밖에 없었다. 36년간 조선을 강점했던 일본이라는 '국가'는 한민족에게 악랄했다. 그것이 한국사람에게 모든 '국가'란 본시 수탈하는 존재라는 관념, 민족이 국가보다 중요하다는 관념, 그리고 역경에서 얻을 수 있는 위안은 국가가 아닌 민족에서 찾을 수밖에 없다는 관념을 길렀음직도 하다.

역사를 거슬러 올라가서 조선 말기 근 100년, 전정田政 · 군정軍政 · 세정稅政제도에 걸친 이른바 삼정三政의 난亂이라는 위정자들의 극심한 수탈과 부패는, 국가란 국민에게 아무런 혜택은 주지 않고 그저 국민을 수탈하는 존재라는 관념을 강하게 심어주었을 수도 있다. 이래저래 우리에겐 국가관이 엷어지고 민족관이 두터워지는 역사적 배경이 있다.

그러나 국가와 민족의 혼동, 민족관이 강하고 국가관이 약한 관념은 반드시 극복해야 할 과제다. 우리의 생명과 재산을 지켜 주고 생업에 종사해서 삶을 가능하게 해주는 실체는 '국가'지 '민족'이 아니기 때문이다.

민족이란 긴 역사의 공동생활을 통해서 공통된 생활양식과 언어를 공유하는 사람들의 '문화적 집단'이다. 이에 비해서 국가는 일단의 사람들이 모여 스스로를 통치하는 '정치적 조직'이다. 국가엔 법·정부가 있고 세금이 있고 병역이 있지만, 민족에겐 그런 것이 없다. 민족에는 정情, 국가에는 법法이 있다는 구분도 가능하다.

민족은 영어로 nation이다. Nation은 '민족'이라는 뜻도 있고 '국가'라는 뜻도 있는 것이 혼동을 부채질한다. 영어로는 state가 정치적 조직, 즉 정체政體로서의 국가를 지칭한다.

영어 nation은 라틴어의 natio에서 유래하는데, natio는 본래 고대 로마에서 로마 사람 아닌 이민족들의 집단을 일컬었던 말이다. 정치는 로마 제국이 하고, natio는 거기에 관계가 없었다. 역사가 흐르면서 natio가 한 민족을 지칭하는 뜻으로 전의되었다. 여하튼 민족은 국가와는 별개의 개념이다.

기실 한 민족이 한 국가를 이루는 민족국가nation state도 많지만, 옛날 조선의 삼한三韓, 오늘의 남·북한처럼 한 민족이 두세 국가로 나뉘어져 적대관계로 대립하는 경우도 있고, 미국이나 중국처럼 여러 민족이 모여 한 국가를 이루는 경우도 있다. 어쩌면 긴 상호교류의 역사 속에서 이제는 모두가 같은 순수한 종족種族이라는 뜻의 민족 개념은 무의미해졌다.

그런데도 민족의 개념을 정치적 이념으로까지 연계시킨 것에 민족주의라는 개념이 있다. 영어의 nationalism은 흔히 '민족주의'라고 번역하지만 그보다는 '국가주의'로 해석해야 할 경우도 많다. 여러 민족이 모여 있는 미국의 nationalism은 민족주의가 아니고 '국가주의'라고 해야 한다. 다만 '국가주의'라는 말에는 개인보다 국가를 먼저 생각해야 한다는 관념, 또는 다른 나라 사정은 무시하고 자기 나라의 이해만 생각하는 '자국주의'로 해석되는 경우도 있어서 잘 쓰이지 않는 용어일 뿐이다.

민족주의에는 실은 여러 형태가 있다고 정치학자 그린펠드 Greenfeld는 지적한다.[5] 민족주의는 두 차원, 네 형태로 구분된다. 한 차원으로는 '개인적 자유주의' 대 '집단적 전제주의'로 구분한다. 영국이나 프랑스의 민족주의는 전자고, 옛날 나치 독일이나 지금의 중국은 후자다. 또 한 차원으로는 '공민적' civic 대 '종족적' ethnic 민족주의로 구분된다. 공민적 민족주의는 종족에 관계없이 다민족으로 다문화적인 국가를 이루고, 종족적 민족주의는 단일종족으로 단일문화의 국가를 이룬다. 현재 미국 그리고 중국도 다문화적인 공민 민족주의고, 옛 나치 독일은 순수한 아리안 족의 피를 강조하는 종족 민족주의였다. 지금 한국이나 일본은 옛 독일처럼 광적은 아니지만, 다종족의 다문화가 자리잡기 어려운 종족 민족주의인 셈이다.

이렇게 그린펠드의 주장을 인용하는 이유는, 한마디로 민족주의라고 하지만 거기에는 정치적으로 개인주의 대 집단주의, 자유 대 전제 등 거의 정반대의 정체가 있을 수 있고, 따라서 민족주의란 어떤 일정한 정치 이념일 수가 없다는 사실을 밝히려는 데 있다. 도리어 민족주의는 정치적 야심가가 정치 이념과는 관계없이 그저 선동의 수단으로 자주 외치는 주장일 경우가 많다.

민족은 정情이다. 그러나 정치 이념일 수는 없다. 요새는 한국사람의 국제 여행도 많아졌지만, 1950~80년대까지도 외국의 공항에서나 호텔에서 한국사람을 만나는 경우는 드물었다. 어쩌다 한국사람을 만나면 무척 반가웠고 악수하고 통성명하면서 잠깐이라도 정담을 나누었다. 그렇게 민족·동포는 정겨운 존재다. 하지만 같은 민족이라도 북한사람을 만나면, 역시 정겹고 반갑기는 하되 벌써 좀 서먹서먹해진다. 겨레는 같아도 나라가 다르기 때문이다.

나를 지켜 주고 먹여 살려주고 있는 실체는 나라지 겨레가 아니고, 국가지 민족이 아니라는 사실, 애국심이 민족애에 앞서야 한다는 사실을 깊이 음미할 필요가 있다. 국경일엔 집집마다 태극기가 펄럭여야 하고, 민족통일에 앞서 대한민국 자체의 국력國力과 국격國格 그리고 국혼國魂의 신장이 더 급선무다.

3

나라는 잘 다스려야

국방과 외교
민주와 전제
자유와 평등
정치문화
지도자

국방과 외교

나는 국방 문제, 외교 문제엔 아주 문외한이다. 그러면서도 감히 이 문제를 거론하는 이유는 한반도의 이른바 지정학적인 위상이 예나 지금이나 하도 험악해서 문외한에게도 언제나 긴박감이 엄습하기 때문이다. 우리나라는 예로부터 팽창주의적이고 근래에 융기하고 있는 중국, 군국주의 망상을 못내 버리지 못하는 일본, 서부 태평양의 패권을 지키려는 미국 그리고 틈만 있으면 남진을 꿈꾸는 러시아에 둘러싸여 있다. 옛날부터 그랬다. 게다가 한반도마저 제2차 세계 대전이 끝난 뒤 양분되어 자유민주국가와 공산독재국가가 여전히 '휴전' 상태에서 팽팽한 대치상태에 있다. 그리고 국제적으로 여러 나라의 합종연횡에 어떤 항상성이 있는 것도 아니고, 나라와 나라 사이의 친소親疎관계가 언제든 돌변할 수 있다.

아무리 문외한이라도 이런 상황에서는 국가 경영의 최우선 과제는 국가안보를 확약할 수 있는 외교와 국방이라는 생각이 무시로 들지 않을 수가 없다. 이것도 문외한이기 때문인지, 나에겐 외교 현황이 왠지 불안하다. 혹시 내 세대가 처참한 6.25 전쟁을 겪은 세대기 때문일까?

정치도 경제도 교육도 문화도 우선 나라가 있어야 가능하지, 나라가 위태롭거나 허물어지면 왈가왈부는 아무 뜻이 없다. 나라가 있어야 모든 것이 있을 수 있다. 내 전공은 교육문제다. 그래서 한 나라의 교육은 나라의 운명을 좌우하는 대사大事라고 자주 외치게 된다. 물론 안보·정치·경제·문화·교육 등 국가활동의 여러 영역은 밀접히 상호작용한다. 정치가 어지러우면 경제도 기울고, 경제가 빈약하면 국방도 힘을 못 쓰고 문화활동도 침체된다. 그러나 완급緩急으로 따지면 외교와 국방이 교육보다 더 급선무라고 '양보'하는 데에 나는 주저하지 않는다.

나라와 나라는 교접하게 마련이다. 그러다 보면 문물 교역에 따라 상조관계만 아니라 이해상충의 갈등관계에 들 수도 있다. 그런 갈등관계를 '말'로써 해결하는 것이 외교고, '힘'으로 승부하는 것이 전쟁이다. 전쟁은 비극이지만, 유사 이래 지구상 어디에선가 전쟁은 그칠 날이 없다. 한반도엔 지난 2,000년간 외침으로 인한 전쟁이 60회라고 한 사가는 헤아린다.[1]

『손자병법』孫子兵法으로 유명한 고대 중국의 손무孫武도 그의 병서 첫머리를 "병자국지대사"兵者國之大事로 시작했고, 국방에 국가와 국민의 생사·존망이 달려 있기 때문에 깊이 살피지 않으면 안 된다고 했다.[2] 틀림없는 말이다. 그 자신이 손자병법의 영향을 크게 받았다는, 『전쟁론』으로 유명한 19세기 초 독일의 클라우제비츠Clausewitz(1780~1831)는 "전쟁이란 그저 다른 방법에 의한 정책수행일 뿐"이라고 했고, 외교의 연장으로서 언제나 정상적이고 실리적인 정치의 일부라고 했다.[3] 즉 전쟁은 극력 피해야 할 처참한 비극이기는 하지만, 부득이 그럴 수밖에 없는 상황에 대한 대비는 언제나 정치 담당자는 물론 국민 모두의 '정상적인' 관심사가 되어야 하고, 태평세월에도 전란의 대비는 항상 잊어서는 안 된다는 말이다.

『삼국지』에 보면 가끔 세객說客 이야기가 나온다. 서로 이해가 틀려서 할 수 없이 옆 나라와 전쟁을 결심하는 왕에게 "우선 제가 옆 나라에 가서 세 치 혀로 우리의 뜻을 설득해 보겠습니다" 하고 나서는 그리고 성사한 다음 의기양양하게 돌아오는 인물이다. 자신의 능란한 설득력을 자신하는 외교관인 셈이다. 한국의 외교관들이 그리고 외국과 접촉하게 되는 정치인과 문화인들이 그렇게 '말 한마디로 천 냥 빚을 갚는' 유능한 외교관의 기질을 갖추고 있었으면 하는 희망이 간절하다. 비록 이런 희망이 그대로 현실화되기 어려운 이상이라 해도, 그 이상으로의 계속적인 접근은 필요하다.

그런 외교관의 양성은 국방을 위해 삼군 사관학교에서 장교를 양성하는 일 못지않게 긴요하고 절실하다고 나는 믿는다. 나는 사관학교와 비슷한 '외교관학교'의 설립까지도 제안한다. 유능한 외교관이 되려면 어떤 자질이 필요한가는 여러 대학의 정치외교학과의 소관사고 외무고시 담당자의 소관이며, 나는 거기에 용훼할 자격도 능력도 없다. 외교관에겐 물론 국제정치, 국제법 등 외무에 필요한 여러 전문적 소양이 포함되는 것은 당연하다. 다만 문외한으로 감히 한두 가지 제안한다면, 외교관에겐 특히 교양과 유머humor감각이 풍부해야 할 것을 강조하고 싶다.

외교는 인간과 인간의 만남이다. 그런 만남에서는 우선 인간적 품위를 높게 인정 받는 것이 중요하다. 교양없는 '속물'이라고 보이면, 그의 외교력은 이미 약세가 된다. 그런 품위는 풍부한 교양에서 풍겨

나온다. 그리고 모르는 소견에도 외교관의 업무는 정치·경제·문화 등 여러 분야의 문제를 포함하는 것은 명백하다. 따라서 인간적 품위를 위해서도 다양한 업무를 위해서도 '문·사·철'의 인문학, 사회과학, 자연과학, 예술에 걸친 폭넓은 교양의 함양이 요망된다. 그 교양과정은 많은 대학에 흔히 있는 형식적인 것이 아니라 전체적으로 짜임새 있는 철저한 교양과정이라야 할 것이다.

폭넓은 교양은, 특히 유머 감각의 함양에 필수다. 외교는 문제를 풀려는 대화對話다. 그런 대화에서는 서로 경계와 방어 심리가 다소간 작용하기 마련이다. 풍부한 유머는 상대방의 그런 경계심·방어심을 '무장해제'시키면서 마음을 열고 편안하게 해주는 역할을 한다. 유머 감각은 지능과 성격에도 달렸지만, 교양과 관계가 깊다. 식견이 좁은 사람에게서 유머를 기대하기 어렵다.

외교의 성패는 국력과 관계가 있다는 것은 능히 짐작이 간다. 국력이 강하면 그 힘을 배경으로 상대방을 쉬이 '밀어붙일' 수가 있기 때문이다. 따라서 강대국의 외교관에겐 그리 능란한 외교력이 없어도 되는 셈이다. 정말 능란한 외교력이 필요한 것은 도리어 한국과 같이 강대국이 아닌 나라일 것이다.

전쟁은 극력 피해야 할 비극의 비상사태다. 그러나 불행히도 세계는 언제나 어디에선가는 전쟁이라는 비상이 있는 것이 '정상'이다. 한반도엔 지난 역사에서 외국의 침공으로 인한 수많은 전란이 있었다. 그리고 그 전쟁은 몇 예외는 있었지만 대부분은 굴욕의 패전이었다. 임진왜란 때 부산에 상륙한 왜군은 별 저항없이 거의 뛰다시피 20일만에 서울에 닿아서 무혈 입성했다. 당시 조선의 국방의식과 국방 자체에 심각한 문제가 있었다고 하지 않을 수 없다. 그 문제의 핵심은 문文만 숭상하고 무武를 홀대한 과거科擧제도와 그에 따른 인사관행이었다고 나는 추론한다. 그리고 그로 인한 문약文弱의 풍토가 어쩌면 지금도 그 여파를 남기고 있는 것이 아닌가 우려되기도 한다. 가끔 뉴스로 보도되는 병역기피 현상, 특히 자주 드러나는 지도층 자제의 병역기피는 그 여파다.

옛날 고조선과 고구려의 국방의식은 탄탄했다. 강대국인 중국의 수나라, 당나라의 긴 세월 연이은 집요한 침공을 격퇴했을 정도로 용맹했다. 비록 중과부적에 내분과 내통으로 패망했지만[4], 그 기상만은 기마민족의 후예답게 늠름했다. 삼국 시대까지도, 신라의 화랑이 상징하듯이 '문무겸비'가 이상이었다.

문약의 풍토는 고려의 3대 왕 광종光宗이 당시 중국의 본을 따서 과거를 실시한 때부터가 그 시작이다. 고대 중국의 과거제도는, 창시자인 한나라 무제武帝가 그랬듯이, 광종도 그 목적은 지방에서 발호하고 있는 제후들을 거세하고 그 자리에 중앙에서 파견할 고급관료를 선발하려는 고시였다. 그리고 그 과거제도는 조선 말기까지 근 천 년 계속되었다. 따로 무과武科가 있었으나 무과는 거의 여러 기술자를 뽑는 잡과雜科 취급을 받았다. 자연히 문신이 득세하고 무신은 홀대 받으면서 문약의 풍토가 번져갔다고 보아야 한다.

따라서 조선 시대의 지도층은 태평세월의 환상 속에서 외교·전쟁·국방의식도 식견도 희박했고, 외침을 당하면 허둥지둥 활로 찾기에 바빴다. 군사는 국지대사라는 손자의 생각, 전쟁은 정상적인 국정의 연장선상에 있다는 클라우제비츠의 생각이 이들에게는 희미했다.

건국 이후 대한민국의 국방은 자력에 의한 자주自主국방이기보다는 미국 국방력의 '우산' 아래에서 그 비호를 받는 국방이었다는 사실은 부인할 수 없다. 거기엔 세계 대전 종전 이후 자유진영과 공산진영의 긴 세월에 걸친 '냉전'이라는 국제역학이 크게 작용했을 것이다. 그리고 자고로 전쟁이란 두 나라만의 전쟁이기보다는 이른바 '합종연횡', 각기의 동맹국들이 직·간접적으로 가담하게 된다는 사정도 있다. 그런 뜻에서는 엄밀한 의미의 '자주' 국방이란 있을 수 없는 셈이다. 이른바 강대국도 약소국의 동맹을 필요로 하는 것이 현대의 사정이다.

하지만 국방을 지나치게 동맹국에 의지하는 것이 문제인 것은 명백하다. 동맹국이 자국 내의 정치 사정으로 졸지에 동맹의지가 약화될 수도 있기 때문이다. 그리고 아무리 동맹국이라도 우리 자신의 국방의식과 의지가 허약하다면 그들의 동맹의지도 식을 것이라는 것도 문제다. 하늘은 자조自助하는 자를 돕듯이, 동맹국도 자조하는 나라는 도울 마음이 날 것이기 때문이다.

나는 한국의 국방체제가 어느 정도 자주·자조의 능력을 갖추고 있는지를 판단할 능력은 없다. 하지만 그 방향으로의 외교적 노력과 국방의 충실화의 여지가 많다는 느낌만은 피할 수가 없다.

한 나라의 국방·군사력은 그 나라의 국력國力 일반과 정비례한다. 생산적이고 역동적인 정치·경제·과학·교육의 수준이 국방·군사력의 수준을 결정한다는 것은 의심의 여지가 없다. 이 점에서 한국의 지난 반세기의 경제성장은 크게 고무적이다. 하지만 국방을 위해서도 계속적인 경제성장과 함께 기타 정치·과학·교육 등 영역의 발전도 큰 과제다.

넓은 뜻의 국력에는 국격國格의 개념이 포함된다. 국격이란, 사람의 '인격'처럼 나라에 부정부패가 적고, 사람들이 서로 믿을 수 있고,

친절하고, 공중도덕이 서 있는 등 주로 국민의 도덕적인 수준을 일컫는다. 1970년 전후 국군이 월남 전쟁에 참가했을 때 어떤 장군이 한 이야기가 나에게 깊은 인상을 남겼다. 때마침 국내에서 부정선거와 대형 경제 부정사건으로 시끄러울 때였다. 그 장군은 "부정선거나 부정부패가 정치문제, 경제문제만은 아닙니다. 그것은 더 심각하게 국방의 문제입니다. 지금 월남에서 싸우고 있는 장병들이 목숨을 걸고 싸우는 것은 한국이라는 나라의 영광을 위해 싸우는 것인데, 그 나라가 부정선거나 부정부패가 득실거리는 영광스럽지 못한 나라라면 용기가 나겠습니까, 꺾이겠습니까?"라고 자문자답했다. 국격의 결핍은 그만큼 병사의 사기를 꺾는다는 말이다. 손자도 그 병법 첫머리에 군사 이전에 미리 잘 살펴야 할 것을 도道·천天·지地·장長·법法이라고 밝히면서, 그중 제일 먼저 살펴야 할 것을 '도'라고 했고, '도'란 국민이 기꺼이 왕과 뜻을 같이함이라고 했다. 왕과 뜻을 같이하려면 왕의 정치가 떳떳해야 한다. 정치가 부정부패로 얼룩지면 군사도 패색이 짙어진다는 말이다.

넓은 뜻의 국력은 나아가 국혼國魂의 개념도 포함해야 한다. 국혼이란, 나라를 수호하려는 의지라고 정의해 두자. 1967년 이스라엘과 주변 아랍계 국가들과의 이른바 "7일 전쟁"이 터졌다. 그때 일본에 유학중이었던 아랍계 학생들은 연일 이스라엘 대사관 앞에서 데모를 벌였다. 이와 대조적으로 이스라엘 학생들은 전쟁 소식을 듣자마자 아무 말 없이 제각기 짐을 꾸려 이스라엘로 떠났다. 싸우러 간 것이다. 국혼의 차이다. 그 전쟁은 개전 초에 이미 승패가 점쳐져 있었다.

지금 한국의 국민, 특히 젊은이들의 국혼은 어느 수준일까? 몇 년 전 천안함 사건으로 남북관계가 험악해졌을 때, 복무중인 한 병사가 집에 전화를 걸어 "엄마, 나 죽을까봐 무서워!"라고 떨더라는 기사가 신문에 난 적이 있다. 국혼 없는 한심한 사례였다. 그러나 그 얼마 후에, 맹훈련과 위험한 작전으로 유명한 해병대에 입대를 지원하는 젊은이들이 급격히 증가했다는 기사가 이어졌다. 국혼 있는 젊은이들이 미덥고 반가웠다.

국력과 국격과 국혼은 서로 깊이 관련된다. 국력이 커져야 국격도 국혼도 높아질 수 있고, 국격이 높으면 국력도 국혼도 높아질 수 있다. 하지만 그 관계는 필연적인 관계는 아니다. 때로는 가난해도 국격이 높을 수 있고, 국력이 좀 낮아도 국혼이 강할 수가 있다. 따라서 셋은 별개의 개념으로 보아야 하고, 그 배양 방도도 그에 따라 구상해야 할 것이다.

민주와 전제

내가 '민주주의'라는 말을 처음 들은 것은 중등학교 시절이었다고 기억한다. 당시는 일제 강점기에다 세계 대전으로 미국이 일본의 적국이었기 때문에 학교에서는 일본의 천황제가 제일이고 미국의 민주주의란 우매한 군중들의 질서 없는 정치체제라고 비하했던 기억이 난다. 따라서 내가 민주주의에 관해서 이리저리 생각하게 된 것은 1945년 해방 후의 일이다. 민주주의, 자본주의, 사회주의, 공산주의 등 사상의 소용돌이 속에서 양단된 한반도의 남쪽 대한민국은 그 정체政體를 전제주의가 아닌 자유 민주주의로 천명했다. 지금 생각하면 극히 다행한 일이었다. 하지만 한국의 자유 민주주의는 다 알다시피 많은 우여곡절을 겪으면서 많이 성장했으나 아직도 많은 성숙의 과제를 안고 있다고 할 수 있다. 아마도 자유 민주주의는 그 이상을 완수해 낼 수 있는 것이 아니라 그것에 끊임없이 접근해야 하는, 그럴 수밖에 없는 정체일지도 모른다.

흔히 한마디로 '민주주의'라고 부르는 자유 민주주의는 자유와 민주의 복합개념이다. 자유와 민주는 서로 상관이 있으면서도 별개의 개념이고 때로는 상충되는 개념일 수도 있다는 데서 민주주의의 고민이 시작된다.

민주주의는 근본적으로 대통령을 뽑건, 법을 제정하건 1인 1투표의 '보통선거'에 의해서 사안을 결정짓는 제도다. 그렇게 민주주의는 권력 획득의 한 제도다. 세습에 의해서 권력을 승계 받는 군주제나 혁명에 의해서 권력을 찬탈하는 독재와는 다른 권력 획득의 제도다.

자유는 차원이 다르다. 정치적으로 자유주의는, 권력을 어떻게 획득했던 간에 그 권력을 국민의 '자율적 행복추구권'을 최대한 보장하는 방향으로 행사하는 제도다. 즉 민주주의는 권력 획득의 원리고, 자유주의는 권력 행사의 원리다.

따라서 정치평론가 자카리아Zakaria가 신랄하게 지적했듯이[5], '비자유 민주주의'illiberal democracy가 있을 수 있다. 그 가장 대표적인 예가 민주적인 선거로 권력을 잡은 히틀러Hitler가 그 권력 행사에서는 무자비하게 자유를 탄압한 희대의 독재자였다는 사례다. 기실 1945년 세계 대전 종전 이후 우후죽순처럼 생겨난 많은 신생국가들이 허울좋게 민주적 보통선거로 정권을 세웠지만, 그 정권이 권력행사에서는 곧 자유의 탄압을 일삼는 비자유 민주주의인 전제적·독재적인 정권이 되고 마는 경우가 비일비재다. 그런 비자유 민주주의는 고대 중국의 명군 요순의 시대와 같은 '자유·비민주주의'보다 나을 게 없다. 1948년 건국 이후 한국도 1990년쯤까지 비자유 민주주의의 예외가 아니었다. 근자에 한국의 민주주의에 자유가 많이 신장되었으나, 아직도 많은 문제가 남아 있다.

이렇게 민주주의, 더 정확히 말해서 자유 민주주의가 보통선거만으로 쉬이 정착하지 못하는 것은 집권자의 권력욕이나 독재적 성향 탓도 있지만, 민주주의란 본래 보통선거만 한다면 아무 토양에서나 피어나는 꽃이 아니라는 데에 그 원인이 있다. 이 점에서 프랑스의 정치학자 토크빌Tocqueville(1805-1859)의 통찰이 크게 참고가 된다.

토크빌은 19세기 초 약 1년 간 미국을 여행하고 민주주의의 운영 실태를 광범하고 면밀히 시찰한 다음 그의 명저 『미국의 민주주의』Democracy in America를 펴냈다.[6] 그는 결론 부분에서 당시 대부분 왕조였던 유럽의 나라들도 결국은 미국과 같은 민주주의를 택할 수밖에 없을 것이라고 예언하면서, 미국 민주주의가 성공적으로 운영되고 있는 요인을 세 가지로 요약했다. 즉 (1) 풍부한 자연자원, (2) 법의 지배, (3) 국민의 지적·도덕적 특성이다. 그의 이런 지적에는, 이런 요건이 마련되어 있어야 민주주의는 성공적으로 잘 운영될 수 있으며, 이런 요건이 결핍 또는 미비하면 민주주의는 도입해도 곧 실패하고 전제·독재로 다시 전락하기 쉽다는 뜻이 함축되어 있다.

첫째, 풍부한 자연자원이란 경제적 요건을 뜻한다. 신대륙의 미국은 땅도 넓고 자연자원도 풍부해서 누구나 조금만 노력하면 굶지 않고 넉넉한 생활을 할 수 있어서, 남에게 의지하거나 구걸할 필요가 없었다. 이것은 여느 나라엔 갖추어져 있기 어려운 희귀한 여건이었다. 찢어지게 가난한 나라일수록 '먹을 것' 이외의 정치적·공민적인 일에는 관심이 없어진다.

정치학자 세보르스키Przeworski와 리몬기Limongi는 경제 수준과 민주주의의 관계에 관한 의미심장한 연구를 발표했다.[7] 그들은 1950년대와 1990년대 사이 세계의 모든 나라를 대상으로 경제와 민주주의의 관계를 연구했다. 그 결론은, 개인 소득 1,500달러 이하인 나라들에서는 민주주의를 도입해도 그것이 지속되는 수명이 평균 8년 밖에 안 되어 무너지고, 1,500~3,000달러인 나라에서는 평균수명이 18년이고, 소득 수준 상승에 따라 민주주의의 수명도 길어지면서 9,000달러 이상이 되어야 민주주의가 길게 지속된다고 밝혔다.

나라가 가난한 동안은 민주주의를 도입해도 실패하기 쉽다는 말이다. 민주주의 전에 경제부터 일으켜야 한다는 말도 된다. 해방 이후 한국 민주주의의 역사가 이것을 여실히 방증한다. 개인 소득 80달러 미만이었던 건국 당시의 민주주의는 이승만 정부의 독재로 변했고, 4.19 혁명이 복원한 장면 정부의 민주주의는 여러 집단의 숱한 데모의 혼란·혼돈으로 1년도 못되어 군사혁명을 불러들였다. 그 후 약 30여년의 경제발전에 힘입어 개인소득 약 9,000달러였던 1990년에야 군사정부에 종지부를 찍고 문민 민주주의가 정착되었다. 한국의 개인당 소득은 1970년에도 250달러였다. 따라서 그때 민주주의를 취했다 해도 그 '수명'은 길지 못하고 또 무너졌을 것이라는 추론도 가능하다. 당시 군사정부에 반기를 들었던 인사들에겐 못마땅한 추론이겠지만, 현실 세계는 그렇다고 그들의 연구는 말한다.

둘째, 민주주의의 성공 요건은 법의 지배rule of law다. 이 점에서 미국의 신천지에 들어온 사람들은 모두가 평등했고, 그들을 명령하고 지배할 왕이나 귀족 등 특권계급도 없었으며, 구속적인 기존 전통도 없었다. 그래도 사회규율은 세워야 하는데 그들의 사회생활을 규제하고 통제할 수 있는 아무 세력도 전통도 없었다. 오직 자신들이 합의해서 제정한 '법'만이 통제의 원리일 수밖에 없었다. 그 법이 '왕'이었다. 이것도 역사가 있는 다른 나라에는 있을 수 없는 희한한 여건이었다. 건국 당시 미국인들에게 법이란 왕이나 귀족들이 제정한 '그들의 법'이 아니라 자신들이 만든 '우리의 법'이었다.

이래저래 미국사회에서는 법의 준수와 그 집행에 관한 법의식法意識이 강하고 법조인들이 존대 받는다. 대부분의 왕조에서 법은 왕과 특권층이 제정한 '그들의 법'일 뿐, 서민들이 합의한 '우리의 법'이 아니기 때문에 법의식이 강할 수가 없었다. 더구나 일제 강점기의 조선과 같은 식민지에서는 법은 수탈을 위한 법이었기에 도리어 그런 법은 무시하고 법에 반항하는 것이 정당하고 '애국적'일 수가 있었다. 은연중 법 무시 또는 경시의 풍조가 인다. 그런 법 경시의 정황에서는 민주주의는 있을 수도 없고 가능하지도 않다.

셋째, 민주주의의 성공 요건은 국민의 도덕적·지적 특성이다. 곧 민주주의 운영에 필요한 여러 도덕적인 성향과 지적인 역량의 수준이 민주주의의 성패를 가른다는 말이다. 예컨대, 자신이 주권적인 존재임을 인식하고, 그러면서도 남들의 인권도 존중하고, 법을 알고 지키고, 자유엔 책임이 따름을 알고, 남의 의견을 경청하는 등의 특성이다. 특히 다수결의 민주주의가 자칫 '다수의 폭정'으로 전락하기 쉬운 것을 예방하기 위해서는 이런 도덕적·지적 특성이 필수다.

토크빌은 민주주의에 필요한 도덕적·지적 특성은, 특히 미국이 건국 이전부터 의무교육으로 실시한 미국의 초·중등학교 교육에 의해서 함양되고 있다는 것에 주목한다. 그것은 어찌보면 불가피한 조치였다. 다문화의 다민족들이 모여든 신천지라는 여건에서는 민주주의적인 공동생활에 필요한 어떤 정신적 공통분모를 형성해야 했고, 그러기 위해서는 의무교육이 필수였기 때문이다. 그런 정신적 공통분모는 자연히 어떤 지적·도덕적인 특성을 포함하게 된다. 따라서 토크빌은 미국교육은 근본적으로 '정치교육'이라고 보았다. 당시 유럽 나라들의 교육은 '개인적·사적 생활'에 유리한 것을 가르치고 있는 데 반해서 미국교육은 '정치적·공적 생활'에 필요한 것을 가르치고 있다고도 관찰했다.

그러면서 토크빌은 민주주의의 세 요건 중 가장 중요하고 긴요한 것은 세 번째 국민의 '도덕적·지적 특성'이라고 선언한다. 그것은 곧 교육의 중요성을 뜻한다. 남미의 나라들도 자연자원이 풍부한데 민주주의가 정착되어 있지 않고, 멕시코는 미국과 비슷한 법이 있어도 잘 시행되지 않고 있어서 실질적인 민주주의가 요원한 것이 그 선언을 설득력 있게 한다.

어찌보면 민주주의의 표상이라고 하는 미국 민주주의는 다른 나라에 없는 유리한 여러 여건 아래에서 이룬 요행의 산물이라고 볼 수도 있다. 그 미국 민주주의도 내막엔 아직도 많은 문제를 안고 있다. 그러나 토크빌의 관찰은 우리에게 민주주의의 성숙에 관해서 많은 것을 시사한다.

한국의 경우, 첫째 요인인 경제적 풍족은 지금 개인 소득 2만 달러를 넘어서 민주주의의 정착단계에 들어선 셈이다. 하지만 둘째 요인인 법의 지배는 아직도 매일 같이 뉴스를 장식하는 잦은 부정부패나 범법 사건들에 비추어 아직 갈 길이 멀고, 여전히 개인 출세를 위한 치열한 입시준비교육은 셋째 요인인 공민으로서의 도덕적·지적 특성의 함양을 위해서는 개선의 여지가 무척 많다는 관찰을 피할 수가 없다.

동·서양을 막론하고 유사 이래 긴 역사를 통해서 거의 모든 나라의 정치는 왕조라는 전제주의였다. '민주주의'가 고대 그리스에서 발상했다고는 하지만, 그 민주주의는 당시 도시국가의 '자유인'에게만 한정된 민주주의였고, 수많은 서민과 노예계급은 그 '민주주의'에 끼어들지 못했다. 기실 우리가 읽는 동·서양의 역사 자체가 대부분 왕과 지배층이 펼친 역사일 뿐, 대다수 서민은 그 역사적 기록에 없다.

진화론적으로 인간의 두뇌 크기는 5천 년 전이나 지금이나 같다.

인지 발달도 고대 중국이나 그리스, 인도에서 보듯이 그때 이미 높은 수준에 있었다. 그런데도 그렇게 오랜 세월 왕조적 전제주의를 지양하지 못하고 근대적인 의미의 민주주의가 싹트지 못했던 까닭은 무엇인가? 나는 그 답에도 역시 토크빌의 소론을 적용할 수 있다고 생각한다. 국민 모두가 참여하는 정치라는 뜻의 '민주주의'는 아주 근대적인 산물이다.

옛 왕조들은 거의 예외없이 가난했다. 그래도 넉넉하게 살고 세계문화사를 장식한 사람들은 일부 지배층·귀족층이었고, 여타 대중은, 우리 조선 시대가 그랬듯이, 가난에 허덕였다. 간혹 지배층이 '민생'을 위한다고 호언했지만, 부유는 역시 대부분 그들만의 몫이었다. 이런 대중적 극빈의 상황은 민주주의를 발상할 수 있는 풍토가 아니었다.

또한 옛 왕조에 법이 있었다 해도, 그 법은 주로 지배층을 위한 법이었고, 일반 서민들에겐 '그들의 법'일 뿐, '우리의 법'이 아니었다. 많은 경우 그 법은 서민 착취를 위한 것이어서 도리어 몰래 법을 어겨야 했던 상황 역시 민주주의 발상에는 불리했다.

그리고 도덕적·지적 특성의 수준을 높이는 제도적 교육 역시 지배층의 독점물이었고, 서민 대중은 자기가 알아서 제 배울 길을 찾아 삶에 필요한 도덕적·지적인 지혜를 터득해 갈 수밖에 없었다. 기실 독재자에겐 대중은 무식하게 내버려두는 것이 독재의 지속에 유리하기도 했다. 이런 상황 역시 민주주의가 발상할 수 있는 조건은 아니었다.

이런 상황에서는 민주 아닌 전제·독재가 불가피했고 필요도 했을 것이다. 우리는 흔히 일언지하에 전제·독재·권위주의를 지탄하지만, 자유론자로 유명한 철학자 밀Mill(1773-1836)이 지적했듯이[8], 자유가 아무리 귀중한 가치라 해도 삼척동자나 미성년자 또는 미개한 집단에게는 자유를 무제한 허용할 수 없다고 했다. 전제는 사정에 따라서는 필요악일 수도 있다는 말이 된다. 필요한 것은, 동물세계의 연장선상에서 강자가 전횡하던 여러 형태의 전제·독재주의로부터 경제·법·교육의 발전을 먼저 이루어가면서 인간적인 민주주의로 끊임없이 접근하는 일이다.

일전에 나로서는 심각하게 받아들일 수밖에 없는 보도가 있었다(충청신문: 2013. 8. 26). 한국의 '사회 갈등' 수준이 OECD 27개국 중 종교분쟁을 겪고 있는 터키에 이어 두 번째로 심각하다는 삼성경제연구소의 발표다. 지역 갈등, 빈곤층과 부유층의 갈등, 노사 갈등, 보수와 진보의 갈등 등이 충돌을 빚으면서, 그로 인해 연간 82조 내지 246조 원이라는 엄청난 사회비용을 손모하고 있다는 것이다. 사회 갈등이 심각해지면 막대한 경제적 손실은 둘째 치고 국가의 존립 자체를 위태롭게 할 것이 명백하다.

본래 국가정치의 가장 중요한 존재이유는 필연 일기 쉬운 여러 사회 갈등을 해소하는 기능에 있다. 고대 중국의 한비자도 근세 영국의 홉스도 사리사욕의 충돌이 빚는 사회 갈등의 조정·해소를 정치의 주요 기능이라고 보았다. 그러나 그래야 할 정치권이 도리어 갈등의 진원지 노릇을 하고 있는 것이 한국의 현실이다. 한국의 민주주의는 아직도 스스로 심각하게 각성해야 할 점이 많다. 민주주의가 사회 갈등 해소에 무능하고 실패하면, 어떤 형태든 독재를 불러들일 가능성이 커진다는 것이 역사의 교훈이다. 이 모든 정황은 우리에게 민주주의 경영에 긴요한 도덕적·지적 역량의 함양의 여지가 많다는 것을 시사한다.

자유와 평등

자유! 참 그립고 반가운 말이다. 새장 속의 새도 풀어주면 곧바로 창공으로 자유를 찾아 날아간다. 한국이 그 국시를 자유 민주주의로 정한 것도 같은 자유의 희구에서다.

앞에서 언급했듯이, 자유 민주주의는 자유와 민주의 복합개념이다. 자유는 물론 자율적인 행복추구가 허용되어야 한다는 자유사상이 그 근본이고, 민주주의는 모두가 다 같이 1인 1투표를 행사하는 평등사상이 그 근본이다. 둘은 같은 인권人權이라는 사상에 뿌리를 두면서도, 현실에서는 자칫 갈등관계에 있을 수도 있다. 정치적인 보수파와 진보파, 우파와 좌파가 생기는 것도 그 때문이다. 따라서 자유와 평등의 문제를 조금은 깊이 생각해 볼 필요가 있다.

굳이 선후를 따진다면, 자유가 평등에 앞선다. 흔히 근대 민주주의의 효시로 여기는 1215년 영국의 "대헌장"Magna Carta은 민주주의보다는 자유의 희구에서 비롯되었다. 지방의 영주인 귀족들이 왕의 과도한 세금 착취에 반발하고 왕과 담판해서 왕의 권한을 제한한 것이 "대헌장"이다. 당시엔 보통선거의 민주주의는 관심사가 아니었다.

1789년의 프랑스 혁명도 흔히 민주혁명이라고 하지만, 그 역시 왕의 권한을 제한하고 왕의 압정에서 벗어나려는 자유의 희구가 그 발단이었다. 왕이 끝끝내 권한 제한을 거부하자 홧김에 왕을 시해하고, 그 얼마 전에 독립한 미국의 본을 따서 민주주의의 길에 들어섰을 뿐이다. 왕이 왕권의 제한을 수락했더라면 혁명까지는 가지 않고, 프랑스도 영국처럼 왕은 존속했을 것이다.

또한 앞에서도 언급했듯이, 국민의 자유와 행복만 기약한다면 왕조의 명군이, 민주적 선거로 선출되었지만 도리어 국민의 자유를 탄압하는 독재적 대통령보다 몇 배 낫다. 다만 비민주주의로서는 그런 명군의 출현이 드물고 기대하기가 어렵기 때문에 우리는 민주주의를 선호할 뿐이다. 하지만 민주주의라고 반드시 자유를 신장하는 명대통령을 선출해내는 것은 아니다.

자유의 문제는 일단 정치상황과 관계가 깊지만, 다른 여러 문제에도 관련된다.

첫째, 자유는 인간 실존實存과 관계가 있다. 이것은 앞서 "인간과 동물"에서 이미 논의한 바 있다. 인간은 생득적 본능이 정해 놓은 궤도대로 살아가야 하는 동물임을 넘어서, 열려 있는 풍부한 가능성 속에서 자신의 길을 선택하며 살아가려고 하는 한, 그는 근본적으로 자유롭다는 것이 '실존적 자유'의 개념이다. 인간적으로 살아가려는 한, 자유는 불가결하고 불가피한 인간적 희구라는 말이다. 자유가 허용되지 않는 상황에서 인간은 자신이 자유 없는 노예처럼 '인간 이하'라는 비하감에 젖어든다.

둘째, 자유는 도덕道德과 필연적인 관계가 있다. 칸트Kant(1724-1804)는 "도덕은 자유의 법칙"이라고 했다.[9] 그리고 "자유는 도덕의 존재 근거고, 도덕은 자유의 인식 근거다"라고도 선언하여 자유와 도덕과의 관계를 단적으로 표현하고 있다. 자유가 있어야만 도덕과 책임을 물을 수 있으며, 따라서 자유가 없는 노예에게는 도덕도 책임도 물을 수 없으며, 또한 도덕적으로 선악善惡간에 선택할 수 있을 때 인간은 자신이 자유임을 알 수 있다는 것이다. 자유는 방임·방종과는 거리가 먼 엄숙한 도덕적인 개념이다. 도덕과 자유의 문제는 "6. 사람의 도리"에서 다시 다룬다.

셋째, 자유는 안정감과도 관련이 있다. 심리학자 프롬이 지적한 문제다.[10] 서구사회는 역사가 흐르면서 종교개혁으로 종교의 압박에서 해방되고, 민주혁명으로 전제국가의 압제에서도 해방되고, 산업혁명 이후 인구이동으로 대가족의 규제에서도 벗어나면서 옛날보다 극히 자유로워졌다. 그러나 그 자유는 마치 발동기도 나침반도 없이 거친 바다에서 표류하는 배와 같은 불안정감, 불안감을 안고 있다. 여러 압제에서 해방되어 자유로운 양양대해로 나갔으면 그 항해에 필요하고 적합한 나침반과 발동기가 마련되어 있어야 한다. 그것이 마련되어 있지 않으면 어디로 가야 할지, 어떻게 가야 할지가 불분명해서 불안에 사로잡힌다. 그래서 앞서 "개인과 집단"에서 언급한 것처럼 도리어 자유를 버리고 독재자, 사교邪敎, 대중 영합 등의 각종 속박에 귀의하는 "자유로부터 도피"라는 현상이 생긴다는 것이다.

문제는 무엇에서 '해방되는 자유'freedom from는 무엇을 '할 수 있는 자유'freedom to로 이어져야 한다는 데 있다. 아니면 불안에 표류하게 된다. 그리고 무엇을 하는 자유의 행사에는 응당한 도덕적·지적인 역량이 필요하다.

넷째, 자유와 평등의 개념은 경제 문제에도 깊이 관련된다. 그것은 자본주의와 사회주의의 갈등 또는 조화 문제에서 단적으로 드러난다. 자본주의는 시장에서의 자유경쟁이 기치고, 사회주의는 빈부 격차를 경계하는 평등이 기치다. 이 문제는 "4. 풍요한 삶을 위해"에서 다시 논의하기로 한다.

다섯째, 자유는 '자유의지론'自由意志論 대 '결정론'決定論의 문제로도 거론된다. 인간은 자신의 의지대로 자유롭게 행위할 수 있다는 것이 자유의지론이고, 그렇게 생각한다 해도 결국 그의 행위는 상황과 자신을 규율하는 어떤 필연적인 법칙에 따라 결정된다는 것이 결정론이다. 이 문제는 "7. 삼라만상 뒤엔"에서 논의할 것이다.

여섯째, 정치적 상황과 관련해서 밀Mill은 그의 저서 『자유론』On Liberty에서 자유를 논의하면서, 우선 자유는 진리의 발견과 인간의 정신적 행복에 필수적인 요건이라고 전제한다.[11] 사람은 남에게 위해를 끼치지 않는 한 언제나 자유고, 그런 자유가 없으면 사람들의 행복도 천재의 출현도 있을 수 없다고 그는 주장한다. 그는 특히 정신적인 양심·사상·감정의 자유, 취미·직업·생활설계의 자유, 그리고 개인들의 단결의 자유를 주창한다. 우리나라의 헌법 제 12조와 제 22조에 걸쳐 신체의 자유, 거주·이전의 자유, 직업선택의 자유, 사생활의 자유, 양심의 자유, 종교의 자유, 언론·출판의 자유, 집회·결사의 자유, 학문·예술의 자유 등이 규정되어 있는 것도 『자유론』의 사고를 반영한다.

밀은 특히 언론의 자유를 강조한다. 양심·감정·사상의 자유는 언론을 통해서 표출되기 때문이다. 그리고 다음과 같은 표현으로 이를 역설한다. 즉 전 인류가 한 사람을 침묵시키는 것은 한 사람이 전 인류를 침묵시키는 것과 매한가지로 부조리다. 그 한 사람의 의견이 진리라면 인류는 오류를 바로잡을 기회를 잃는 것이며, 혹 그의 의견이 오류라면 인류는 그 오류와 진리의 충돌로 진리를 더욱 빛낼 수 있는 기회를 잃는다고 했다.

하지만 밀은 언론의 자유와 행동의 자유를 엄격히 구별한다. 아무도 행동이 의견과 마찬가지로 자유로워야 한다고는 감히 주장하지 못한다고 선언한다. 당연한 말이다. 그는 나아가 의견의 발표 자체도 적극적으로 해로운 행위를 선동하는 것인 경우에는 언론자유의 특권을 상실한다고 했다. 예를 들어, 누군가 '곡물상인은 결과적으로 빈민을 아사시키는 자다'라는 의견을 신문·잡지에 발표하는 것은 자유지만, 어떤 곡물상인 집 앞에 모여든 군중 앞에서 그렇게 외치거나 선전물을 뿌리는 행위는 당연히 벌을 받아야 한다고 말한다. 이런 주장은 한국의 현실에 비추어서도 진정한 언론의 자유가 무엇인지 깊이 생각해야 할 문제가 많다는 것을 시사한다.

인간은 여러 가지로 다중적인 때로는 모순적인 존재다. 한편에선 남과 같기를 원하고 또 한편에선 남과 다르기를 원한다. 남과 같이 잘 살기를 바라고, 남보다 더 잘 살기도 원한다. 하나는 평등사상이 동기고 또 하나는 자유사상이 동기다.

평등사상은 우선 헌법 제 10조와 제 11조의 인권人權 선언에 함축되어 있다. 그 조항에 따라 "모든 국민은 법 앞에 평등"하고, "성별·종교 또는 사회적 신분에 의하여 정치적·경제적·사회적·문화적 생활의 모든 영역에 있어서 차별을 받지 아니한다." 따라서 옛날의 반상班常제도 같은 사회적 계급은 그 자취도 없다. 가끔 유전무죄有錢無罪, 무전유죄를 비판하는 논평은 있으나, '법 앞의 평등'은 옛날보다는 폭넓게 현실화되어 있다. 하지만 여전히 평등에 관해서도 생각해야 할 문제가 많다.

우선 모든 사람들은 다 같으면서도 동시에 다 다르다는 사실을 직시해야 한다. 인권은 다 동등하고 평등하지만, 사람들은 그 개성個性에서는 다 다르고 '불평등'하다. 생김새도 다르고 성격·성향도 다르고 근력·능력도 다르고 취미·의견·사상도 다를 수 있다. 그 결과 옛날과 같은 사회계급은 없어졌지만, 이른바 사회경제적 계층이 생기고, 그 계층에 따른 여러 가지 불평등은 민주사회에서도 불가피하게 엄존한다. 다만 그 불평등의 격차가 얼마나 크냐 그리고 격차가 있어도 '기본적'인 평등이 어느 정도 보장되어 있느냐가 문제다. 특히 경제적인 불평등의 경우가 큰 문제다. 이 문제는 "4. 풍요한 삶을 위해"에서 다시 다룰 것이다.

또한 '기회의 균등' 대 '결과의 균등'의 문제가 있다. 헌법 제 31조에 "모든 국민은 능력에 따라 균등하게 교육을 받을 권리를 가진다"고 했고, "의무교육은 무상으로 한다"고도 규정되어 있다. 교육받을 기회는 누구에게나 다 균등하게 그 문호가 열려 있다. 다만 "능력에 따라"라는 조건이 문제다. 능력에 따라 결과의 차이, 불평등이 생기게 마련이기 때문이다.

교육만 아니라, 원칙적으로 민주사회에서는 모든 활동의 기회는 균등하게 개방되어 있어야 한다. 다만 그런 기회의 균등하에서도 그 활동을 수행하는 능력 여하에 따라 필연 결과의 불평등이 생기게 마련이다. 결과마저 평등해야 한다고 주장할 수는 없다. 가령 어떤 강제력으로 결과마저 평등하게 한다면 그것은 민주주의의 또 하나의 이념적 지주인 자유를 말살하는 일이 된다.

여기에 까다로운 문제는, 불평등한 결과의 원인인 '능력의 불평등' 자체는 애당초 어디에 기인하느냐다. 미리 출발점의 능력 불평등을 최소화하면 결과의 불평등도 최소화될 것이기 때문이다. 흔히 결과의 불평등을 보충해줌으로써 불평등을 경감하려 하지만, 애당초 불평등의 원인인 능력을 배양해 주는 것이 결과 불평등의 시정에 보다 더 효과적일 수가 있다. 예컨대, 빈민 구제의 경우 당장의 경제적 보조보다 그들의 직업능력 배양이 궁극적으로 더 효과적이고, 수학 성적이 부진한 학생은 그 학기 후의 보충수업보다는 그 학기 초에 미리 학습결함을 교정해 주는 것이 더 효과적이다. 이 문제는 "8. 모두 다 잘 배운다"에서 더 부연한다.

자유와 평등은 갈등적이면서도 둘 다 인간의 기본적인 욕구기 때문에 이분론적으로 그 둘의 갈등을 조장하기보다는 균형있는 조화가 어느 시대, 어느 사회에서나 추구해야 할 아마도 영원한 숙제일 것이다.

정치문화

"국가는 세웠지만, 국가는 몇몇 지도층 사람들의 관심일 뿐이고, 일반 사람들은 국가에 관한 생각은 거의 없고, 자기 일과 자기 동네 일 만이 관심이더라." 인도네시아에서 몇 년 전 독립한 작은 나라에 경제발전 고문으로 수 주간 다녀온 인사의 말이다. 현대적인 뜻의 국가라는 관념은 사람들 마음속에 쉬이 형성되는 것이 아니라는 증언이다.

제2차 세계 대전 종전 후, 종래 강대국의 식민지였던 지역에 1950년 전후해서 '신생국가'들이 우후죽순처럼 탄생했다. 한국은 신생국가는 아니지만 일제의 강점에서 새로 해방되었다는 점에서 비슷한 처지에 있었다. 모든 신생국가는 예외없이 가난했다. 뿐만 아니라, 나라는 세웠지만, 나라 안의 정치가 몹시 혼란스럽고 어지러웠다. 따라서 1950~60년대엔 사회과학계의 최대 관심은 후진국의 경제발전과 동시에 정치발전의 문제였다. 정치발전은 '나라 만들기'nation-building의 문제라고도 했다.

정치발전을 위해서 제도·조직·구조에 관한 개선책도 많이 제안되었으나, 국민들의 문화적·심리적 요인의 변화가 앞서야 한다는 주장도 많았다. 근대적 정치발전에 필요한 심리적 요인으로써, 운명론 아닌 하면 된다는 '효능'의 정신, 관습을 묵수하지 않는 '혁신'의 정신, 미신 등에서 벗어나는 '합리'의 정신, 공동체의 일에 적극 관여하는 '참여'의 정신, 파당을 넘어서는 '보편'의 정신 등이 자주 거론되었다. 그 밖에도 성취동기, 기업가 정신, 창의 정신, 귀속주의 아닌 능력주의 등 설왕설래도 활발했다.

한국은 지난 반세기 크게 경제발전을 이룩했고, 정치발전도 1990년 이래 실질적인 민주화의 길에 들어섰다. 그러나 세계엔 아직도 빈곤에 허덕이는 나라, 정치적 불안정으로 동요하는 나라가 많다. 따라서 경제·정치발전의 문제는 여전히 학계의 관심사가 되어야 마땅하다. 본시 경제·정치발전의 문제는 어느 시점에서 완료될 수 있는 문제가 아니라 계속 부침浮沈을 거듭하는 문제고 보면, 한국의 경제·정치발전 문제도 계속적인 관심사가 되어야 할 것이다. 더구나 한국국민은, "정치만 잘 하면 참 살기 좋은 나라인데"라는 가끔 듣는 푸념에도 드러나듯이, 정치에 불만이 많다. 한국의 정치발전에는 아직도 문제가 많다는 뜻이다.

한 나라의 정치현상을 표면적인 제도·조직 등으로 해석하는 것과 동시에 그 밑에 흐르는 심리적·문화적 요인들로 이해해야 할 경우가 많다. 법이나 정부조직은 버젓해도 정치현실 자체는 엉망인 나라가 많기 때문이다. 이런 관점에서 아몬드Almond와 버바Verba는 '정치문화'political culture라는 개념을 제안한 바 있다.[12] 그리고 정치발전의 과정을 염두에 두면서 향당parochial정치문화, 복종subject정치문화, 참여participant정치문화를 구별한다.

그 어휘 자체가 암시하듯이, 향당鄕黨정치문화는 나라는 있어도 나라보다는 자기들이 태어난 고향이나 속하는 파당의 이해관계가 더 관심인 정치풍토다. 조선 시대에 극심했던 '사색당쟁'도 그런 풍토였을 것이다. 서두에 언급한 인도네시아 근처 신생국가도 그 예다. 복종정치문화는 왕국의 신하처럼 위에 복종하고 의지하는 것이 주종인 정치풍토다. 왕조가 아니라도 현대의 각종 독재국가에서, 때로는 명색이 민주국가인 나라에서도 볼 수 있는 정치풍토다. '상의하달'은 있어도 '하의상달'은 없는 정치문화다. 참여정치문화는 이런 전통적인 정치문화에서 벗어나서 국민이 정치과정에 적극 참여할 수 있고 참여하는 관습이 있는 정치풍토다. 물론 민주주의 국가의 특징인 정치문화다. 하지만 왕조에서도 적극 민정·민의를 살핀다면 참여정치문화에 근접하는 셈이다. 반면 정치참여가 너무 무질서하고 잦은 불법데모로 얼룩진다면, 참여정치문화라기보다는 혼돈의 정치문화가 되어 버린다.

아몬드와 버바는 이상적인 정치발전 단계를 '인문학과 과학의 전통 속에서 함양된 교양'을 수반하는 정치참여문화라고 했고, 그것을 공인公人civic정치문화라고 했다. 민주주의적인 정치참여가 그저 사리사욕만 추구하는 아수라장이 되지 않으려면 공공·공익을 생각하는 지적·도덕적 특성이 계발되어 있어야 한다는 말이다. 이것은 앞에서 인용한 토크빌의 생각과 비슷하다.

공인정치문화를 이루는 지적·도덕적 특성의 함양은 근본적으로 교육의 문제다. 하지만 정치와 관련되는 국민의 지적·도덕적 특성의 함양에는 학교교육과 동시에 특히 각계각층 지도층의 행태가 관건이다. 지도층의 문제는 "지도자"로 미루고, 우선 학교교육을 잠깐 논의하고자 한다. 앞에서 인용했듯이, 토크빌은 당시 미국의 학교교육은 거의 전적으로 공적 생활에 필요한 자질을 기르는 '정치교육'이었다고 관찰한 것을 여기에서 다시 상기해야겠다.

사람의 생활과 관심은 사적 생활과 공적 생활로 나뉘어진다. 하나는 사인私人의 생활이고, 또 하나는 공인公人의 생활이다. 사람은 집안에서는 사인이지만, 한 발짝 집 문밖으로 나가면 공인이 된다. 마주 오는 사람을 밀치지 말아야 하고, 거리에서 교통신호는 지켜야 한다. 따라서 관심 분야도 사리私利추구의 사적 관심과 공익公益추구의 공적 관심으로 나뉘어진다.

문제는, 사람들이 흔히 사적 관심 부분만 비대하고 공적 관심 부분은 빈약하기 쉽다는 데 있다. 그러나 인류의 원시사회에서도 수렵이나 축제나 전쟁에서 공익을 위한 공적 관심은 필수였다. 더구나 사람들의 상호의존의 폭이 전에 없이 넓어진 현대사회, 현대국가, 현대세계에서는 공적 관심도 정비례해서 넓어져야 한다. '나'의 생각만 아니라 '남'과 '우리'의 생각도 해야 한다. 따라서 공적 관심의 확대와 심화가 현대 학교교육의 필수 과제다.

19세기 초 토크빌은, 미국교육은 공공생활에 필요한 자질을 기르는 것이 목적인 데 반해서, 유럽 나라들의 교육은 사적 생활에 유리한 능력을 기르는 것이 목적이라고 개탄했다. 혹 토크빌이 지금의 한국교육을 시찰했다면 그의 논평은 어떠했을까? 사적인 출세영달을 위한 입시준비교육에 시종하고 있는 한국의 학교교육에서는 공공생활에 필요한 자질의 함양은 한국교육의 관심 밖이라고 하지 않았을까? 이런 교육으로는 민주주의의 성숙에 필요한 심도있는 '공인문화'의 '지적·도덕적 자질'이 길러지기는 어렵다. 지금 한국의 학교교육은 민주주의의 한 단계 높은 진전에 별 도움이 되지 않는다. 그 진전을 바란다면, 교육과정의 운영과 학교생활 계획에 큰 변화가 있어야 한다.

초·중등학교의 교육과정 운영에서는 우선 모든 교과가 제대로의 무게로 제대로 교육되어야 한다. 입시준비 때문에 '국·영·수'에만 치중하고, 사회계·자연계·예능계의 과목을 소홀하게 여기는 경향은 지양되어야 한다. 민주주의의 성숙에 긴요한 '인문학·과학의 전통 속에서 길러지는 교양'이란 문학·역사·철학, 자연과학·사회과학에 걸치는 넓은 교양을 뜻하기 때문이다. 교양이란 '사회문화의 문제와 향방을 내 것으로 내면화한 것'이라고 정의할 수도 있다. 그런 내면화가 있어야 건설적인 공적 생활이 가능하다.

이 원칙은 대학교육의 경우에 교양과정의 충실화를 의미한다. 한국의 대학에선 흔히 교양과정이 형식적이고 피상적이며, 그 과목은 중진교수가 담당하기보다는 시간강사에게 맡기는 경우가 흔하다. 옛날 서구의 경우, 인문학·과학에 걸친 기본적인 교양교육은 지도층 귀족을 위한 교육이었고, 서민에겐 직업·전문교육이 전담사였다. 그 지도층들이 국가사회의 향방을 가늠해야 했기 때문이다. 하지만 현대의 민주사회가 주권재민의 사회라면, 될 수 있는 대로 많은 국민이 그런 지도자적 기본교양교육을 받아야 한다는 말이 된다. 특히 그중에서 지도층이 배출될 가능성이 많은 대학생에겐 그 필요가 더 절실하다. 이 점은 다음에서 재론하게 될 것이다.

지도자

한 나라의 운명은 주로 그 나라의 지도층에 의해서 결정된다. 대통령을 위시해서 정부의 장관, 입법부의 의원, 사법부의 법조인, 그리고 경제계, 문화계, 학계, 언론계, 예능계 등 각계각층 지도자들의 자질과 행태 여하가 나라의 운행과 운명을 대부분 결정짓는다. 나라만이 아니다. 유능한 사장은 파산 지경에 있는 회사를 번창으로 이끌고, 졸렬한 사장은 번창하는 회사를 파산으로 몰아간다. 유능한 장수는 패색 짙은 전쟁을 승리로 이끌고, 졸렬한 장수는 뻔히 이길 전쟁을 패전으로 이끈다.

그래서 예로부터 예컨대, 옛날 그리스의 플루타르크Plutarch(46-120)의 위인전인 『대조적 생애』Parallel Lives나 중국 한나라의 사마천司馬遷의 『사기』史記 등에서 처럼, 지도적 인물들의 행적만 아니라 그 자질에 관심이 컸다. 근래에도 여전히 지도자, 지도력leadership에 대한 관심도 높고 연구도 많고 이론도 다양하다.

유능한 지도자에게 어떤 인간적 특성이 있느냐에 주목하는 것이 지도력의 특성론特性論이다. 거론되는 특성도 여러 가지다.

그중 몇 가지만 나열해도,

지능, 적응성, 외향성, 지배성, 인간성, 책임감, 사교성, 통찰력, 협동성, 자신감, 설득력, 진취성, 일관성, 창의력, 성취의욕, 참여성, 인간관계능력, 직무지식, 직무수행능력, 자기통제력, 자율성, 판단력, 결단력, 통솔력 등 사람에게 바람직하다는 특성들이 다 거론되고 있어서 지도력을 특정 짓기에는 좀 산만하다. 그리고 그 각각의 특성은 지도력과 약간의 상관은 있으나 예외도 많다. 예컨대, 지도자 중에는 외향적이 아니라 내향적인 성격인 사람도 많다. 지도자에게 지능이 중요하다고 하지만, 지도자가 집단의 성원들보다 너무 지능이 높으면 지도자 역할을 하지 못한다는 연구도 있다.

지도자 유형론類型論도 있다. 자주 거론되는 유형으로 민주형 지도자와 전제형 지도자, 인화형 지도자와 성취형 지도자 등이 있다. 손자孫子가 장수의 유형을 지혜가 뛰어난 지장智將, 위 · 아래 사람들이 그를 다 믿는 신장信將, 병사들에게 인자한 인장仁將, 용맹이 으뜸가는 용장勇將, 군법을 엄히 시행하는 엄장嚴將으로 나눈 것도 한 지도자 유형론이다.[13] 유형론의 난점은 지도자가 언제나 그 유형에 맞는 행동만 하는 것이 아니라는 점이다. 엄장이 인장으로 행동하는 경우도 있기 때문이다.

지도자 상황론狀況論도 있다. 지도자의 자질에 어떤 정형定型이 있는 것이 아니라 상황에 따라 요구되는 자질이 다르다는 주장이다. 전쟁 시에 훌륭한 지도자가 반드시 평화 시에도 훌륭한 지도자가 될 수 있는 것은 아니고, 기업의 창업자가 반드시 기업 수성의 지도자가 되는 것은 아니라는 주장이다. 같은 논리로, 기업의 지도자가 반드시 대학 운영의 지도자가 될 수 있는 것도 아니다. 그렇다 하더라도 여러 상황의 지도자들에게서도 어떤 공통되는 자질은 있을 수 있다는 것이 상황론에 대한 반론이다.

행동론이라고 부를 수 있는 지도자론도 있다. 인성 특성이나 지도유형보다는 실제로 하는 지도행동을 보자는 것이다. 심리학자 배스Bass는 정말 지도자란 어떤 바람직한 변화를 이루어내는 '변혁적 지도자'transformational leadership라고 전제하고[14], 그런 지도자가 하는 행동을 분석했다. 즉 지도자는 (1) 그의 행동이 집단 성원들에게 모범이 되고, (2) 성원들이 해야 하는 일에 대해 적극적인 동기를 고취하며, (3) 참신한 사고를 유발하는 지적 자극을 자주 주고, (4) 집단 성원들을 집단으로서만 아니라 개별적으로도 여러 가지로 배려한다.

베니스Bennis라는 평론가는 재치있는 표현으로 지도자leader와 관리자manager를 구분했다. 즉 지도자는 "올바른 일을 하는"do right things 사람이고, 관리자는 그저 "일을 올바르게 하는"do things right 사람이라고 했다.[15] 지도자는 옳은 일을 향한 변혁을 꿈꾸는 사람이고, 관리자는 그저 맡겨진 일을 차질없이 해내는 사람이라는 말이다. 지도자에겐 관리자에게 없는 올바른 일에 대한 꿈이 있어야 한다는 말이다.

나도 행동론적인 견지에서 한 지도자론을 편 적이 있다. 요약하면 다음과 같다.

(1) 지도자는 꿈을 간직하고 있다. 이루어야 할 소망·비전·이상이다. 그 꿈은 개인적인 출세·영달이 아니고, 집단과 사회를 위한 도덕성을 지닌 꿈이다.

(2) 지도자는 설득력이 있다. 지도자는 그의 꿈의 현실적·실천적인 뜻을 집단 성원들이 잘 이해하도록 설득할 수 있어야 한다. 성원들과의 부단한 대화를 통한 그런 설득이 '명령'에 앞서야 한다.

(3) 지도자는 믿음직하다. 즉 성원들에게 신뢰감을 준다. 따라서 지도자는 언행이 일치해야 하고, 이랬다 저랬다 하는 변덕은 절대 금

물이다. 지도자는 집단의 기둥이기 때문에 그런 변덕은 집단을 불안으로 동요케 한다.

(4) 지도자는 넓은 도량度量을 가지고 있다. 동조자의 달콤한 소리만 아니라, 반대자의 쓴 소리도 들을 줄 알고, 때로는 그들을 등용하기도 한다. 막료에 동향·동창 등 동형동색의 사람들만 아니라 배경이 다른 이형이색의 인물도 포섭한다. 정적政敵마저도 관용·포섭한다.

(5) 지도자는 집단 성원들을 자주 개인적으로 배려한다. 개개인의 적성과 취미, 문제와 고민, 포부와 희망을 알아보고 필요하고 가능한 배려를 베푼다.

문제는 국민의 눈에 비치는 한국 각계각층의 지도자상像이다. 거의 매일 같이 뉴스를 어지럽히는 정계·관계·사법계 지도층 인사들의 부정·비리 사건들은 한국의 지도자상을 어지럽게 한다. 그리고 새 정부가 들어설 때마다 지도층을 이룰 정부 요직 후보자들의 청문회에서는 왜 그렇게 자주 병역기피, 모리 행위 등이 들통이 나는지, 지도층이란 곧 부패층이라는 의심마저 들게 한다. 이런 어두운 지도자상 뒤에는 조선조 말기 백 년 가렴주구와 부정부패를 일삼으면서, 결국은 나라를 망국으로 이끌어간 당시 지도층의 잔영이 어른거린다.

나는 예나 지금이나 한국의 지도자층엔 의무義務지향적인 '이순신 장군형'은 드물고, 권세權勢지향적인 '변사또형'이 더 흔하다고 표현해 본다.

의무지향이란 거의 대부분의 시간을 지도자의 위치에 주어진 사명을 다하기에 노심초사하고, 그 위치에 따르는 권력·부귀·영광·호사에는 별 관심이 없음을 말한다. 일컬어 '노블레스 오블리주', 귀한 자는 의무가 있다는 것이 관심일 뿐이다. 본래 옛날 유럽의 '노블레스 오블리주'라는 개념에는 일단 유사시에는 나라를 위해 전쟁터에서 죽음을 각오해야 하는 의무만 아니라, 평소 품행도 타인의 모범이 되어야 할 의무도 포함되어 있었다. 이순신 장군은 그런 의무지향의 표상이다.

권세지향은 이와 반대로 지도자로서 해야 할 의무에는 겉모양의 관심 밖에 없고, 그저 지도자의 위치에 따르는 권력을 남용하고 부귀와 호사를 누리는 일이 대부분의 관심이다. 춘향전의 변사또가 그 대표적인 상징이다. 권력을 배경으로 호탕한 향연과 향락은 다반사고 부정축재가 천문학적이기가 일쑤다. 우리 정·관계 지도층엔 이순신형과 변사또형 어느 쪽이 더 많은가?

여기에서 우리는 한국사람은 유난히 권력지향이 강하다는 것도 반성해 볼 일이다. 어느 정도 권력지향은 어느 사회에서나 자연스러운 현상이다. 그러나 한국에는 그것이 좀 심하다고 하지 않을 수 없다. 고교 졸업생의 대학 입학 지망에서도 권력에 접근하기 쉬운 법정계 선호도가 제일 높다. 대학교수도 장관으로 오라면 십중팔구는 쉬이 본직을 버린다. 누가 장관, 사장, 총장이 되면 '축'전이 답지하고 '축'화가 요란하게 쇄도한다. 그러나 장관은 의무에 관한 고민과 고뇌의 자리기 때문에 실은 그 취임은 '축하'가 아니라 '위로'를 보내야 할 자리가 아닐까? 그렇게 축하가 요란한 것은 혹 그가 누릴 부귀·호사를 축하함일까? 사람들은 한번 장관을 지낸 사람을 그만둔 후에도 계속 '김 장관', '이 장관'으로 호칭한다. 이런 권력지향엔 출세의 길이 관변官邊출세의 길로만 단일화되어 있던 옛날, 그리고 영의정·판서·원님 등 관변출세를 해야 호사롭게 먹고 살 수 있었던 세월의 잔영이 드리워져 있다. 이젠 그런 세월은 지나갔으니, 지양되어야 할 권력지향이다.

한국에서 지도자가 어떻게 양성되고 충원되고 있느냐라는 문제도 심각하게 생각해 보아야 할 문제다. 옛날의 교육은 동·서양을 막론하고 그 사회 지배계급 즉 지도층의 전유물이었다. 그리고 그 교육 내용은 주로 인격과 넓은 식견을 함양하기 위한 '자유학예'liberal arts 즉 문사철文史哲이 주종인 교양교육이었다. 서양의 귀족교육이 그랬고 한국의 양반교육도 그랬다. 지도자가 될 사람에겐 그런 자질이 필수라고 보았던 것이다. 오늘날에는 지도자의 교양에는 문사철의 인문학만 아니라 사회과학·자연과학·예술의 교양도 포함되어야 한다.

민주사회엔 생득적으로 지도층이 되는 귀족층도 양반층도 없다. 국민 모두가 지도자 후보다. 따라서 국민 모두에게 인격과 식견 함양을 위한 기본적인 교양교육이 필요해진다. 뿐만 아니라, 앞서 논의했듯이, 민주주의의 성숙을 위해서도 '인문학·과학'의 교양이 필요하다. 현대 초·중등교육은 그런 기본적인 교양교육을 담당하는 기관이다. 따라서 제대로의 초·중등교육은 기본적인 지도자 양성기관이다.

특히 몇 예외는 있지만, 지도층 인사의 대부분은 대학졸업생이리라는 점에서, 대학의 교양과정은 근본적으로 지도자 양성과정이라고 보아야 한다. 자주 뉴스에서 몇몇 지도층 인사들의 해괴한 언동과 비리를 목도할 때마다, 나는 그들이 대학에서 어떻게 어떤 교양교육을 받았기에 저럴까, 그 부실을 의심하게 된다. 충실한 대학 교양과정은 사회에 나가서 가끔 받게 되는 각종 '지도자 양성과정'보다 그 효능이 몇 배나 더 크다. 따라서 우리나라 지도자들의 자질 향상을 바란다면, 반드시 대학들의 교양과정부터 충실화해야 한다고 나는 제안한다.

덧붙여 하나 더 생각해야 할 문제가 있다. 그것은 이른바 '엘리트 교육'의 문제다. 지도층이 될 소지가 있다고 판단되는 학생들을 어릴 때부터 따로 모아서 특별교육을 실시하자고 주장하는 엘리트 교육엔 나는 반대다. 지도자는 어릴 때 초·중등학교 시절부터 다양한 계층·배경·능력·취미를 가진 아이들과 사귀어 보아야 한다. 부잣집 아이, 가난한 아이, 군인의 아들, 공무원의 딸, 공부를 잘하는 아이, 못하는 아이 등 사회 각계각층의 아이들과 사귀어 보아야 지도자에게 필요한 폭넓은 시야와 이해가 길러진다. 엘리트 학교에서 부자 아이들, 공부 잘하는 아이들과만 지내면서 자라나면 넓은 시야, 넓은 이해, 넓은 도량의 지도자가 탄생할 수가 없다.

또 하나의 문제는 한국에선 지도자 자질의 평가 방법 즉 지도자 배출 과정이 지나치게 필답 고시考試위주라는 점이다. 한국에서는 초·중등학교에서 대학에 이르기까지 거의 전적으로 지필고사로 학생을 평가하고 있다. 특히 오랜 세월, 그저 종이 몇 장 몇 시간의 필답형 사법고시, 행정고시, 외무고시 등이 지도층을 결정해왔다. 옛 과거제도의 유풍이다. 근자에 어떤 고시는 폐기되었다는 것은 반가운 소식이다. 하지만 우리나라의 뿌리 깊은 고시만능주의는 심각하게 반성되어야 한다. 인간의 전인적인 자질, 특히 지도자의 종합적인 자질은 종이 몇 장의 필답시험으로는 타당하고 정확하게 평가해낼 수 있는 대상이 아니다. 인간평가는 지도자 선발과 같은 중대사일수록 다양한 평가 방법으로 지知만 아니라 정情과 의意, 필요하면 체體를 포함하는 전인全人평가라야 한다.

4

풍요한 삶을 위해

자본주의와 사회주의
경제발전
경제와 도덕
경제와 창의
불평등

자본주의와 사회주의

일제 강점기 중등학교 시절 군국주의 교육 속에서 거의 사상적 백지 상태였던 나에게 광복과 더불어 터진 '좌익'과 '우익'의 사상적 대립과 갈등, 데모와 폭력사건 등은 한동안 갈피를 잡을 수 없이 어지러웠다. 민주주의, 자본주의, 사회주의, 공산주의가 뭐길래 해방의 기쁨으로 뭉쳐 건국을 서둘러야 할 판에 좌익, 우익으로 갈라져서 왜 이리 어지러운 갈등 속에 빠져 있나?

중등학교 시절에 자본주의, 사회주의라는 용어를 들었는지 못 들었는지는 기억이 나지 않는다. 혹 들었어도 극히 피상적으로 이해했을 것이다. 그래도 해방 후 전공이 경제학이 아니면서도 이것저것 얻어 듣고 읽고 하면서 그 윤곽을 대략적이고 소박하게나마 이해해야 했다.

자본주의는, 한 나라의 경제활동에서 사유재산, 사기업에 의한 생산과 서비스, 이윤 동기, 시장에서의 자유경쟁, 국가 간섭의 최소화 등을 제도화해야 한다는 주장이다. 이에 반해 사회주의는, 자본주의 경제는 빈부 격차를 심화한다고 반기를 들고 빈부 계층 없는 사회를 지향하면서, 토지의 국유화, 생산과 분배의 국영화 등 경제활동에 국가의 적극적인 관여를 주장한다. 그 이념적 기치는 자본주의는 자유고, 사회주의는 평등이다.

사회주의는 온건하고 점진적 개혁을 주장하는 '사회 민주주의'와 과격하고 투쟁적인 혁명을 주장하는 '공산주의'로 갈라진다. 해방 직후 내가 겪은 좌익 학생들은 공산주의자였다. 나는 이념 여부는 둘째치고 우선 그들의 과격한 투쟁적 폭력 행위가 역겨웠고, 공산주의가 독재체제와 결부된 것이 싫었다. 그 후 공산주의 때문에 우리는 처참한 6.25 전쟁을 겪었고, 그 후 약 40년이 지나자 공산주의의 종주국이었던 러시아는 민주주의로 개종했다.

본래 사회주의는 19세기 초반 영국이 산업혁명으로 공업이 급팽창하면서, 당시의 '원시적 자본주의'가 노동자들을 지나치게 '착취'하고 빈부 격차가 극심해진 데에서 발단했다. 당시 런던의 공장 노동자들의 빈민가는 문자 그대로 시궁창이었다. 그러나 그 후 약 200년간 여러 나라의 자본주의는 그 원시적 원형에서 벗어나서 여러 형태의 '수정 자본주의'로 변화해왔다. 그 변화의 핵심은 사회주의의 기치인 평등 개념의 점진적 수용이었다. 최저 임금제·누진세율·건강보험 등이 그 예다. 또한 자본주의인 한국에도 직·간접으로 국가가 관여하는 수많은 공사公社가 있다. 어느 정도로든 어떤 모양으로든 경제에 관여하지 않는 자본주의 국가는 없다.

사회주의나 공산주의도 가지각색이다. 중국 공산주의는 정치적으로는 독재체제를 유지하면서도 경제적으로 자본주의를 수용하고 있다. 경제를 활성화하려면 불가피했던 모양이다. 안타깝게도 북한은 아직 그 궤도에 들어서지 않고 있다. 어쩌면 공산주의가 자본주의를 수용하는 데에는 약간의 위험부담이 있을 수도 있다. 자본주의의 기치는 '자유'고, 풍요는 자유의 욕구를 부추기면서 공산주의 정치적 독재를 위태롭게 할 수도 있기 때문이다. 이런 것이 대충 자본주의와 사회주의에 대한 나의 이해다.

우리 산에는 밤나무가 여기 저기 꽤 많았다. 어느 해 가을, 친구 열 명의 가족들을 산에 피크닉으로 초대했다. 점심 후, 밤을 마음대로 많이 따서 가져가라고 제안했다. 곧 가족 단위로 흩어져서 한동안 밤 따기에 열중했다. 얼마 후에 수확한 밤들을 가지고 다시 모였다.

그런데 어떤 가족은 알밤으로 실히 반 말 정도 땄고, 어떤 가족은 겨우 반 되도 안 되게 적었다. 어떤 가족은 식구도 많았고 아이들도 컸고 열심히 따기도 해서 수확이 많았는데, 어떤 가족은 그렇지 못해서 수확에 큰 차이가 났다. 수확이 적은 집 아이들이 울상으로 시무룩해졌다. 그걸 보고 나는 무심코 "무슨 필수 식품도 아니고 그저 재미로 딴 것이니 밤을 한데 모아서 똑같이 나누어 가지면 어떨까?"라고 제안했다. 어른들은 찬성했다. 그러나 이번엔 많이 딴 집 아이들이 시무룩했다. 그래도 어른들이 찬성했기 때문에 잠자코 있었다.

다음 해에 다시 같은 가족들을 같은 피크닉에 초대하고 같은 밤 따기를 했다. 그러나 그 수확량에 나는 놀랐다. 전체 수확량이 지난해의 4분의 1도 안 되었기 때문이다. 순간 내 뇌리엔 '이게 자본주의와 사회주의의 차이로구나' 하는 생각이 스쳤다. 한쪽은 많이 따도 뺏길 것이니 덜 따고, 또 한쪽은 남이 따서 보태주려니 하고 건성으로 땄기 때문일 것이라고 짐작했다.

그 이듬해엔 한데 모아 나누기를 안 할테니 마음대로 따라고 했다. 수확량은 다시 늘어났다. 나중에 알았지만, 많이 딴 집 아이들이 수확이 적은 집 아이들에게 자진해서 조금씩 덜어주었다고 했다.

이 밤 따기의 에피소드는 나에게 '자유'의 자본주의는 생산生產의 원리고, '평등'의 사회주의는 분배分配의 원리라는 것, 그리고 생산이 있어야 분배가능하다는 것을 실감나게 보여 주었다. 사람은 자유로워야 일에 신이 난다. 마지못해 일하는 노예나 하인은 일에 신이 나지 않는다. 경제활동에서 그런 자유는 내가 내 이익을 위해 내 것을 내 마음대로 운용할 수 있는 정도에 따라서 주어진다. 그리고 그 정도에 따라서 일이 즉 생산이 촉진되게 마련이다. 남을 위해 남의 것을 남의 명령에 따라 운영하면 신이 나지 않아서 생산이 저조해진다. 남을 위한 일이라도 그것을 내 일처럼 여길 수 있고 내 생각대로 운영할 수 있어야 신이 난다. 그러므로 자본주의가 사유재산, 그 재산의 사적 경영, 자유시장 등을 전제로 하고 있는 것은 극히 당연하다.

그러나 자본주의에는 함정과 위험부담이 따른다. 자본주의적 자유경쟁은 빈부의 격차를 낳기 쉽고, 그 빈부 격차는 부익부·빈익빈의 기제에 따라 점점 더 심화되어 간다는 함정이 있다. 지금 세계엔 자본주의 나라가 많다. 미국, 한국을 포함해서 그 모든 자본주의에서 빈부 격차는 심화되어 가고 있다. 공산주의인 중국도 경제적으로는 자본주의를 취한 다음부터 빈부 격차가 급속도로 벌어지고 있다. 국내에서만 아니라, 국제적으로도 세계화 추세 속에서 부자 나라와 가난한 나라의 격차가 점점 더 커지고 있다. 그리고 심한 빈부 격차는 사회 양극화에 따르는 사회 불안정의 원인이 되고 있다.

따라서 나라 안에서도 세계적으로도 사회주의의 기치인 평등의 이념이 조금은 현실에서 제도화·정책화 되어야 할 필요가 생긴다. 근자에 한국에서 거론되고 있는 '동반성장', '경제 민주화'가 실제에서 어떤 일을 뜻하건 간에 그 용어가 담고 있는 이념은 평등이다.

공산주의 국가들은, 근래 경제적으로 자본주의를 택한 중국 이외엔, 예나 지금이나 예외 없이 가난하다. 안타깝게도 북한이 그 전형적인 예다. 1960년 무렵 한 공산국가를 다녀온 한 기업가의 이야기가 인상적이었다. "국가의 경제계획에 따라 집단농장에서 사과를 재배하는 사람들은 배당된 사과의 수량만 채우면 됐지, 그 맛이나 모양이나 광택이 좋은지 나쁜지에는 관심이 없다. 그 사과를 운반하는 사람도 싣고 나르기만 하면 됐지, 도중에 사과에 흠이 가건 멍이 들건은 관심사가 아니다. 그러니 그런 사과가 팔릴 리가 있겠느냐? 공장의 제품도 마찬가지가 아니겠느냐?"

경제활동에 국가가 전적으로 또는 지나치게 관여하면 그 권력의 비대로 인해서 독재를 부르기 쉽고, 독재는 '절대권력은 절대로 썩는다'는 격언대로 부패와 표리 관계에 있기 쉽다는 난점도 있다. 사회주의를 표방했던 공산주의 국가들이 독재국가가 된 것은 그런 국가권력 비대의 필연적인 결과였을 것이다. 그리고 그 권력 비대에 따라 원래 공산주의의 이념이었던 '평등'도 유명무실이 되기 쉽다. 앞에서도 언급했지만, 자연히 형성되는 권력층은 다른 사람들보다 '더 평등한' 특권층, 노멘클라투라를 형성하게도 된다.

사회주의로 그래도 번영한 나라는 '사회민주주의'의 길을 택한 나라들, 예컨대 북유럽의 스웨덴, 노르웨이, 핀란드 등이다. 사회주의, 민주주의, 자본주의를 적절히 혼합한 이들 나라들은 전체적인 풍요를 누리면서도 빈부 격차는 다른 자본주의 국가들보다 훨씬 적다. 하지만 간혹 이들 나라엔 '강요된 평등' 때문에 개인의 경제적 비약이 어려운 삶의 단조로움에 염증을 느끼고 있는 사람들도 많다고 들었다.

결국 자본주의와 사회주의도 이것이냐 저것이냐라는 이분론적인 반립이 아니라 자유와 평등이 그렇듯이 끊임없이 그 균형을 잡아가면서 '시중'時中 즉 시의적절한 '중용'을 찾아가야 할 것이다. 그 균형을 잡고 '시중'을 얻기 위해 대표적인 민주국가엔 자유를 기치로 하는 보수당과 평등을 기치로 하는 진보당이 양립하고 있다.

경제발전

빈곤에서 탈출하려는 경제발전의 문제는 이제 한국에선 지난날의 이야기가 되었다. 1960년에 개인당 소득이 100달러도 안 되던 경제가 반세기 지난 지금 당당히 2만 달러를 넘어섰기 때문이다. 하지만 한 나라의 경제문제는 잔잔한 날이 없는 항존적인 문제고 보면, 경제발전의 지난날을 반추해 보는 것이 그 내일을 가늠함에 무익하지는 않을 것이다. 더구나 이젠 한국은 KOICA라는 국제원조기구도 설립하고, 아직도 가난에 허덕이는 후진 국가들을 원조하는 위치에까지 서게 되었으니, 우리 지난날의 반성은 그들에게도 도움이 될 것이다.

한국의 1950년대는 정말 가난했다. 일제 강점기의 착취가 남긴 황폐와 6.25 전쟁이 남긴 폐허 속에 민생은 도탄 속에서 제각기 먹고 살 길 찾기에 바빴다. 지금에 와서 회고하면 '용케 살아남았다'는 감회가 든다. 당시엔 미국의 경제원조가 그나마 좀 힘이 되었고, 정부도 매년 그 원조 액수가 얼마나 되느냐가 큰 관심사였다. 더구나 역사적으로 세대에서 세대로 이어져 온 가난은 도저히 벗어날 수 없다는 '빈곤 운명관'이 사회 전반에 퍼져 있었다. 당시 경제학자들 중에도 '농업지대인 남한과 공업지대인 북조선이 통일되기 전에는 한반도는 가난에서 헤어나기 어렵다'고 가난의 운명론을 부채질한 학자도 적지 않았다.

사정은, 다 알다시피, 1961년 경제발전과 반공을 기치로 내세운 군사혁명에 의한 '개발독재' 때부터 급변하기 시작했다. 때마침 UN도 1960년대를 '발전의 연대'Development Decade로 선포했고, 국제적으로 빈곤에 시달리는 신생국가들의 경제발전 문제가 학계의 큰 관심사로 대두했다. 그에 따라 국내에서도 국제적으로도 '발전', '근대화'에 관한 학술회의도 빈번했고 발전에 관한 설왕설래의 다양한 저술과 논문도 많았다. 나도 국내외의 많은 회의에 참석했고, 관계 저서와 논문도 여럿 펴냈다.

1960~70년대에 걸쳐 '한강의 기적'이 세계의 관심을 끌었고, 여러 국제회의에서 한국의 기적적인 경제발전의 요인이 무엇이냐라는 질문을 나도 자주 받았다. 따라서 경제학자는 아니지만 내 나름으로 그 답을 구성해야 했다. 나는 그때 한국 경제발전의 요인을 다섯으로 요약했다.

첫째, 정치적 안정이다. 민주주의로건 독재로건 우선 정치에 안정성이 있어야 경제발전은 가능하다. 그래야 경제활동의 기반인 신용信用의 풍토가 유지되기 때문이다. 군사정부는 비록 독재적 강압으로 정치 안정성을 유지했다 해도, 그 안정성 자체는 경제발전의 필수요건이었다. 더구나, 앞에서도 언급했듯이, 빈곤 국가에 민주주의를 도입해도 신생 민주주의에 따르기 쉬운 정치적 불안정성 때문에 그 민주주의 자체도 쉬이 붕괴될 뿐더러 경제발전도 그 기반을 잃는다. 이른바 '개발독재'는 신생 민주주의에 일종의 필요악일지도 모른다. 그리고 그것으로 얻게 되는 풍요는 후일 탄탄한 민주주의 탄생의 요건이 된다. 한국의 지금 민주주의가 그 예다.

둘째, 지도자다. 어떻게든 빈곤에서 탈출하려는 불굴의 의지를 지닌 지도자가 또 하나의 필수요건이다. 박정희 대통령이 그 지도자였다. 역사적 절대 빈곤은 난공불락의 요새와 같아서 그 공략이 무진 힘들기 때문에 거기엔 불퇴전의 의지가 필요하다. 그는 독재자였다. 그러나 세계의 여타 독재자들에게서는 보기 드문 두 가지 특징을 지닌 독재자였다. 하나는 나라의 빈곤탈출을 위해서 주야로 노심초사하고 온갖 방법을 동원하고 모든 난관에 굴하지 않는 강인한 의지의 소유자였다. 1970년대 운동권 학생이었고 지금은 호주에서 대학교수인 인사가 회고담에서, "박정희 대통령은 우리 운동권 학생 3천 명을 곤욕치르게 했지만, 대신 3천만 한국국민을 빈곤에서 해방시켰다"고 술회했다. 또 하나는 그의 청렴이었다. 다른 나라의 거의 모든 독재자들이 개인적 탐욕과 부정축재의 인물들이었는데, 박정희 대통령은 그 희귀한 예외였다. 많은 국민들이 그의 의지와 청렴을 믿었다. 그 때문에 국민들이 민주주의를 당분간 유보했다고 보아야 한다. 그를 여타 독재자처럼 폄하하는 것은 좁은 소견이다. 도리어 그 이후의 한국 대통령들이 그 자신 또는 그의 가족이 부정축재를 일삼았다. 다만 '유신'은 박정희 대통령의 지나친 실패작이었다.

셋째, 해방 이후 1950년대에 외국 유학, 외국 시찰에서 각종 장단기 훈련과정 등으로 길러진 각 영역의 전문 인력과 기술 관료들이다. 그들이 정부요직에서 경제개발의 실무를 담당했고 또는 자문으로 조언도 했다.

넷째, 군대교육의 힘을 빼놓을 수 없다. 1950년대 중등교육 취학률이 30퍼센트 내외였던 시절에 중등학교에 못 간 70퍼센트의 젊은이에겐 군대교육이 '근대적 경험과 지식'을 터득할 수 있는 기회를 제공했다. 당시 군대는 인력 양성의 기관이었던 셈이다.

다섯째, 무엇보다도 1950년대의 거의 개학皆學이었던 초등교육이 1960, 70년대에 필요한 인력의 풍부한 '풀'pool을 제공했다. 기본적인 독·서·산의 능력, 기본적인 사회과학·자연과학의 이해를 갖춘다는 것은 모든 영역에서 인력의 기초를 이룬다. 성급하게 필요한 인력을 얻으려고 실업계 중등교육에 먼저 투자하고, 초등교육의 개학은 뒷전으로 미룬 나라는 경제개발이 한계에 봉착한다.

경제개발의 노력이 기적이라는 이름에 맞게 급속하게 풍요를 안겨주었지만, 동시에 '발전병리'發展病理라고 부를 수 있는 부작용도 낳았다. 그 병리의 시정은 오늘·내일의 과제로 남는다. 경제주의·수단주의·단기주의·환경오염 등이 그것이다.

경제주의: 나라나 개인이나 경제는 중요하다. 극심한 가난에서는 더 긴요하다. 그래서 경제발전 초기에는 정치·행정·교육·학문·도덕·예술 모든 것을 경제발전을 위해서 동원했다. 이 모두를 '제2의 경제'라고도 불렀다. 가히 경제지상주의였다. 초기에는 그래야 했는지도 모른다. 하지만 그런 경제주의가 일변도로 너무 오래 계속되면 그것은 가치체계가 거꾸로 되는 가치전도價値顚倒현상을 낳는다. 그야말로 '사람 나고 돈 났지 돈 나고 사람 났냐'는 푸념이 나오는 현상이다.

그런 가치전도는 도덕·학문·예술 등의 문화적 윤기가 없는 사회를 낳고, 충동적 물욕이 빚는 각종 비리도 문제지만 외면적 풍요 밑에 깃드는 내면적 허무감이 더 큰 문제가 된다. 더구나 빈곤에서 처음 맛보는 부富는 더욱 더 물욕을 자극하는 힘이 있기 때문에 적절한 문화적 윤기의 제동이 없으면 한편으로는 각종 비리를 자주 범하게 되고, 다른 한편으로는 과시적인 호사와 방탕을 일삼는 졸부猝富를 낳는다.

수단주의: 수단주의는 '위하여' 철학이다. 발전 초기엔 모든 것을 경제개발의 수단으로 삼았고 경제발전을 '위하여' 동원했고, 모든 것을 경제발전에 기여하는 정도에 따라 그 존재이유를 인정했다. 심지어 도덕이나 종교에 관해서도 그것이 얼마나 경제성장에 도움이 되느냐를 따졌다. 이렇게 만사를 다른 어떤 목적을 위한 수단으로서만 그 가치로 간주하는 것이 수단주의다.

이에 반해서 한 사물이나 활동을 그 자체가 재미있고 희한하고 보람이 있어서 추구하는 경우는 그 사물·활동 자체가 목적이 된다. 그것은 '자체목적적'autotelic인 활동이다. 즉 그 활동은 수단가치가 아니라 활동 자체가 목적가치를 지닌다. 삶의 진정한 보람과 희열은 도리어 그러한 자체목적적인 활동에서 만끽할 수 있다.

모든 사물이나 활동은 수단가치도 목적가치도 지닌다. 수학공부는 대학입시를 위한 수단가치·이용가치가 있다. 하지만 수학공부에는 그 자체가 재미있고 오묘하다는 목적가치·자체가치도 있다.

문제는, 입시를 '위한' 수단으로 수학을 공부하는 학생과 그저 수학 자체가 재미있고 희한해서 공부하는 학생과 누가 더 수학공부에 열심일 것이며, 누가 더 수학 성적이 좋을 것이며, 누가 더 그 공부시간 자체에 의미와 행복을 느낄 것이냐다. 그 답은 명백하다. 더 심각한 문제는, '위하여' 철학인 수단적 사고가 인간관계에까지 만연되면, 사랑 아닌 출세를 '위한' 정략결혼, 공경 아닌 유산을 '위한' 효孝, 우정 아닌 모리를 '위한' 교우 등 비도덕적인 사고로도 이어진다.

단기주의: 단기短期주의는 '빨리빨리' 철학이다. 가난은 될 수 있는 대로 '빨리' 탈출해야 했고, 따라서 모든 일은 빨리빨리 해내야 했다.

경제성장은 매년 10퍼센트 이상 빨라야 했고, 모든 공사는 기일 훨씬 이전에 끝내는 것이 자랑이었다. 그래서 나중에 지하철엔 물이 새고, 큰 다리가 무너져 강물에 빠지고, 고층백화점이 폭삭 주저앉아 수많은 인명을 덮쳤다.

세상엔 빨리 해낼 수 있고 빨리 해내야 할 일도 많지만, 빨리는 안 되고 시간을 두어야 할 일들도 많다. 술은 한두 달 때로는 명품 포도주처럼 수십 년 숙성해야 한다. 시멘트는 10일 넘게 양생해야 단단한 콘크리트가 되고, 나무는 50년 또는 100년 이상 길러야 목재로 쓸 만한 거목이 된다. 오늘 초등교육의 사회적 효과는 20년 후에야 나타난다. 단기주의는 수단주의와 매한가지로 각종 비리도 낳지만, 내일을 위한 탄탄한 기반을 구축하지 못한다는 문제도 있어서 더 심각하다. 급속한 경제성장은 호리호리하게 자란 콩나물처럼 대기업의 독점·과점 등 각종 구조적 비리를 빚어내기 쉽다.

환경오염: 경제개발은 환경의 파괴와 오염을 수반한다. 어느 정도는 불가피하다. 산을 헐어 공장을 지어야 하고, 공장은 연기와 오폐수를 내뿜어야 한다. 그러나 지나치게 무분별하고 탐욕적인 환경 파괴와 오염은 지구의 생태계를 위협한다. 1960년대엔 미래론자들의 과민한 경고로만 여겼던 지구생태계 파괴는 이젠 하나 둘 씩 급속하게 현실이 되어 가고 있다. 예컨대, 생명보호막인 대기의 오존층은 엷어져 가고, 지구온난화로 극지의 빙하가 녹아 해수면은 높아지고, 매년 수천 종의 동식물이 멸종해 가고 있는 현실은 심각한 미래 문제로 부상한지 이미 오래다. 그런데도 사람들 그리고 각국 정부도 당장의 '단 꿀' 때문에 이 막중한 문제에 둔감한 것이 더 큰 문제다.

여기에서 우리는 '발전'이라는 것이 과연 무엇이며, 무엇 때문이고, 무엇이라야 하는지를 깊이 성찰·재고해야 할 필요가 있다. 영어로 development는 '발전'이라고도 번역하고 '개발'이라고도 번역한다. 그런데 '발전'은 자라난다, 커진다, 좋아진다는 어감을 주지만, '개발'은 파헤친다, 까발린다, 까뭉갠다는 어감을 준다. '저 동네가 개발되었다'는 말은 농가와 산야를 파헤치고 살풍경한 현대식 아파트의 숲이 들어섰다는 말이다. 사람들에게 '고향'이라는 정취에 젖어들게 해주는 전원 풍경을 현대식 편의와 바꿔쳤다는 뜻이다. 전원의 정취, 현대적 편의, 둘 다를 어우른 '발전'이란 있을 수 없는 것인가?

좋아진다는 뜻의 경제발전은 더 잘 산다는 뜻이고, 더 잘 산다는 것은 부자가 되어야 행복해진다는 뜻으로 여겨져 왔다. 이 '행복 즉 부'라는 등식이 그동안 경제학의 대전제였다. 앞서 "행복"에서 언급한 것처럼 근래 저명한 경제학자 자신들이 이 등식이 맞지 않는다고 주장하기 시작했고, 실증적으로 그 주장이 뒷받침되고 있다. 거듭 말하면, 일반적으로는 가난한 나라의 사람들은 선진국 부자 나라 사람들보다 삶의 행복감이 덜하다. 그러나 선진국에서 개인당 소득이 상승한다고 사람들의 행복감이 더 상승하지는 않는다. 도리어 개인당 소득 1만 달러 미만인 나라 사람들의 행복 지수가 미국·프랑스·영국 등보다 높은 나라도 많다. 멕시코, 인도네시아, 쿠바 등이 그 예다.

어떤 가능한 최소 필수선 이상에서는 부는 행복과 관계가 없다는 사실은 일변도적인 경제성장 지향에도 변화가 있어야 하고, '발전'의 개념에도 정치·경제·학문·교육·도덕·예술 등 여러 분야의 발전이 균형 있는 종합을 이루어야 한다는 것을 뜻한다. 풍요한 삶이란 경제적 풍요와 동시에 또는 그것에 앞서 정신적·문화적인 풍요를 의미해야 할 것이다.

경제와 도덕

미국 경제문제를 논의한 삭스Sachs는 그의 저서 『문명의 대가』The Price of Civilization[1]의 본문 첫머리를 다음과 같은 문장으로 시작한다.

> 미국의 경제적 위기의 뿌리에는 도덕적 위기가 놓여 있다; 즉 미국의 정치계와 경제계 엘리트들의 공민적 덕성civic virtue의 퇴락이다. 만일 부자와 권력자들이 자기들 이외의 사회 그리고 세계에 대해서 존중과 정직성과 자애심을 가지고 행동하지 않는다면, 시장과 법과 선거로 이루어지는 사회라 해도 그것만으로는 부족하다.

책의 부제목 자체가 "붕괴 이후의 경제와 윤리"다. 그는 특히 재계 엘리트들의 끝 모르는 사적 탐욕이 2008년 미국의 금융계 붕괴라는 경제위기를 몰고왔다고 힐난했다. 그 탐욕의 정도는, 붕괴 전의 천문학적 연봉은 물론, 붕괴 후에도 정부의 은행 구제 기금을 은행 부흥보다는 먼저 개인당 수백만 달러의 보너스부터 챙기는 데에 썼을 정도다.

삭스의 관찰은 비단 미국 경제에만 해당되는 것은 아닐 것이다.

경제와 도덕은 어느 시대 어느 나라에서나 필수적인 연계를 이룬다. 그것은 지극히 당연한 일이다. 경제활동은 근본적으로 신용信用거래고, 신용은 정직성이 그 근거고, 정직성은 도덕의 기본적인 덕목이기 때문이다. 내가 설렁탕을 사 먹는 것은 그것이 위생적으로 요리된 것이고 먹어도 배탈이 나지 않는다는 것을 '믿기' 때문이다. 그걸 먹고 어쩌다 배탈이 나면 그 음식점엔 다시는 가지 않는다. 거래가 끊기고 경제활동이 멈춘다. 설렁탕 주인은 내가 내는 돈 또는 카드가 가짜가 아닌 것을 '믿기' 때문에 받아들인다. 지폐와 카드는 근본적으로 신용장이다. 국가와 은행을 믿어달라는 신용장이고, 그것을 쓰는 나를 믿어달라는 신용장이다.

정치학자 후쿠야마Fukuyama는 그의 저서 『신뢰』[2]에서 사회경영과 사회발전의 기본 요건이 신뢰라는 주장을 폈는데, 책 속의 많은 사례가 재미는 있지만, 어찌보면 명백히 당연한 일을 길고 까다롭게 논의한 느낌이 들기도 하는 저서다.

우리는 뉴스에서 거의 매일 같이 부정식품 사건 그리고 정계·관계·경제계의 부정·비리 사건들을 듣는다. 그런 것이 아주 없는 나라는 없겠지만, 웬일인지 우리 사회는 그 빈도가 너무 많다. 마치 뉴스 시간이 아니라 부정·부패 사건 보도 시간 같다. 이것은 우리나라가 초보적이고 기초적인 윤리덕목인 그리고 동시에 경제생활의 기본요건인 '정직'正直이라는 덕목이 아직도 사회적으로 부실하다는 말이며, 동시에 우리 경제가 아직 취약하다는 말이기도 하다. 그만큼 서로들 믿을 수 없고 믿지 않을 것이기 때문이다. 한국이 명실상부한 경제선진국으로 발돋움하려면 우리나라의 정직·신뢰 수준이 한층 더 높아져야 한다. 공명성·정직성을 말하는 '투명도'의 국제적 비교에서도 얼마 전까지도 세계 여러 나라 중에서 우리나라는 40위를 맴돌았다.

이미 1900년대 초 독일의 사회경제학자 베버Weber(1864-1920)는 그의 명저 『프로테스탄트 윤리와 자본주의 정신』[3]에서, 성공적인 자본주의는 기독교 개신교가 강조하는 근면, 절약, 사회적 공헌이라는 윤리덕목에 크게 힘입는다고 설파한 바 있다.

근면을 개신교에서는 하나님이 7일에 걸쳐 세계를 창조한 일을 이어서 계속하기에 필요한 덕목이라고 믿었다. 영어의 calling에는 소명召命, 하나님의 부름이라는 뜻과 동시에 직업이라는 뜻도 있다. 부지런히 일해서 좋은 세상을 만들어야 한다는 것이 하나님의 뜻이고, 게으르고 안일함은 하나님의 뜻에 어긋나는 것으로 여겼다. 근면으로 자본을 축적하고, 그 자본으로 부지런히 일해야 부를 이룰 수 있는 것이 자본주의다.

절약은 애당초 자본을 형성하는 데에 필요하다. 즉 절약은 사업으로 얻은 부를 자신의 생활에는 그 일부를 꼭 필요한 일에만 쓰고, 나머지는 더 큰 자본형성에 재투자해야 하기 때문에 필요한 덕목이다. 한편으로 더 중요한 점은 절약해야 남는 부를 좋은 세상을 만드는, 공익·공리에 쓰는 사회적 공헌이 가능해진다는 점이다.

개신교 자본가들은 사업으로 얻은 부는 최소 필수의 사적 소비 이외에는 다 '하나님의 영광'을 위해 하나님에게 되돌려 헌납해야 한다고 믿었다. 그것은 곧 하나님의 뜻대로 어려운 사람, 아픈 사람들을 도와 살기좋은 세상을 만드는 일인 '부의 사회 환원'을 뜻한다. 개신교 자본가들에겐 부의 절약과 사회 환원은 일종의 종교적 신앙이었던 셈이다. 미국의 부호 카네기Carnegie는 "부자의 의무"라는 제목으로 다음과 같이 말했다.

과시와 사치를 멀리하며 검소하고 수수한 생활의 모범이 될 것; 부양 가족의 정당한 욕구는 알맞게만 돌보아 줄 것; 그런 다음에는 자신에게 들어오는 모든 잉여 수입은 단지 자신이 관리하도록 위탁받은 기금으로, 사회에 가장 유익하다고 판단되는 일에 써야 하는 의무만을 지닌 재원으로 생각할 것—그리하여 부의 소유자는 가난한 동포들의 수탁자고 대리자일 뿐이며, 관리에 관한 자신의 뛰어난 지혜와 경험으로 그들이 관리하기보다는 더 나은 관리로 봉사하는 일을 맡고 있을 뿐이다.[4]

이 말은 2008년 미국 금융계의 연쇄 파산 당시, 월 스트리트의 부자 은행가들이 이런 마음가짐을 가지고 있었다면 그런 경제 위기가 오지 않았을 것임을 암시한다.

여기에서 우리는 자연히 한국의 부자들 행태를 되돌아보게 된다. 한국의 부자들은 위의 '부자의 의무'론과 거리가 멀다는 느낌을 안 가질 수가 없다. 부의 축적과 과시와 호사를 일삼을 뿐, 검소하고 수수한 생활로 '잉여 수입'을 사회에 환원하는 일은 그들의 의무라고 생각하지 않는다. 가끔 재벌그룹들이 회사의 재원으로 문화재단을 설립해서 사회복지 사업을 하고는 있으나, 사장·회장들이 개인 사재를 털어서 빈민 구휼사업을 하고 있다는 말은 아직 못 들었다.

국민 전체의 정직성·투명성의 수준이 그리 높지 않고, 부자들은 사적 영리를 넘어서 공익·공리를 위한 '의무감'이 부족하다면, 그것은 아직 수많은 문제를 안고 있는 결격형 자본주의라고 할 수 있다.

내 세대 대부분의 사람들은 절약節約이 몸에 배어 있다. 쌀도 아끼고 종이도 아끼고 연필도 아끼고 모든 것을 다 아껴야 했다. '물 쓰듯 한다'는 물도 아꼈다. 물도 힘들여 길어오든지, '비싼' 수돗물 값을 내야 하든지 하기 때문이다. 가난한 나라, 가난한 살림에서는 '할 수 없이' 부득이 모든 것을 절약해야 살아남을 수가 있었다. 하지만 절약은 가난하다고 해서만 하는 것은 아니다.

베버의 주장은 자본주의 성공엔 절약이 필수임을 시사하고 있고, 카네기의 "부자의 의무"는 부자라도 절약은 의무라고 주장한다. 그래야 자본주의가 성공한다고 말한다. 예로부터 동·서양의 성현들도 줄곧 절약이 덕목이고, 지나친 사치와 낭비는 당자에게도 사회에도 정신적으로나 신체적으로나 해롭다고 타일러 왔다. 그러나 한국처럼 경제가 빈곤에서 풍요로 발돋움한 나라에서는, 절약이라는 덕목이 잊혀져가는 경향이 짙다.

나는 '빈곤의 3단계'를 주장한 적이 있다.

첫째는 빈곤 습복慴伏의 단계다. 긴 세월의 가난을 어찌할 수 없는 운명으로 받아들이고 가난 앞에 엎드려 굴복하고, 따라서 가난 극복의 의지도 없는 단계다. 1960년 이전의 한국이 그 예고, 그 단계에 있는 나라들이 세계엔 아직도 많다.

둘째는 빈곤 도전挑戰의 단계다. 어떤 계기로 인해서 빈곤에 도전하고 그것을 극복하려는 의지와 노력이 충만한 단계다. 한국의 1960~70년대가 그 예다. 근래 중국도 그렇다. 가난이 팔자만은 아니고, '하면 된다'는 기백이 살아나는 단계다. 문제는 셋째 단계다.

셋째는 빈곤 보상補償 또는 빈곤 복수의 단계다. 옛날 가난했던 세월이 억울하고 분해서 그것을 보상하고 그것에 '복수'라도 하려는 듯이, 새로 얻은 부로 사치·과시·방탕을 일삼는 단계다. 그렇게 부를 실용보다는 과시·전시용으로 사용하는 '과시 소비'conspicuous consumption를 한다. 과시 소비는 그것을 지적한 경제학자 베블런Veblen의 이름을 따서 '베블런 효과'라고도 부른다. 이것은 졸부猝富의 단계고, 졸부들은 절약이나 부의 사회 환원에는 조금도 관심이 없다. 최근 중국은 그런 졸부 단계에 진입했고 한국도 아직 졸업하지 못한 단계다.

빈곤의 3단계를 졸업한 풍요사회에서는, 사려가 있는 정말 부자는 카네기의 말대로 부를 과시하지도 않고 낭비하지도 않는다. 절약과 검소 그리고 공익을 위한 부의 사회 환원이 정말 부자들의 생활철학이다. 부자들이 절약하는 돈은 일부는 재투자에 써야겠지만, 그 대부분은 공익 증진과 자본주의가 빚어내기 쉬운 경제 불평등 해소에 경주하는 것이 참된 자본주의 정신이다. 한국의 경제 상층의 각성이 필요한 대목이다.

절약검소의 더 긴박한 이유가 있다. 환경오염과 생태계 파괴가 그것이다. 과거엔 사람들이 살아남기 위해서 절약해야 했지만, 이제는 지구가 살아남기 위해서 절약해야 한다.

지구의 자원에는 명백히 한계가 있다. 땅도 물도 한계가 있고, 광물도 석유도 동식물도 한계가 있다. 1970년대 초에 세계의 석학들이 모여 지구 자원의 한계를 경고한 "성장의 한계"Limits to Growth라는 보고서를 펴냈다. 그러나 그 보고서는 시의적절했음에도 불구하고 당시 시시비비의 논의를 불러일으키기도 했고, 각국의 정부들도 그 보고서에 별로 실제적 관심을 두지 않았다. 그러나 그 경고는 해가 갈수록 점점 더 절실해지고 있다. 혹자는 과학의 발달로 자원의 한계를 극복할 수 있다고 주장하지만, 그런 노력에도 한계가 있을 것이다.

지구의 자원 고갈이 예견되는 미래의 삶에서는 어쩌면 불교의 절간이나 기독교의 수도원 같은 극단적으로 검소한 삶이 생활방식의 전범典範이 되어야 하는 것인지도 모른다. 그렇게까지 최소最小 필수를 감당해야 하는 삶이 아니라도, 최대最大 만족의 추구와 최적最適 만족의 추구를 변별하는 삶의 지혜는 필요할 것이다. 밥은 한 끼 한 그릇이면 충분하고 최적이다. 맛있다고 두 그릇, 세 그릇을 탐하면 도리어 해가 된다.

경제와 창의

인간의 지적 능력, 지력知力은 단순히 지식·정보를 기억하고 그 뜻을 이해하는 능력부터 시작해서, 지식을 응용·분석·종합하고 지적 문제를 평가·비판·해결하는 능력을 거쳐, 새롭고 뜻있는 것을 착상·산출해내는 창조력에 이르기까지 여러 단계의 능력을 포함한다. 앞의 것일수록 단순하고 뻔한 능력이고, 뒤의 것일수록 복잡하고 오묘한 능력이다. 이런 여러 지적 능력을 아주 단순화해서 기억력, 사고력, 창의력의 세 단계로 구분할 수 있다.

이렇게 간단하게 구분할 경우, 우리는 후진국의 경제발전에는 우선 지식의 기억·이해가 필요하고, 중진국의 발전에는 좀 정도가 높은 복잡한 문제를 해결해내는 사고력이 요구되며, 자타가 공인하는 선진국으로 행세하려면 창의력創意力이 필수라는 상관관계를 주장할 수 있다.

경제적 선진국이 되려면, 남의 아이디어나 남의 기술을 빌려와서 모방하고 좀 개량하는 정도를 넘어서서, 독창적인 아이디어와 기술을 창출할 수 있어야 한다. 중국이 아무리 급속하게 경제발전을 한다고 해도 강대국은 될는지 모르나 당분간 선진국은 되지 못한다. 아직은 실질적으로 모방경제고 그 자체의 창의력이 빈약하기 때문이다. 한국 또한 GDP 2만 달러를 넘어섰다 해도 창의력이 부실한 한 자타가 공인하는 선진국 대열에 진입했다고는 할 수 없다.

따라서 얼마 전 새 정부가 들어서면서 경제적 비약의 원동력으로 창의력을 강조하고, 그 일환으로 과학부를 독립시켜 "미래창조과학부"라는 어색한 이름까지 '창조'한 고충이 이해가 간다. 그러나 문제는 창의력 · 창조력이란 여타 지력처럼 그리 호락호락 쉽게 함양하고 발현하게 할 수 있는 능력이 아니라는 데에 있다. 정말 창의력의 함양과 발현을 원한다면 그 함양과 발현이 왜 그렇게 어려운지 그 연유부터 살펴야 한다.

먼저 창의적인 인물의 성격부터 개관해 보면 창의의 출현이 어려운 까닭을 짐작할 수 있다. 창의의 정의는 '새로운', '뜻있는' 것을 '만들어냄'이다. 아무도 몰랐던 새로운, 그러면서도 시시하지 않고 깊은 재미나 쓸모가 있는, 이론 · 기술 · 구상을 만들어냄이다. 창의적인 성격의 특징은 이 정의가 이미 함축하고 있다.

첫째, 창의자, 창의적인 인물은 청개구리의 성격을 가지고 있다. 이리 가라면 저리 가려 하고, 이렇게 생각하라면 저렇게 생각하려는 습성이 있다. 때로는 반항적일 수도 있다. 그래야 남이 모르는 새로운 것을 찾을 수 있기 때문이다.

둘째, 창의자는 타율적인 명령을 싫어하는 지극히 자율적인 인간이다. 이러라고 멍석을 깔아놓으면 하던 일도 안 한다. 남이 '창의하라', '창조하라'고 명령하면 도리어 안 한다.

셋째, 창의자는 집단을 싫어한다. 집단 속에는 기존의 상투적인 생각들만 넘쳐나고 새로운 생각을 찾을 수 없기 때문이다.

넷째, 창의자는 남에게 이용당하는 것을 싫어한다. 창의적 활동은 자신이 하고 싶어 하는 것이지, 남의 하인이나 하수인처럼 일하기를 싫어한다. 따라서 경제발전을 '위하여' 창의가 필요하다는 발상 자체가 모순일 수가 있다.

다섯째, 창의자는 창의적인 아이디어의 실용성이 관심이 아니라 새로운 것을 발견하고 이루어내는 일, 그 자체의 기쁨 때문에 창의적 활동에 열중한다. 호기심이 먼저고 쓸모는 나중이다. 창의자에게는 자신의 창의가 경제발전, 국가발전, 국위선양 등 '고상한' 목적에 도움이 되느냐 아니냐는 별 관심사가 아니다. 창의의 쓸모가 아니라 창의의 기쁨이 창의의 보람이다. 어떤 쓸모를 위해서 창의를 찾으면 그만큼 창의는 도리어 숨어버린다.

여섯째, 창의자는 무서운 정신집중력과 동시에 반대로 축 늘어져 만사를 잊는 망중한忙中閑 또는 망각忘却의 시간을 즐긴다. 정신집중 시에는 문자 그대로 대포 소리도 못 듣고, 망중한의 시간에는 쉬는 일 이외에 만사를 잊어버리고 마음을 '비운다.'

위에 언급한 것은 창의적 성격 특징의 일부다. 이런 창의적 인물의 성격을 가정·학교·직장 등 대개 집단들이 그리 환영하지 않는 데에 창의적 인물의 출현이 어려운 이유가 있다. 창의를 원한다면 집단이 창의자의 이런 '괴팍한' 성격을 받아들이는 아량이 있어야 한다.

창의력에 관한 이론은 많다. 그중에서 나는 특히 창의력의 '사회체제이론'社會體制理論이라고 부를 수 있는 가드너Gardner의 견해에 찬동한다.[5] 그의 주장을 간단히 요약하면, 창의력은 개인individual과 현장field과 영역domain, 세 요인의 상호작용에 의해서 발현한다고 한다.

우선 개인에게 창의적 소질이 길러져 있어야 한다. 그러나 가정·

학교·회사 등 개인이 직접 겪는 생활 '현장'이 그것을 받아주고 길러주는 환경이 아니라면 창의는 발현되지 못한다. 또한 과학계·문학계·예술계 등 개인의 관심 '영역'이 미개하고 특출한 신인에 대해 개방적이 아니면 역시 창의는 발현되지 못한다. 창의의 출현을 바란다면, 창의력이 있어 보이는 개인을 다그칠 것이 아니라 먼저 '현장'과 '영역'의 분위기, 그 정신풍토부터 창의력 출현에 적합하도록 바꿔놓아야 한다는 말이다.

예를 들어, 어떤 아이가 아무리 과학적 소질이 있어도, 가정에서 부모가 과학적인 장난감을 별로 사주지 않거나, 학교에서 과학과목이 등한시되고 실험·실습도 드물다면, 그리고 한국 과학계가 부진하고 거기에 역할 모델이 될 만한 탁월한 과학자도 드물고 사회에서 과학자가 다른 전문직보다 홀대 받는 정신풍토라면 과학의 창의력은 발현되지 못한다. 사정은 음악계·문학계·예술계 등의 문화 영역도 매한가지다.

나는 이 세 요인에 하나 더해서 나라의 전반적인 정신풍토인 '문화'文化라는 넷째 요인도 아울러 제안한다. 예컨대, 한 나라의 문화가 옛날 유교처럼 전통의 묵수를 미덕으로 여기는 정신풍토라면 거기에선 창의력이 자라나지 못할 뿐만 아니라, 그런 문화풍토가 개인·현장·영역의 성격에도 영향을 미치기 때문이다.

창의적인 인물이라고 해서 반드시 지능이 아주 높은 사람은 아니다. IQ가 평균을 넘는 115 이상은 돼야 하지만, 그 이상일 필요는 없다. IQ가 아주 높은 180, 200 등일 경우는 도리어 창의에 방해가 된다. IQ는 기존旣存의 문제에 기지旣知의 답을 찾는 능력일 뿐, 지금껏 없던 미지未知의 문제에 아무도 모르는 미지의 답을 찾는 창의력과는 별 관계가 없기 때문이다. 기존·기지에 너무 능하고 얽매이면 미연·

미지를 찾으려는 창의에 도리어 방해가 된다. IQ보다 더 중요한 것은 앞서 논의한 창의적 성격이다. 창의적 성격의 형성에는 생득적 기질도 작용하겠지만, 그보다는 그런 성격을 받아주고 길러주는 가정·학교·직장, 각 문화영역, 나라 전체의 정신풍토 여하가 더 결정적인 영향으로 작용한다.

창의력의 발현을 그리고 창의적 성격의 형성을 좌우하는 '창의적 정신풍토'란 어떤 것인가? 종합해서 말한다면, 그것은 근본적으로 '부동의不同意의 자유'가 허용되고 장려되는 풍토다. 아빠가, 선생님이, 사장이, 대통령이 이렇다고 말해도, 각종 권위와 전통이 이렇다고 말해도, '나는 그렇게 생각하지 않는다'고 말할 수 있고, 그것을 일단 협의·검토의 자료로 받아들여 주는 풍토다.

부동의의 자유는 지적知的 부동의의 자유일 뿐, 행동적 반항을 의미하지는 않는다. "아빠, 학교엔 꼭 가야 해? 안 가도 되잖아"라고 말한다고 해서, 그것이 곧 학교에 안 가겠다는 행동적 반항을 뜻하지는 않는다. 지적인 회의일 뿐이다. 그것이 일단 협의·토의의 자료로 받아들여지는 정신풍토가 부동의의 자유다. 그러나 대부분 권위들이 그것을 행동적인 반항으로 여기는 것이 창의력을 압살한다.

부동의의 자유는 여러 부수적인 자유를 포함한다. 즉 (1) 호기심, 회의, 질문, 부정의 자유, (2) 연구, 탐색, 실험, 모험의 자유, (3) 발표, 토의, 협의의 자유, (4) 실패의 자유 등을 포함한다. 각 항은 다 명백히 부동의의 자유에서 파생되는 자유기 때문에 일일이 그 예를 들어 설명할 필요는 없을 것이다. 다만 실패의 자유에 관해서는 좀 부연 설명이 필요하다. 어떤 실험을 하려는데 교사나 상사가 "너 실패하면 없어!"라고 위협하면 그 실험의 기가 꺾일 것은 당연하다. 연구소의 연구원이 많은 연구비를 들인 연구가 별 성과 없이 실패했다고 파면되거나 강등된다면 연구의 예기는 꺾이게 마련이다. 아무도 일의 실패를 바라는 사람은 없다. 그러나 사람은, 성공의 경험에서도 배우지만, 실패의 경험에서도 많은 것을 배운다. 실패는 어려운 성공으로 가는 길잡이가 된다. 누군가 "탁월한 전문가는 할 수 있는 실패를 다 겪어 본 사람"이라고 했다.

그렇다면, 창의력은 어떻게 함양하고 발현하게 할 수 있는가? 답은 이미 앞에서 암시했다. 창의력은 교육이나 훈련의 문제기 전에 집단의 정신풍토 여하의 문제다. 창의력은 어떤 씨를 뿌린다고 자라나는 것이 아니라 밭이 좋으면 저절로 솟아나는 능력이다.

몇몇 연구자들이 '창의력 훈련 프로그램'을 제작하고 실험해서 그것을 상업화하는 경우가 있다. 그런 프로그램이 실증적 증거를 기초로 연구· 제작된 것이라면 어느 정도의 효과는 있을 것이다. 그러나 더 긴요한 것은 가정· 학교· 직장 등 대소 집단의 정신풍토를 개선하는 일이다. 그리고 한 집단의 정신풍토의 개선은 거의 대부분 그 집단의 지도자· 지도층의 행태 여하에 달린 문제기 때문에 부모· 교사· 사장이 아이들· 학생들· 직원들의 부동의의 자유를 얼마나 넓게 받아주고 있느냐를 반성하는 것이 창의력 배양의 첩경이다.

우리는 흔히 창의는 다 좋은 것이고, 창의적 인물은 다 소망스러운 인물이라고 생각하고 있다. 그러나 반드시 그렇지는 않다는 점도 염두에 둘 필요가 있다.

창의적 아이디어에는 새롭기는 하지만 그 뜻이 그저 시시하고 별 볼 일 없는 것도 있고, 경제적 관심에서 크게 돈을 벌 수 있는 아이디어도 있고, 나아가 그 뜻이 아주 심대해서 세계에 큰 영향을 미치고 세계 문화사에 깊은 족적을 남기는 것도 있다. 경제적 관점에서 우선 바라는 것은 '돈 벌 수 있는' 창의일 것이다. 하지만 실용적 관심 없이 추구한 창의적 발견·발명·발상이 더 의미 심대한 실용으로 이어지는 경우가 비일비재다. 이 점은 "5. 알아야 하기에"에서 재론한다.

하지만 창의는 기존 사회의 통념과 질서에는 없는 새로운 것 또는 그것에 반대되는 것을 찾는 일이기 때문에 때로는 기존 사회에 갈등이나 비극의 씨가 될 수도 있다. 한 번 투하로 수십만 명의 인명을 앗아간 원자탄의 발견, 또한 그 갈등으로 세계에서 수천 만의 희생자를 낸 공산주의의 발상이 그 예다.

창의자는 세상의 부조리·결함·부족을 남달리 강하게 느끼고 있기 때문에 새로운 것을 찾는다. 따라서 의미심장한 창의일수록 기존 질서와의 충돌 때문에 창의자는 심한 내면적 갈등에 시달릴 수도 있다. 때로는 이단사설로 몰려 사회적 추방을 당할 수도 있다. 물리학의 갈릴레오는 지동설 때문에 종교재판에서 죽음은 면하지만, 죽은 뒤에도 수백 년간 종교 파문을 당했다. 생물학의 다윈도 진화론 때문에 종교 파문과 동시에 거의 은둔자로 여생을 보냈다. 정신분석학의 프로이트도 그의 '심리성 이론' 때문에 오랫동안 의학계의 매도에 시달렸다.

창의적인 인물 중에는 의외로 자살자가 많다. 화가 반 고흐, 철학자 니체, 미국의 헤밍웨이, 영국의 버지니아 울프, 일본의 가이바다, 한국의 김소월도 그 반열에 낀다. 세상의 비리와 모순이 창의자에겐 훨씬 더 통절하게 비치기 때문일 것이다.

철학·문학에서건 예술에서건 또는 사회과학·자연과학에서건 기존질서에 없는 새로운 창의는 큰 뜻을 함축하는 창의일수록 사회엔 새로운 갈등의 씨를 뿌리고 창의자에겐 내면적 불안을 안겨주기 쉽다. 새로운 창의로 인해 있을 수도 있는 사회적 갈등을 현명하게 수용하고 해결하며, 창의자 개인의 불안과 고뇌도 어루만져 주는 정신 풍토가 요망된다.

불평등

사람들 사이에는 여러 가지 개인차個人差가 있게 마련이다. 생김새도 다르고, 키와 몸무게도 다르고, 능력과 생각도 다르다. 개인차 없이 다 똑같다면 그것은 인간 아닌 로봇일 것이다. 사람들은 어떤 점에서는 다 똑같고 어떤 점에서는 다 다르다. 눈·코·입이 있는 것은 다 같고, 그 모양은 다 서로 조금씩 다르다. 특히 인권人權은 다 같지만, 능력은 다 다르다.

그러나 사람들의 신체적 특징의 개인차는, 앞에서도 언급했듯이, 어떤 변고 때문이 아닌 정상인의 경우 대개 1 대 1.5, 더 커야 1 대 2.0 정도 밖에 안 된다. 남자 성인들의 키는 대개 150~200센티미터 사이에 있고, 체중은 대개 50~90킬로그램 사이에 든다.

그런데 갖가지 능력의 장단, 특히 경제적 부의 대소에는 1 대 1.5를 훨씬 넘는 1 대 10, 1 대 100, 1 대 1,000 등 큰 차이가 생기는 경우가 있다는 데에서 갖가지 문제가 발생한다. 시험성적에서는 0점, 10점도 생기고 90점, 100점도 생기고, 한 달 수입이 백만 원도 안 되는 사람도 있고, 천만 원, 일억 원을 넘는 사람도 있다. 미국의 경우, 경제소득이 상위 1퍼센트의 사람들이 국민 전체 소득의 20퍼센트 내

외를 차지하고 있다는 것이 최근 수년간의 통계다. 한국도 상대적으로 중산층이 줄고 빈곤층이 늘어가고 있다는 것이 근래의 통계다. 능력 불평등은 교육자들이 옛날부터 그 대처에 고심하고 있는 문제고, 경제 불평등은 정치 담당자와 경제학자들의 큰 관심사다. 한 나라의 빈부 격차 즉 경제적 불평등의 정도를 통계적으로 추정하는 지니Gini 계수가 그런 관심의 하나다. 지니계수는 0과 1 사이 수치로 나오는데, 불평등의 정도는 0에 가까울수록 적고, 1에 가까울수록 크다. 통상 0.4를 넘으면 불평등이 심한 것으로 본다. 한국의 2010년도 지니계수는 0.31이라고 한다.

더 심각한 것은, 적절한 대책 없이는 '부익부 빈익빈'의 기제가 사납게 작용한다는 문제다. 교육의 경우엔 '우優익우 열劣익열'의 기제다. 자본 1억 원인 사람과 100억 원인 사람을 "자유경쟁이다"라고 방치하면 누가 더 많이 벌는지는 뻔하다. 바둑실력 1급과 9급을 자유경쟁 시키면 그 승부도 싱거울 정도로 뻔하다. 그래서 바둑에서는 9급에게 먼저 아홉 점을 깔아놓게 하고 시작한다.

경제적 불평등과 능력의 불평등은 상관이 깊다. 즉 능력 불평등이 경제 불평등의 원인이 되고, 당시 경제 불평등이 능력 불평등을 낳을 수 있다. 따라서 앞서 "사회계층"에서도 언급했듯이, 나라 안의 빈부 격차를 좁히려는 정책에서나 나라 밖의 경제적 후진국을 원조하는 정책에서나 가난을 직접 구제하려는 물질적 원조보다는 능력을 길러주는 교육적 지원이 좀 우회적이지만 결국에는 더 효과적이라고 주장하는 논자들이 많다. 나도 동의한다.

물론 능력 이외에도 빈부의 불평등을 빚어내는 요인은 많다. 앞에서도 언급했듯이, 루소는 경제적 불평등은 토지 사유제에 그 기원이 있다고 주장했다. 그렇다고 지금에 와서, 공산주의 혁명을 일으키기 전에는 토지 사유제를 번복할 수는 없다. 또 현존 공산주의 사회에서도 빈부 격차가 해소된 것은 아니다. 지금 중국사회의 빈부 불평등은 극심하다.

자본주의 경제체제는 부자에게 더 과세하는 누진세율 등 적절한 시책 없이는 빈부 격차를 낳고, 그 격차가 부익부 빈익빈의 기제에 따라 심화되어 갈 가능성이 크다. 따라서 이에 대한 적절한 시책이 어떤 것이냐라는 문제는, 경제성장 과제와 동시에 모든 정부가 부심해야 할 문제다. 그 밖에도 과학의 발전으로 인한 산업구조의 변화, 국제경제의 급격한 변동, 금융위기, 외환위기 등 빈부 격차 심화의 원인이 될 수 있는 요인들은 많다. 하지만 이 또한 경제학자가 부심해야 할 문제고, 그 논의는 나의 능력 밖의 일이다.

그러나 하나 확실한 것은 경제활동이란 '일'을 한다는 뜻이고, 그러하기에 일을 해낼 수 있는 능력이 있어야 한다는 사실이다. 일컬어 '직업능력'이다. 직업능력은 물론 각각 직종에 따라 다를 수 있다. 예컨대, 기술계 직종과 경영계 직종은 그 적성이 다를 것이다. 하지만 모든 직종에 공통적으로 필요한 기본적인 여러 지적, 정서적, 윤리적 특성들도 있다.

그런 지적 능력에는 독·서·산의 능력은 물론 기본적인 과학적 지식, 사회생활에 관한 지식도 포함되어야 한다는 것은 당연하다. 이런 뜻에서는 초·중등학교 교육은 넓은 뜻의 직업교육의 시작이다. 1950년대 거의 개학皆學이었던 한국의 초등교육이 1960~70년대 경제발전의 원동력이 된 것도 그 때문이다.

정서적 특성에는 일하려는 의욕이 우선이다. 오랜 가난의 저개발

사회에서는 일을 하려는 의욕 자체가 꺾여 있기 쉽기 때문이다. 심리학자 매클리랜드McClelland가 경제성장에 필수라고 강조한 성취동기成就動機 즉 일하기를 원하고 여러 어려움을 극복하며 그 일을 훌륭하게 해내려는 의욕은 오랜 가난에서는 기대하기 어려워진다. 가난에 찌든 빈민층, 빈곤의 후진국엔 어떻게든 일 할 의욕부터 일깨워야 한다. 아니면 아무리 물질적 원조를 해도 별 효과가 없다.

윤리적 특성도 포함된다. 근면이 의무고 미덕이라는 신념인 '일의 윤리'work ethics가 그 시작이다. 나아가 시간·약속·신용을 지키고, 하는 일이 사회공익에 필수라는 자부심과 의무감까지 포함하는 '직업윤리' 또는 '전문윤리'도 긴요한 직업능력이다.

직업 수행에 요구되는 이런 지적·정서적·윤리적인 특성들이 어떤 교육 또는 어떤 시책으로든 길러져야 자신 또는 나라의 빈곤에서 벗어날 가능성이 생긴다. 그런 능력을 직접 직업과 관계되는 직업교육·직능훈련 프로그램으로 기를 수 있고 또 그래야 할 필요도 있다. 하지만 가장 효능적이고 '전천후적인' 직업교육은 일반 교양이 목적인 초·중등학교 교육이라는 사실을 새삼 되새길 필요가 있다. 그리고 초·중등학교에는 '직업의 세계'를 개관하는 프로그램이 어디엔가 포함되어 있어야 한다. 지금은 그런 프로그램이 거의 없다.

해방 후 1950~60년대 미국의 경제 원조가 당시 빈국이었던 한국의 경제에 큰 도움이 되었던 것은 부인할 수 없다. 그 경제 원조는 물질적 원조만이 아니었다. 교육 원조가 큰 부분을 차지했다. 전란으로 폐허가 된 학교건물을 복구하고 증축도 하고 각종 시설과 교구를 마련하는 데에, 그리고 여러 유학·훈련·시찰을 위한 '인사 교류' 프로그램을 진행하는 데에 막대한 원조가 있었다. 그것이 한국 특유의 높은 교육열과 맞물려서 1960~70년대의 경제발전의 원동력을 형성하는 데에 큰 힘이 되었다.

앞에서도 언급했듯이, 근자에 경제학자들 사이에서도 후진국에 대한 물질적 원조만으로는 '깨진 독에 물 붓기'로 그 경제성장에 별 도움이 안 될 뿐만 아니라 도리어 의타심만 기른다고 주장하는 이들이 있다. 그보다는 좀 우회적이지만, 여러 교육 프로그램을 원조해서 스스로 일하고 자립할 수 있는 지적·기술적, 정서·윤리적인 역량을 길러주는 것이 더 효능적이라는 것이다. 근래 한국도 한국국제협력단 KOICA를 구성하여 아프리카, 남아시아 등의 후진국에 경제원조를 활발하게 추진하기 시작했다. 그 원조 프로그램에 위의 견해를 적절히 참고할 만하다.

현대의 초·중등학교 교육은 실은 아이들이 부모의 빈부를 대물림하는 것을 막기 위한 역할도 그 사명의 일부다. 옛날엔 학교는 지배층·부유층의 전유물이었고, 피지배층·빈한층은 학교에 못 갔다. 그에 따라 빈부는 대물림으로 점점 그 격차가 커져 갔다. 현대의 학교는 모든 계층의 모든 아이들이 다니면서, 경제생활을 포함한 사회생활에 긴요한 기본적인 지적·정서적·윤리적 역량을 길러서 빈부 격차를 좁히게 하려는 것이 그 역할의 일부다.

그러나 현대의 학교들은 대부분 그 역할에 실패하고 있을 뿐만 아니라 도리어 경제 불평등의 심화를 방조하고 있다. 학교교육이 부실해서 학생들의 학습성과에 우열의 개인차가 점점 심해지고, 그 교육적 부익부 빈익빈이 훗날 경제적 부익부 빈익빈으로 이어질 수 있기 때문이다.

대부분의 교사는 어떤 학생이 공부를 잘 못하고 처지면 그것은 학생 자신의 탓, 그의 지능·게으름·가정환경의 탓으로 여길 뿐, 교사 자신의 교육방법의 탓이라고는 생각하지 않는다. 그러나 교사의 교육방법을 획기적으로 바꾸면 이론적으로는 90퍼센트의 학생을, 실제적으로도 80~85퍼센트의 학생을 실질적인 우등생이 되게 할 수 있다. 일컬어 '완전학습'의 이론이고 실제다.

그 교육방법의 요체는 다음과 같다.

모든 학생은, 아무리 수재·천재라도 어떤 일의 학습과정에서 반드시 몇 번은 실수·오류·졸렬을 범하게 마련이다. 교사가 그 실수를 발견해서 교정해 주면 그 결함이 시정되기도 하려니와, 더 중요한 점은 다음 과제의 학습이 순조로워진다. 그런 오류의 발견·교정 없이는 학습도 부실해지지만, 더 심각한 문제는 다음 그리고 그 다음의 학습이 점점 더 부진·부실해지면서 그 학생은 점점 열등생으로 전락한다는 것이다. 이른바 '학습결손의 누적'이다. 수학이나 영어 공부에서 앞의 것을 모르면 뒤의 것은 점점 뭐가 뭔지 알 수 없는 오리무중이 되는 경우다. 이 문제는 "8. 모두 다 잘 배운다"에서 다시 거론한다.

집단식·강의식 교육, 시험 보고 점수만 매기고 실수·오류는 교정해 주지 않고 그대로 다음 학습으로 진행하는 교육은, 우리 교육의 현실이 그렇듯이, 학습성적의 개인차를 점점 더 넓혀가고, 결국 경제 불평등에 '기여'하게 된다.

학교의 교육방법을 획기적으로 혁신하면, 교육은 경제 불평등을 좁히는 원동력이 될 수 있다. 문제는 그런 교육 혁신이 쉽지 않다는 데 있다.

5

알아야 하기에

앎
의미의 망조직
인식론
이론과 실제
과학 · 철학 · 예술

앎

사람은 많은 것을 알아야 어엿한 사람이 된다. 그래서 인간의 대뇌는 다른 동물에 비해서 유난히 크다. 생활 주변의 사물들 그리고 그들 속의 이치理致들을 잘 알아야 살아남을 수도 있지만, 큰 대뇌를 앎으로 채워가는 일 자체가 어떤 골똘한 궁금증을 풀었을 때처럼 기쁨이기도 하다. 아이들은 서너 살이 되면 귀찮을 정도로 '왜?... 왜?'를 달고 산다. 만사가 궁금해서다.

사람이 사물의 이치를 알아낸다는 것은 실은 아주 신기한 정신작용이다. 그래서 안다는 것이 무엇이며, 어떻게 해서 알게 되느냐라는 것 자체가 궁금해서 옛날부터 철학에서는 인식론認識論이 활발했고, 근래에 들어와서는 인지認知심리학, 학습심리학이 그 연구에 바쁘다. 최근엔 신경생리학도 인지의 문제에 관여하고 있다.

나는 공부하는 일이 직업이면서도 '안다', '학문한다'는 것 자체가 무슨 뜻이고 무엇을 하는 것인지를 대학시절엔 잘 모르고 그저 공부했고, 학자라는 이름으로 대학교수가 된 후에도 한 십 년 동안 그 뜻을 명확하게 인식하고 있지 못했음을 고백한다. 그 뜻이 조금씩 뚜렷해지기 시작한 것은 과학철학科學哲學의 소론을 접한 다음이다.

다음은 그 영향을 받은 후의 내 생각이다.

나는 우선 앎이란 '다양성의 통일'이라고 간결하게 정의해 본다. 앎이란 다양하고 혼잡하고 변화하는 삼라만상의 현상들 속에서 어떤 공통점 · 항상성 · 규칙성 · 질서를 포착해내서 그 현상들을 통일하는 것을 뜻한다.

갓난아이는 얼마 지나면 '엄마'를 알게 된다. 감각적 경험으로는 웃는 엄마, 시무룩한 엄마, 화난 엄마가 다 다르고, 빨간색 옷의 엄마, 푸른색 옷의 엄마, 연두색 옷의 엄마도 다 다르다. 하지만 그런 다양한 경험들 속에서 언제나 '길쭉하고 흰 얼굴'이라는 공통점 · 항상성을 포착해내면 '엄마'를 알게 된다. 또 그 '엄마'가 언제나 '배고프면 젖 준다'는 규칙적인 관계가 있다는 것을 파악하면 둘 사이의 법칙관계 · 인과관계를 알게 된다.

구름들은 그 모양과 색이 다 다양하게 다르다. 하지만 다 희거나 회색으로 하늘에 떠 있고, 해를 가리면 햇빛이 좀 약해진다는 공통점을 포착한 것에 붙인 이름이 '구름'이다. 구름이 꺼멓게 짙어지면 비가 온다는 관계를 짐작해내면 구름과 비의 법칙관계를 알게 된다. 나아가 구름, 기압, 기온, 비, 눈, 바람 사이의 관계를 포착하면 그것이 기상학의 시초다. IQ가 높으면 공부 성적이 높다. 또는 집단수업보다 개별수업이 학습효과를 더 올린다라는 관계를 알게 되면 그것이 교육학의 시작이다. 이런 앎의 과정에서 다양성의 통일은 두 단계에서 작용한다.

우선 다양성 통일의 첫 단계는 '개념'概念concept 형성에서다. 위의 예에서 엄마, 젖... 구름, 기압, 비... IQ, 개별수업, 학습효과 등의 낱말들은 다 제각기 개개 사물들 또는 현상들을 그 공통점·유사점으로 개괄·종합·통일한 개념들이다.

개념은 개개의individual 실체가 아니라 여러 개개의 실체에서 어떤 공통점을 추출·추상抽象해낸 즉 뽑아낸 상념想念이다. '구름'은 오늘의 이 흰 구름, 어제의 그 검은 구름을 지적하는 말이 아니라 '하늘에 둥실 떠 있는 것'의 총칭이다. 인간에게 독특한 '말'은 거의 다 그런 추상된 일반적general이고 추상적인 개념이다. 다만 서울, 이철수 등 고유명사는 예외다.

따라서 '그 개념이 추상적이다'라고 나무라듯 비방하는 것은 어불성설이다. 개념은 따라서 말도, 고유명사를 제외하고는, 다 본시 추상적이다. 다만 '그 개념이 막연하다'는 비방, 개념의 정의定義가 어떤 사실에 근거하는지 분명치 않아 무슨 말인지 잘 모르겠다는 비방은 있을 수 있다.

다양성 통일의 둘째 단계는 사물과 사물, 따라서 개념과 개념 사이에 어떤 규칙적 관계 즉 '법칙'法則law을 파악하는 단계다. '구름이 짙어지면 비가 온다'는 말은 구름과 비의 규칙적인 관계 즉 한 법칙이다. 이 말은 어디서나 언제나, 한국·중국에서나 옛날·오늘에서나 일어나는 무수한 구름과 비의 관계들을 그 한마디로 종합·통일하는 말이다. 'IQ가 높으면 공부를 잘한다'는 말도 IQ와 공부의 규칙적인 관계를 뜻한다. 누구나 언제나 어디서나 무수한 학습 장면에서나 다 그렇다고 통일한 일반적인 진술陳述statement이다. 따라서 규칙적 관계의 진술도 수많은 현상에서 추출한 또는 추출할 수 있다고 가정하는 추상적인 진술이다.

개념들이 결합해서 법칙을 형성하고, 서로 관련되는 법칙들을 체계적으로 종합한 것이 이론理論theory이다. 그리고 한 영역 안에 여러 이론들을 관련지어 정리한 것이 한 학문 내지 학과discipline다. '안다', '공부한다', '연구한다', '학문한다'는 것은 결국 적절한 개념·법칙·이론을 포착하려는 활동이다. 출발점의 개념이 그렇듯이, 법칙이나 이론 그리고 학문도 본래 근본적으로 추상적이고 일반적인 것이다. 그래서 학문을 '언제나 어디에서 그렇다'는 보편타당성普遍妥當性의 추구라고도 한다. 그런 추상적인 보편타당성이 있어야 넓게 여러 구체적인 특수 상황에 법칙·이론 등을 적용해 볼 수 있다. 단, 법칙과 이론은 추상이기 때문에 그 응용에는 실제의 구체적 사항을 참작해야 한다.

위에서 앎의 과정의 골자만 논의했는데, 앎의 과정에는 많은 문제가 가로놓여 있다. 어떻게 하면 개념을 분명하게 그리고 모든 사람이 같은 뜻으로 이해할 수 있게 정의하느냐는 실로 상당히 까다로운 문제다. 예컨대, IQ 즉 지능을 어떤 이는 '학습능력'이라고, 또 어떤 이는 '문제해결력'이라고, 또 다른 이는 '환경적응력'이라고 정의한다. 어떤 이는 지능을 '언어능력', '산수능력', '공간지각능력'이라고 하고, 또 어떤 이는 거기에 '음악능력', '인간관계능력'도 포함시킨다. 또 다른 이는 아예 지능을 '지능검사가 재는 것'이라고 정의한다. 보통 사람들은 지능하면 그저 '머리 좋은 정도'라고 받아들인다. 어떤 형식의 정의가 적절하냐는 문제로 남는다.

두 사상의 규칙적인 관계 즉 법칙에도 여러 가지가 있다. 자연과학의 법칙처럼 명확하고 거의 예외가 없는 엄밀한 법칙도 있고, 사회과학의 법칙처럼 좀 흐리멍덩하고 예외가 많은 엉성한 법칙도 있다. 엉성한 법칙이라도 그만큼 현상을 이해하는 데에 도움이 되기 때문에 없는 것보다는 낫다. 또 버스 좌석에 같이 앉은 두 사람 또는 봄에 같은 시기에 피는 진달래와 개나리처럼 그저 둘이 같이 있거나 같이 일어나는 단순한 동반同伴관계도 있고, 성냥을 그으면 불이 켜지고 또는 봄에 씨 뿌리면 여름에 꽃이 피는 것 같은 하나가 다른 것의 원인인 인과因果관계도 있다.

특히 두 현상 사이의 여러 규칙적 관계 중에서 인과관계를 포착하는 일엔 잘못 짚을 함정이 많다는 것에는 좀 긴 논의가 필요하다. 일상생활에서도 학문에서도 '무엇', '어떻게'가 관심이기도 하지만, 가장 궁금하고 절실한 질문은 '왜'다. 서너 살짜리 아이들이 귀찮을 정도로 연방 "왜? 그건 또 왜?"라고 물어대는 것도 그 때문이다. '왜?'는 인과관계를 묻는 질문이다.

사람들은 대개 두 현상이 공간적·시간적으로 공존共存하면 그 사이에 인과관계가 있다고 속단하는 버릇이 있다. 그러나 공존관계라고 다 상관관계 또는 인과관계인 것은 아니다. 도리어 그렇지 않은 경우가 더 많다. 성냥을 긋는 것과 불이 확 일어나는 것은 거의 동시적이다. 그래서 그 두 사상 사이에 인과관계가 있다고 생각한다. 그러나 도박에서 어쩌다 큰 기침을 했더니 장땡 패가 나왔다고 다음에도 기침하면 장땡이 나오는 것은 아니다. 큰 기침과 장땡에는 인과관계가 없다. 어쩌다 우연히 '까마귀 날자 배 떨어진 것'을 인과관계로 보는 경우가 아주 흔하다.

감기가 들어서 어떤 약을 먹었더니, 다음 날 감기가 나았다고 하자. 그래도 그 약이 감기가 나은 원인이라고 속단할 수는 없다. 자연히 나을 때가 되어서 나았을 수도 있고, 전날 밤에 잠을 곤히 잘 자서, 또는 물을 많이 마셔서, 또는 친구들과 흥겹게 잘 놀아서, 또는 날씨가 쾌청해서 등 동시에 일어난 여러 일들이 원인일 가능성도 있다. 엄밀히 따지자면, 이런 다른 가능성들이 작용하지 않았다는 이론적 또는 실증적 증거를 대기 전에는 약 때문이라고 주장할 수는 없다.

남양의 어떤 섬에 측후소(기상대)를 세웠다. 내일 폭풍이 올 것 같으면 지나가는 선박을 위해 빨간 기를 올려서 폭풍을 경고하곤 했다. 섬의 원주민들이 얼마 동안 보기에 그 측후소에서 빨간 기가 올라갈 때마다 다음 날 폭풍우가 몰아쳐 많은 피해를 입었다. 그들은 화가 나서 그 측후소를 부숴 버렸다. 폭풍우의 인과관계를 잘못 짚은 것이다. 이런 인과관계의 오판은 현대인인 우리에게도 수없이 많다.

인과관계엔 성냥과 불처럼 동시적인 인과관계, 또는 오늘의 예금과 1년 후의 이자처럼 단기적인 인과관계도 있지만, 초등교육과 20년 후의 경제발전과 같은 장기적인 인과관계도 있다. 두 현상 사이가 수백 년, 수천 년인 역사적 인과관계도 있다. 둘 사이의 시간적·공간적 거리가 길수록 인과관계 파악이 더 어려워진다.

여러 연구에서, 특히 사회과학계의 연구에서, 상관계수相關係數 방법을 많이 쓴다. X와 Y의 상관계수가 높으면 으레 X가 Y의 원인이라고 속단하기 쉽다. 그러나 상관관계가 언제나 X가 Y의 원인이라는 인과관계를 뜻하지는 않는다. 둘 사이에 상관관계가 나타나면 원칙적으로 네 가지 가능성이 있다. (1) X가 Y의 원인인 경우, (2) Y가 X의 원인인 경우, (3) 또 다른 변수 Z가 X와 Y의 원인인 경우, (4) 순전히 우연인 경우다. 이 중 (3), (4)는 이른바 허위상관spurious correlation이다. 가령 공장에서 종업원의 근무시간 지키기와 그의 생산량과 상관이 높았다고 하면, 근무시간 지키기가 생산량의 원인이 아니라 종업원의 '근면성'이라는 Z가 원인일 수도 있다. 그리고 순전히 우연한 상관관계도 꽤 많다.

인과관계 포착이 쉬운 일이 아닌 이유는, 'X가 Y의 원인이다'라고 할 경우 원칙적으로 우리가 볼 수 있는 것은 X현상과 Y현상일 뿐이고 '원인이다'는 볼 수 없기 때문이다. '성냥 긋는 것'과 '불이 나는 것'은 볼 수 있어도 '원인 작용' 자체는 볼 수가 없다. 그저 인과관계는 여러 상황으로 미루어 짐작해낼 도리밖에 없기 때문이다. 그래서 영국의 철학자 흄Hume(1771-1776)은 인과관계는 어떤 객관적인 법칙으로 확증할 수 있는 것이 아니고, 그저 자주 반복되는 현상으로 습관화된 '믿음', 신념일 뿐이라고 했다. 인과율을 결정론이 아니라 확률론으로 본 셈이다. 어떤 철학자는 아예 사람에겐 인과관계를 포착하는 본능이 있고, 다만 그렇게 포착한 인과관계가 자주 빗나가는 경우가 많다고 단순화해 버리기도 한다.

그래도 인과관계의 확신을 더 굳힐 수 있는 길은 있다. 즉 X와 Y의 관계에서 제 3요인 Z을 동원해서 X와 Z 그리고 Z와 Y의 법칙관계가 성립되면, 그 X와 Y의 인과관계에 더 확신을 가질 수 있다.

예컨대, '지능(X)엔 언어능력(Z)이 포함되어 있다'가 성립되고, '언어능력(Z)이 있으면 언어를 많이 쓰는 학교공부(Y)를 잘하게 된다'도 성립되면, 우리는 지능(X)이 성적(Y)의 한 원인이라고 확신을 더하게 된다. 이 말은 한 인과관계는 그것이 여러 법칙관계의 '그물', 망網 속에 짜여져 들어가 있을수록, 우리는 그 인과관계를 그만큼 더 확신하게 된다는 말이다.

그러나 빨간 기(X)는 측후소(Z)가 올렸다; 측후소(Z)는 폭풍우(Y)를 일게 하는 힘이 있다. 그래서 빨간 기(X)는 폭풍우(Y)의 원인이다는 성립되지 않는다. 왜냐하면 측후소(Z)가 폭풍우(Y)를 만드는 힘이 있다는 관계는 성립되지 않기 때문이다.

인과관계의 판단에는 함정과 오류가 많고, 또 그래서 그 오류를 바로잡느라고 학문도 계속 발전할 수 있는 것인지도 모른다.

의미의 망조직

안다는 것은 이 세상이 '알 수 있는' 세상이라는 생각을 전제로 한다. 세상을 알 수 있다는 생각은 이 세상의 삼라만상 뒤에는 어떤 법칙·질서가 있다는 믿음을 뜻한다. 아침엔 언제나 해가 뜨고, 봄 다음엔 언제나 여름이 오고, 물은 언제나 위에서 아래로 흐르고, 사람들은 슬프면 울고, 남의 물건을 훔치면 벌을 받고, 돈을 벌면 소득세를 내야 하는 등은 다 이 세상에 질서秩序가 있음이다. 이 세상이 완전히 뒤죽박죽이라면 아무것도 알 수도 없으려니와 알고자 하는 생각도 안 날 것이다.

이 세상 삼라만상이 때로는 어찌할 '도리'가 없이 엉망인 혼돈混沌으로 보일 때가 있다 해도 그 뒤엔 어떤 정연한 질서가 깃들어 있다고 보는 생각을 나는 '질서세계관'이라고 불러본다. 그리스 신화에서는, 태초의 세계는 모든 것이 뒤죽박죽인 혼돈chaos이었는데, 거기에 이치logos라는 일종의 불火에 의해서 질서가 잡히면서 우주cosmos가 생겨났다고 보았다. 기독교도 그 사상을 수용하면서 logos를 신神의 지혜, 신의 말씀 또는 신 그 자체로 생각하기도 했다. 바이블 요한복음 첫머리에 다음과 같이 적혀 있다.

> 태초에 말씀이 계시니라. 이 말씀이 하나님과 같이 계셨으니 이 말씀은 곧 하나님이시니라. 그가 태초에 하나님과 함께 계셨고, 만물이 그로 말미암아 지은 바 되었으니 지은 것이 하나도 그가 없이는 된 것이 없느니라.

이 구절의 '말씀'은 곧 logos다. 만물에 다 logos, 이치가 들어 있다는 질서세계관이다. 갈릴레오Galileo(1564-1642)가 "신은 수학이라는 언어로 우주를 썼다"고 말한 것도 우주의 구석구석에 수학처럼 정연한 논리·이치가 깃들어 있다는 질서우주관이다.

고대 중국의 노자老子가 그의 『도덕경』에서 여러 가지로 알쏭달쏭하게 정의한 '도'道도 그 나름의 질서세계관을 반영한다. 道는 이치理致라는 뜻도 있다. 유교의 삼경三經인 『서경·시경·역경』도 그리고 불교의 『반야경』, 『금강경』도 그 나름의 질서세계관을 함축한다. 經은 법法이라는 뜻도 있기 때문이다.

우리는 어떤 복잡한 문제가 도무지 풀리지 않을 때면 이 세상이 뭐가 뭔지 알 수 없는 혼돈의 세상이라고 망연자실할 때도 있다. 그러나 그럴 때일수록 어디엔가는 길이 있고 도리가 있고 이치가 있을 것이고 그 이치를 알아만 내면 문제도 풀리고 길도 나설 것이라는 질서우주관의 신념을 스스로 환기해야 한다. 옛날부터 무수한 발명가·발견가·학자들이 그랬다.

질서우주관의 연장선상에서 나는 우주의 삼라만상 뒤에 어떤 거대한 투망과 같은 '의미意味의 망조직網組織'이 있다고 가상해 본다.

그 망조직 속의 매듭들은 제각기 어떤 의미를 지닌 '개념'들이고, 매듭과 매듭을 연결하는 실들은 제각기 의미가 있는 어떤 '법칙'들이다. 법칙은 인과관계만 아니라 단순한 공존관계, 공통성, 유사성 또는 그저 한 연상聯想일 수도 있다. 인과관계는 금색 실이고, 공통성·유사성은 은색 실, 여러 연상들은 파란색·빨간색·노란색들의 실이라고도 가상하자. 달과 바다의 간만은 인과관계고, '꽃이 열흘 가지 않고 달도 차면 기우나니'는 유사성이고, 달 보며 하는 애인 생각은 연상이다.

이 의미의 망조직은 오색찬란한 거대한 투망과 같은 그물이다. 그 투망의 아랫부분은 의미는 있지만 별 큰 의미를 지닌 부분은 아니고, 포착하기도 이해하기도 쉬운 흔하고 덜 찬란한 부분이다. 위쪽으로 올라갈수록 매듭도 크고 실도 굵직하고 현란해지면서, 그만큼 더 의미심장한 개념들이 다른 개념들과 의미 심대한 관계를 형성하고 있다고 가상하자.

하지만 문제는, 그 자체는 그렇게 거대하고 찬란한 망조직이지만, 우리 인간에게는 현실의 번잡한 안개 속에 가려서 극히 희미하고 가물가물하게만 보이며, 그 윗부분으로 올라갈수록 더 짙은 안개 속에 잠겨 비상한 노력 없이는 거의 보이지 않는다는 점이다. 그래서 천동설 속에서 지동설을 착상해내는 데 그렇게 긴 세월이 걸렸고, 만유인력의 법칙·진화론을 알아내고, 상대성이론·DNA를 찾아내는 데에 그렇게 오랜 세월이 필요했다. 그리고 맨 윗부분은 아마도 조물주만 아는 극비의 부분으로 인간이 접근할 수 없는, 아직은 또는 영영 접근이 불가능한 부분이라고 해두자. 혹 칸트가 우리의 경험으로는 알 수 없는 '물자체'物自體의 세계가 있다고 한 것이 그게 아니었을까?

이렇게 가상한다면 결국 '안다', '학문한다'는 것은 이 의미의 망조직에 끝없이 접근해간다는 말이 된다. 그리고 우리가 세계를 많이 안다고 하지만, 뉴턴의 말대로 우리가 아는 것은 '넓은 바닷가 모래

밭의 모래 한 알'에 불과하고, 그래서 학문은 계속 발전해 간다.

여기서 하나 밝혀 두어야 할 점이 있다. '의미의 의미'에 관해서다. 의미意味meaning에는 서로 다른 두 가지 의미가 있다. 예컨대, "IQ라는 것이 무슨 의미냐?"라고 묻는 것은 IQ 자체의 '정의'를 묻는 것이고, "IQ가 무슨 의미가 있느냐?"라고 묻는 것은 IQ와 다른 것과의 '관계'를 묻는 것이다. 즉 IQ가 학교성적과 무슨 관계가 있느냐를 묻는 것이다. "이번 선거의 의미가 무엇이냐?"라고 묻는 것도, 선거라는 것이 무엇이냐라는 선거의 정의를 묻는 것이 아니라, 이번 선거가 어떤 정치적 변동으로 이어질 것인가를 묻는 질문이다.

따라서 어떤 논자는, 자체 정의로서의 의미는 그대로 '의미'라고 하고, 다른 것과의 관련으로서의 의미는 '의의'意義significance라고 하자고 제안하기도 한다. 그러나 사람들은 두 가지를 다 의미라고 혼용해서 쓰고 있다. 그래도 의미에 두 가지가 있다는 것은 구분해야 한다.

자체 정의로서의 의미는 명확하지만, 다른 것과 별 관계가 없는 '의의 없는' 개념은 삶에도 학문에도 별 도움이 안 된다. 예컨대, 한때 '두뇌지수'라는 개념을 제안한 사람이 있었다. 그 정의로서의 의미는 명확하다. 두뇌의 전후 길이와 좌우 길이의 비比다. 그러나 두뇌지수는 IQ와도 관계없고 학교성적과도 아무 관계가 없는 '의미가 없는' 개념으로 밝혀졌다. 의미심장한 개념은 그 정의에 명확한 의미도 있고 다른 개념들과의 풍부한 관련으로서의 의미도 많다. 그런 것이 학문이 찾은 개념이다.

의미의 망조직은 진리眞理의 망조직이기도 하다. 망조직 속의 매듭인 개념들을 잇고 있는 실 즉 관계가 참된 것이면 그것이 진리기 때문이다. 위에서 의미의 망조직은 찬란하면서도 안개 같은 베일 속에 가려 있다고 한 것은 곧 진리도 베일 속에 가려 있다는 뜻이다. 그래서 나는 '진리의 생태학'이라고 이름 붙인 가상도 해본다.

진리는 의미의 망조직이 조밀하고 광대한 만큼 세상에 수도 없이 많다. 그러나 진리는 숨어 있다. 희한한 진리, 결국에는 심대한 의의를 지니는 진리일수록 구중궁궐 속의 요조숙녀처럼 깊이 숨어 있다. 그리고 그럴듯해 보이지만 실은 허위인 겹겹의 베일 속에 더 깊이 숨어 있다.

그러다가 어떤 자가 진리를 출세나 치부 등 어떤 목적에 써먹으려고 귀찮게 찾아오면 진리처럼 보이는 맨 겉의 그럴듯한 베일을 벗으며 좋다고 가져가게 한다. 가져가서 그것이 진리가 아닌 것을 알고 다시 접근해 오면 그 다음의 더 그럴듯한 허위의 베일을 벗어준다. 다음 다음엔 더 더 그럴듯한 베일을 벗어주면서, 좀처럼 제 본연의 모습을 드러내지 않는다.

하지만 어떤 사람이 진리를 그저 그 자체로서 골똘하게 사랑하기 때문에 찾아오면 깊은 속의 베일을 벗어 보이면서 그 본연의 자태를 어렴풋이 보여 준다. 그러나 그렇게 더 깊은 접근은 허용하면서도 진리 본연의 모습은 끝내 보여 주지 않는다. 조물주만 그 모습을 안다. 이 진리의 생태학은 아래에서 인용할 과학철학자 포퍼Popper주장의 은유다. 위와 같은 진리의 생태를 상상해 보는 데에는 몇 가지 이유가 있다.

첫째, 진리는 그것을 출세나 치부 기타 어떤 다른 목적을 위한 쓸모로 이용하고 써먹으려는 욕심에는 그 자태가 잘 보이지 않는다는 점이다. 쓸모를 찾는 욕심에서는 마음이 급해지고 시야가 좁아져서 그럴듯한 허위를 진리로 덥석 움켜잡기 쉽기 때문이다. 물에 빠진 자가 먼 데서 흘러오는 통나무는 못 보고, 급해서 가까운 곳의 지푸라기를 잡는 격이다.

노자도 그의 『도덕경』 첫머리에 "언제나 욕심이 없으면 사물의 오묘한 곳을 보게 되고, 언제나 욕심이 있으면 사물의 번들번들한 겉모양만 보게 된다"常無欲觀其妙 常有欲觀其徼고 했다.[1] 진리에 대한 순수한 호기심이 그 실용의 관심보다 진리를 더 잘 보고 더 잘 찾을 수 있다는 말이다. 기실 의미 심대한 발견·발명, 예컨대 증기기관의 발명, 세균의 발견, 페니실린의 발견, 원자력의 발견, DNA의 발견 등은 애당초 실용에는 관심없는 순연한 호기심이 그 동기였다.

둘째, 진리는 '이것이 진리다'라고 꼭 집어 실증實證verify할 수는 없고, 다만 '이것은 아직 진리가 아닌 것은 아니다'라는 식의 이중의 반증反證falsify으로 인지할 수밖에 없다는 점이다. 과학철학자 포퍼의 말이다.[2] 한 이론은 일단 그 증거가 있어도 '이것이 이제 최종적·절대적으로 진리다'라고 주장할 수는 없고, (그것은 조물주만 알고 있을 뿐), 다음에 '그게 아니다'라는 반증이 나올 때까지 잠정적으로 진리로 받아들일 수밖에 없다는 것이다. 모든 학문 연구의 결론은 사상事象의 전집이 아니라 그 일부인 표집sample에서 얻을 수밖에 없다는 결론이기 때문이다.

통계방법에서 영가설null hypothesis 방법은 이런 이중 반증을 반영한다. 예컨대, A반과 B반의 수학 성적 평균이 80 대 85였을 때, 그만한 차이로 'A반보다 B반이 수학을 더 잘한다'고 단정할 수 있느냐가 문제가 된다. 그 차이가 그저 우연의 차이일 수도 있기 때문이다. 이때 A반과 B반의 수학실력에 차이가 '없다' 즉 0이라고 가정하고, 그런 경우 그 5점의 차이가 우연히 나올 확률이 '아주 적다'면 차이가 있는 것으로 보는 것이 영가설 방법이다.

셋째, 이중 반증의 주장은 인간이 알아내는 모든 진리는 영원한 절대적인 진리일 수 없고, 언제나 하나의 '가설'로 받아들여야 한다는 뜻을 담고 있다. 그것은 학자의 주장은 아무리 자신이 있어도 그것은 반증이 나올 때까지라는 겸손이 수반되어야 한다는 말이다. 궁극적이고 절대적 진리는 인지人知 밖의 일이고 조물주만이 알고 있다는 말이기도 하다. 단테Dante(1265-1321)가 "진리는 오로지 죽음의 눈으로만 볼 수 있다"고 말했다는 것도 같은 뜻이다. 그리고 그렇기에 학문은 계속 발달할 수 있다는 말도 된다. 절대적이라고 보였던 뉴턴의 역학이 아인슈타인의 상대성이론으로 수정되고 더 발전했듯이.

인식론

철학에서 앎의 문제, 우리가 어떻게 사물을 알게 되느냐라는 문제를 논의하는 것이 인식론認識論epistemology이다. 근래에 심리학, 특히 인지 심리학이 발달하면서 철학적 인식론은 사람들 관심에서 좀 퇴색한 감이 있으나, 그 줄거리를 반추해 보고 그 현대적 의미를 살펴보는 것이 무익하지는 않을 것이다.

해방 직후 만사가 어수선하고 어설프고 엉성했던 내 대학 시절에 다른 강의들은 다 그저 그랬고, 가장 깊은 인상을 주었고 지금도 그 줄거리가 기억에 남아 있는 강의는 김계숙金桂淑 교수의 베이컨Bacon에서 칸트Kant에 이르는 약 150년 간의 '근세철학사', 김기석金基錫 교수의 '칸트 철학', 그리고 김석목金錫穆 교수의 '윤리학'이었다. 교육학이 전공이었던 내가 세 분의 철학 강의를 들을 수 있었던 것은 나에겐 큰 행운이었다. 지금 내게 어떤 철학적 견해가 있다면 그 대부분은 이 세 분 교수의 가르침 덕이다. 그 강의에 자극을 받아 이것저것 철학 서적을 뒤진 것이 내 모든 사고의 밑바탕에 깔려 있는지도 모른다.

인식론 논쟁의 대종은 역시 '이성론'rationalism 대 '경험론'empiricism

의 문제다. 이성론은, 우리가 지식이나 진리를 알아차리는 것은 우리가 본래 자신 속에 가지고 태어난 '이성' 때문이라는 주장이고, 경험론은, 그게 아니라 우리가 밖의 세계에서 받아들이는 감각에 의한 경험 때문이라는 주장이다.

이성론은 고대 그리스의 플라톤으로까지 소급된다. 플라톤은, 우리가 경험하는 현상의 세계는 본체本體인 이념理念idea의 세계를 어쭙잖게 모방한 가상假像일 뿐이고, 그 변화가 심하고 변덕스럽고 일시적인 감각경험의 세계에서는 항구적인 진리를 알아낼 수 없다고 했다. 본체인 이념의 세계는 오직 이성의 논리적인 사유思惟에 의해서만 파악이 가능하다고 보았다. 그리고 그의 생각은 그 후 이성에는 그런 사유를 가능케 하는, 생득적으로 타고나는 '본유관념'innate ideas이 있다는 생각으로 이어졌다. 근세 데카르트Descartes에 이르러, 그의 유명한 "나는 생각한다, 고로 나는 존재한다"Cogito ergo sum는 선언은 이성의 사유가 만사를 정한다는 이성론의 주장이기도 했다. 그는 자아의 존재, 신의 존재, 논리적 명제 등을 본유관념으로 여겼다. 칸트의 선배였던 독일의 라이프니츠Leibniz(1646-1716)도 이성론자다.

이에 반해서 영국의 철학자들은 한결같이 본유관념이나 이성론을 비판하고 경험론을 주장한다. 경험론의 원류는 아리스토텔레스로 소급된다. 그는 플라톤의 제자였지만, 현상 세계의 경험으로는 본체의 세계를 알 수 없다는 플라톤의 주장에는 찬성하지 않는다. 현상의 경험으로도 깊이 살펴보면 본체의 형상form을 알 수 있다고 보았다. 그의 아버지가 의사였고, 그 자신도 경험적인 생물분류학에 관심이 컸다.

영국의 베이컨Bacon(1561-1626)은, '나는 사람이다. 모든 사람은 먹어야 산다. 따라서 나도 먹어야 산다'와 같은 삼단논법처럼 논리적인 연역적 방법으로는 새로운 지식을 발견할 수 없고, 여러 특수한 경험적 사례들을 종합해서 보편적 법칙을 추리해내는 귀납적歸納的 방법을 취해야 한다고 주장했다. 그는 과학적 방법의 주창자였다.

베이컨은 그의 네 가지 '우상'偶像idol의 주장으로도 유명하다. 우상이란 연역적 방법이 그 전제로 삼는 명제 자체가 빠지기 쉬운 오류를 말한다. 그 때문에 연역적 방법에 의한 지식 탐구 전체가 빗나가게 되는 경우다.

첫째, '종족tribe의 우상'이다. 사람이기에 또는 어떤 종족의 일원이기에 저지르기 쉬운 오류로써, 예컨대, 경솔하게 법칙관계나 인과관계를 단정하는 오류, 선입견에 맞는 사실들만 들춰내는 오류, 감정의 영향을 받는 오류 등이다.

둘째, '동굴cave의 우상'이다. 개인이 그 자신의 갖가지 성벽에 갇혀서 저지르는 오류다. 예컨대, 특정 사물에 대한 기호 또는 혐오로 인한 오류, 고대 것 또는 현대 것에 대한 편집증에 따른 오류, 지나치게 사물들의 공통점만 또는 차이점만 보는 오류 등이다.

셋째, '시장市場의 우상'이다. 현란한 언어言語들의 그럴싸함에 홀리는 오류다. 말이란 사물·형상을 가리키는 기호인데, 말 중에는 시장에 진열한 물건들처럼 화려하고 그럴듯해 보이지만 실은 사실의 근거가 희미하고 그 의미가 막연한 말이 많기 때문이다.

넷째, '극장劇場의 우상'이다. 선입견적인 철학, 잘못된 증명의 방법으로 인한 오류다. 극장에서 연출하는 것처럼 주장의 증거를 요란하게 전시는 하지만, 실은 한 주장을 억지로 모든 사물에 밀어붙이는 오류, 어떤 명제를 희박하고 소수의 증거로 쉬이 일반화하는 오류를 일삼는 경우다.

베이컨의 '우상론'은 오늘의 과학자·철학자들도 경청해야 할 경고라고 해야 한다.

로크Locke(1632-1704)는 베이컨보다 더 강하게 '본유관념'을 정면으로 부인한다. 태어날 때 아이의 정신은 '백지'tabula rasa라고 한 그의 유명한 말은 경험론을 단적으로 표현한다. 그는 세계에 관한 모든 지식의 근원은 '감각적 경험'이고 인간 자신에 관한 지식의 근원은 '반성'이라고 주장했다. 하지만 경험이나 반성 그 자체는 지식이 아니고, 지식의 '자료'를 제공할 뿐이다. 그 자료로써 '관념'을 만들어 내고, 그 관념으로써 '지식'을 형성한다. 관념과 지식이 아무리 추상적이고 동떨어진 것이라도 그 뿌리는 감각경험에 내리고 있어야 한다는 주장이다.

칸트가 근세 이후 가장 위대한 철학자로 간주되고 있는 이유는, 다른 여러 철학적 업적에도 있지만, 날카롭게 대립하고 있던 인식의 근원에 관한 이성론과 경험론을 종합했다는 데 있다고 나는 생각한다. 그 종합을 아주 간결하게 요약한 것이, 지식은 경험'에서'von, from 오는 것이 아니라 경험과 '더불어'mit, with 온다는 표현일 것이다. 즉 지식은 이성과 경험의 합작에서 온다는 뜻이다.

칸트는 그러면서도 인간의 인식에는 한계가 있다고 주장한다. 우선 순수한 이성의 사유에 의해서 우주의 궁극적 실체, 신의 존재, 영혼의 불멸, 자유의지 등에 관한 진리를 파악할 수 있다고 주장하는 형이상학形而上學을 부정한다. 형이상학은 인간의 이성이 그럴 수 있는 능력이 있다고 전제하고 있지만, 그 전제는 잘못이라고 반박한다. 인간의 이성은 경험의 대상일 수 없는 문제까지 다룰 수 있는 능력은 없고, 오로지 경험으로 제공되는 자료를 처리함으로써만 지식을 간

취해낼 수 있다. 지식의 원천인 경험의 세계는 현상phenomenon의 세계고, 현상 뒤의 본체noumenon인 물자체物自體Ding an sich는 지적 인식의 대상이 될 수가 없다고 선언한다.

그렇다고 칸트가 이런 형이상학 문제가 허망한 문제라고 주장하는 것은 아니다. 지적 인식의 대상이 아닐 뿐이고, 도리어 신념·신앙의 대상은 도덕·종교 등 여러 실천적인 문제의 전제가 되는 필연적인 문제라고 보았다. 도덕은 자유의지를 전제로 하는 '자유의 법칙'이고, 신이 있느냐 없느냐는 따질 인식의 문제가 아니라 믿느냐 안 믿느냐라는 믿음의 문제라고 한 그의 견해가 이런 생각을 반영한다.

그러나 경험은 마구잡이로 정리되는 것이 아니라 일정한 규격에 따라 조직된다. 일컬어 오성悟性의 범주範疇category에 따라서만 정리된다. '오성'은 사물을 이해하는 능력 즉 지능이라고 보면 되고, 문제가 많은 '이성'과 구별하려는 용어다. 범주는 모든 지식을 처리하고 분류하는 기본적인 개념들이다. 이 범주적인 개념들은 경험에서 얻어지는 것이 아니라 도리어 경험들이 그것으로 정리되는 선험적先驗的a priori인 개념들이다. 예컨대, 시간, 공간, 실체, 수 또는 동일률, 모순률, 삼단논법 등 수학과 논리학의 여러 개념들이 그것이다. 쉬이 짐작할 수 있다시피 이 오성의 범주는 선험적이라는 점에서 이성론, 본유관념의 냄새가 짙게 풍긴다. 칸트는 우리의 지식 대부분이 경험적인 것과 선험적인 것의 종합이라고 보았다.

근세 철학사에서의 '이성론' 대 '경험론'의 논쟁과 칸트의 종합론은 현대의 심리학, 따라서 교육학에도 그 영향을 미치고 있다.

우선 학습學習을 상벌賞罰의 경험에 의한 조건반사 형성이라고 보는 행동주의 심리학이 경험론의 대표적인 예고, 인간에겐 부분 부분을 넘어 전체를 보는 내재적인 능력이 있다고 보는 형태Gestalt 심리학은 이성론의 대표적인 예다.

인간이 어떻게 해서 언어를 배우게 되느냐에 관해서 행동주의 심리학자 스키너Skinner는 그의 '조작 조건법' 이론에서 경험 때문이라고 하고, 언어학자 촘스키Chomsky는 인간에겐 언어와 문법을 해독하는 타고난 내재적 능력이 있다고 보았다. 스키너는 경험론자, 촘스키는 이성론자다.

발달심리학에서 '기회의 창窓'이라는 개념이 있다. 예컨대, 성인이 되어서 키가 크려면 6세 이전에 잘 먹어야지, 청년기에 들어서서 잘 먹는다고 키가 크지는 않는다. 키는 6세 이전이 '기회의 창'이다. 소경으로 태어난 아이는 두 살이 되었을 때 개안 수술을 해도 금방 정상적으로 보지는 못한다. 초점 맞추기, 원근감각, 움직임 보기 등의 능력이 쉬이 이루어지지 않고 생애를 두고 아주 정상으로 발달하지는 못한다. 흔히 본능적이라고 여기는 보기 능력에도 기회의 창이 있다. 기회의 창은 '그때를 놓치지 말고 해야 한다'는 점에서는 경험론을 뜻하고, '그때를 놓치면 안 되는' 어떤 내재적 기제가 있다는 점에서는 이성론인 셈이다.

심리학에는 지능에 관한 이론이 많다. 지능이 어떻게 발달하느냐, 유전이냐 아니면 환경이냐라는 문제는 일단 제쳐놓고, 학교에서 또는 직장에서 흔히 지능을 중요시하는 것은 이성론적 사고라고 할 수 있다. 학교에서 공부 못하는 아이를 교사의 교육방법의 탓으로 여기지 않고, 아이의 머리가 '본래' 나쁜 탓이라고 여기는 것은 이성론의 '본유개념'을 연상하게 한다.

심리학자 길퍼드Guilford는 지능의 3차원 구조를 제안한 바 있다.[3] 즉 지능은 (1) '조작' 차원으로 인지·기억·확산적 사고·수렴적 사고 · 평가력으로 분류되고, (2) '내용' 차원으로 시각적 · 청각적 · 상징적 · 언어적 · 행동적 내용으로 나뉘어지며, (3) '산출' 차원으로 단위 · 유목 · 관계 · 체계 · 변환 · 함의를 포함한다고 보았다. 그 각각의 내용이 뭐냐는 둘째 치고, 약간 번잡한 이론이기도 하지만, 어딘지 칸트의 '오성의 범주'를 모방한 듯한 구상이다.

아마도 이성론과 경험론의 현대적 표출의 가장 대표적인 것이 인간의 지능 발달에 관한 유전론과 환경론일 것이다. 이성론은 유전론을 옹호했을 것이고, 경험론은 환경론의 편을 들었을 것이기 때문이다. 데카르트, 라이프니츠 등 옛 이성론자들은 오늘날 발견된 유전자 DNA를 몰랐다. 알았더라면 이성이나 본유관념은 DNA 속에 깃들어 있다고 했을 것이다. 환경론은 물론 사람과 환경과의 상호작용인 경험이 인간의 이성 또는 지능을 결정한다는 주장이다.

유전론과 환경론의 대립은 여전히 계속되고 있다. 하지만 여러 가지 증거에 비추어 가장 정확한 결론은 누군가 말한 대로 "유전과 환경은 서로 껴안고 같이 춤춘다"는 종합론일 것이다. 이런 종합론은 이성론과 경험론을 종합한 칸트의 견해와 비슷하다.

이론과 실제

우리는 다음과 같은 푸념을 자주 듣는다.

“이론은 그렇지만 실제는 달라. 너무 이론 이론 하지 마!”

“그 이론은 너무 추상적이라서 알아들을 수가 없어! 좀 더 구체적으로 말합시다.”

“이론이 그렇다면 구체적 방안을 제시하시오! 못 하면 그 이론은 허구 아니오?”

“미국의 교육이론은 한국엔 안 맞아! 우리는 한국적 교육이론을 가지고 있어야 해.”

이 모든 푸념은 실은 다 어불성설이다. 이론은 본래 실제와 다르다. 이론은 본래 추상적인 것이며, 이론은 본래 곧 실천할 수 있는 어떤 구체적인 방안을 제시할 수 있는 것이 아니다. 이론은 본시 동서를 막론한 보편성을 함축하는 추상적인 것이기 때문이다.

본래 이론은 실제와 다르다. 본래 서로 달라야 한다. 이론이 실제와 다른 것은 이론의 잘못이 아니라 이론의 장점이다. 실제는 개별적이고 특수한 사물 내지 현상들이고, 이론은 거기에서 추출해낸 일반적이고 보편적인 원리기 때문이다.

이론은 그것을 구성하는 개념도 여러 개별적인 사상事象들 속에서 서로 다른 점은 버리고 즉 사상捨象하고, 공통되는 일반적인 특징만을 뽑아낸 즉 추상抽象해낸 것이기 때문에 본래 추상적이게 마련이다. 추상적이 아니라면 그것은 '이론'이 아니다. '나무'는 눈에 보이는 것이기 때문에 '구체적'인 개념이라고 보기 쉬우나, '나무'라는 개념 그 자체는 눈앞에 있는 벚나무, 버드나무, 작은 나무, 큰 나무 등 개별적인 구체적 나무를 가리키지 않는 일반적이고 추상적인 개념이다.

법칙도 그렇다. '먹구름은 비를 뿌린다'는 법칙은 어제 비, 오늘 비, 한국에서 오는 비, 미국에서 오는 비 등 개별적인 현상을 말하는 것이 아니라 모든 먹구름과 비의 현상들에서 추상해낸 추상적인 법칙이다. 먹구름과 비는 눈으로 볼 수 있어서 구체적이지만, 법칙 그 자체는 추상이다.

따라서 이론이 추상적이라고 나무라는 것은 잘못된 푸념이다. 다만 이론에 포함된 개념이나 법칙이 사실에 그 근거가 없거나 터무니없이 허황된 것일 때가 있다. 그럴 때엔 개념의 정의가 '막연하다', 또는 법칙의 근거가 '모호하다'는 불평은 할 수 있다.

개념, 법칙, 이론은 어떤 사실에 그 근거를 가지고 있는 한 더 일반적이고 추상적일수록 더 좋은 개념이다. 그만큼 더 넓고 더 많은 구체적인 개개의 사상들을 설명할 수 있기 때문이다. '더하기'보다는 '산수 능력'이, 그보다는 '지능'이, 그보다는 '창의력'이 앞의 것을 포섭하는 더 넓은 추상적인 개념이고, 그것에 관한 법칙은 더 귀중한 법칙이 된다. 아인슈타인의 유명한 공식인 $E=mc^2$의 각 항도 다 보통 사람이 직감할 수 없는 아주 추상적인 개념이고, 그만큼 더 심오한 뜻의 개념이고 법칙이다. 학문은 이른바 '절약parsimony의 원칙'을 소중하게 여긴다. 즉 더 적은 수의 추상적인 개념과 법칙으로 더 많은 수의 구체적인 사상事象을 설명하고 예측할 수 있을수록 더 좋다는 원칙이다. 그런 개념이나 법칙은 더 높게 추상적일 수밖에 없다.

추상적인 이론이 구체적인 실제에 직통으로 쉽게 응용되지는 않는다. 추상하는 과정에서 사상했던(버렸던) 특수성들을 다시 주어진 실제 상황에 적합하게 갖추어 넣어야 즉 구상具象해야 응용이 된다. 인공위성을 쏘아 올려 지구를 돌게 할 수 있다는 이론은 벌써 오래 전에 발견되었다. 그러나 실제로 쏘아올리는 데에는 충분한 힘의 로켓 엔진, 고속의 마찰에도 녹지 않는 내열성 금속 등의 조건을 마련해야 했고, 그런 일에 10여 년이 걸렸다. '다인수 학급보다 소인수 학급이 수업효과가 크다'는 이론을 현실에 응용하려면, 거기에 적합한 특수조건들, 예컨대 강의식이 아닌 토의식 내지 문답식 수업방법에 능하고 열의가 있는 교사, 알맞은 크기의 교실 등이 구비되어야 한다. 갖추어야 할 이런 조건들이 갖추어지지 않으면 이론은 옳아도 그 이론이 실제에 응용되지 않는다. 그런 경우 이론이 잘못되었다고 나무라는 것도 어불성설이다.

이론은 X-광선으로 비추어낸 골격과 같다. 사람의 옷을 투과하고 근육·혈관도 무시하고 촬영한 추상적인 골격구조다. 그것을 다시 구체적인 실제 사람으로 구상具象하려면 다시 알맞은 근육과 옷을 입혀야 한다.

혼잡한 현실 세계 속에서 타당한 이론을 추상해내는 일은 쉬운 일이 아니다. 거기엔 상당한 사고력과 동시에 창의력이 필요하다. 그 '추상의 창의력'은 학자의 몫이다. 또한 이론을 혼잡한 현실의 실제에 구현하는 일도 결코 쉬운 일이 아니다. 이론이 살아날 수 있는 여러 구체적 조건들을 착상하고 마련해내는 일에도 상당한 창의력이 요구된다. 그 '구상의 창의력'은 교사·의사·기술자·행정가·정치가 등 실천가의 몫이다.

교수로 있다가 장관 등 정부 요직으로 전직한 이들이 많다. 전직 몇 주 후면 거의 예외없이 토로하는 소감이 있다. "거기 일이 그렇게 복잡다단할 줄 몰랐다"는 실토다. 학자의 이론과 추상의 창의력만으로는 실제적인 일 처리가 난감한 경우가 많다는 것이다. 추상의 창의력에 구상의 창의력을 겸비한 학자도 더러는 있다. 그런 이는 정부에 들어가도 성공한다. 그렇지 못한 학자들은 별 볼일 없이 끝난다.

한 세미나에서 저명한 미국 교육학자가 교수이론에 관해서 강연한 적이 있었다. 끝난 후 한 교사가 "그 이론에 따른 실제적인 교수 방안을 말씀해 주십시오"라고 했다. 그러자 그 교수는 "그것은 학자인 나에게 던질 질문이 아닙니다. 선생님 자신이 생각해내야 할 문제입니다"라고 대답했다. 나는 한순간 좀 너무 퉁명스러운 무례한 답변이라고 느꼈다. 그 교수는 말을 이었다. "나는 이론을 밝힐 뿐이고, 그것을 참고해서 독창적인 교수 방안을 구상하고 실시하는 것은 선생님의 소중한 권한입니다. 그 권한에 내가 어쭙잖게 참견할 수는 없습니다." 질문한 교사도 납득했고 나도 수긍이 갔다.

화학의 이론을 실제에 응용하는 것이 화학공학이고, 생물학의 이론을 실제에 응용하는 것이 생물공학이다. 매한가지로 나는 모든 학문엔 '공학'이 있어야 한다고 생각한다. 이때의 '공학'은 무슨 기계·기구를 쓴다는 뜻의 공학이 아니라 이론을 실제화한다는 뜻의 공학이다. 심리학에 심리공학, 교육학에 교육공학, 정치학에 정치공학, 나아가 윤리학에 윤리공학, 철학에 철학공학도 있을 수 있다. 그런 공학이 그 학문의 한 영역이 될 수 있느냐 없느냐는 둘째 치고, 적어도 각각의 이론을 실제화하는 데에 필요한 조건들을 배려하는 계기는 될 것이다.

나는 '한국적 이론,' '한국적 학문'이라는 주장에도 찬성하지 않는다. 본래 학문이 추구하는 모든 법칙과 이론은 보편타당성을 함축하기 때문이다. "IQ가 높으면 공부를 잘한다"는 법칙은 어제·오늘·내일에도 한국·미국·케냐에서도 그렇다는 뜻을 함축한다. 아니면 "한국에서는..."이라고 한정限定하는 문구를 붙여야 한다. 그렇게 한정의 문구를 붙인다 해도 어제·오늘·내일은 한정하지 않았기 때문에 여전히 그만큼 보편성을 함축한다.

물론 이론이나 법칙은 한 특수한 고장, 특수한 시대, 특수한 토착적土着的 조건 속의 사실을 근거로 발생한다. 미국에서 발생한 이론엔 미국의 토착성이 있고, 한국에서 알아내는 이론엔 한국의 토착성이 있게 마련이다. 하지만 모든 이론은 특수한 사실들을 처리해서 어떤 일반적인 보편성을 포착한 것을 뜻한다. 미국산 이론도 한국산 이론도 이론인 한 모든 나라, 모든 시대에 적용한다는 보편타당성을 의도한다. 물론 그런 일반화 과정에서 오류를 범할 가능성은 많다. 그러나 의도는 어디까지나 보편타당성이다.

미국산 이론이 한국의 현실에 들어맞지 않는 경우가 있다. 그런 경우엔 두 가지 가능성이 있다. 하나는 이론 자체는 옳은데, 그것을 한국에 적용 즉 구상具象하려 할 때 그 구상에 필요한 조건들이 한국엔 없거나 부족한 경우다. 가령 '소인수 학급이 유리하다'가 미국산 이론이라면, 그것을 한국에 도입해도 한국의 교사가 강의식뿐만 아니라 문답식 교수법에도 능하다는 조건이 구비되어 있지 않으면 그 이론은 들어맞지 않는다. 이때엔 그 필요조건부터 구비해야 한다.

또 하나의 경우는 미국산 이론이 한국의 현실도 포섭할 만큼 충분한 보편성을 지니지 못한 즉 미국에만 적용되는 '협소'한 이론일 경우다. 기초자료의 토착적 한계 때문에 이런 경우가 생길 수 있다. 이럴 때 한국 학자의 야심은 매한가지로 한국에만 적용되는 협소한 '한국적 교육이론,' '한국적 교육학'을 구성하는 일이 아니라 한국, 미국, 아프리카에도 넓게 보편적으로 적용되는 이론을 찾는 일일 것이다. 한국적 이론의 추구는 스스로 족쇄를 차고 뛰는 경주와 같다.

그러나 한국의 실제, 예컨대 한국교육의 실제는 미국과도 아프리카와도 다른 특수한 실제일수록 좋고, 또 그래야 할 필요가 있는 경우가 많다. 이론의 구상具象에 필요한 조건들을 제공할 한국의 역사적·사회적·문화적 배경이 특수하기 때문이다. 한국교육의 실제는 도리어 '한국적'인 것만으로는 부족하다. 더 특수하게 '강원도'적이고 '춘천적'이고 '철수적'이라야 한다. 제각기 배경이 다르기 때문이다.

이론은 추상적이고 보편적일수록 좋고, 그것을 구상하는 실제는 구체적이고 특수할수록 좋다.

과학·철학·예술

하루는 동료인 영문학과 C 교수가 내 연구실에 들렀다. 내가 연구 중인 여러 자료를 책상 위에 펼쳐 놓고 계산기를 두드려가며 통계 계산에 열중하고 있을 때였다. 그는 무얼 하느냐고 내게 물었다. 보다시피 연구자료를 통계 처리하는 중이라고 대답했다. 그는 참 안 됐다는 듯이 말했다.

"그런 연구가 정말 재미있어요? 건조한 자료로 딱딱한 규격에 맞추어 통계 처리하고 하는 일이 답답하지 않아요? 우리 문학 하는 사람들은 그런 무미건조한 자료나 통계에 얽매이지 않고, 마음대로 상상의 나래를 펴서 환상의 세계까지도 자유롭게 날아다닐 수 있는데...."

나는 순간 허를 찔린 듯한 느낌이 들었지만, 그 말을 어느 정도는 수긍하지 않을 수 없었다.

"그래도 자연과학 연구보다는 덜 딱딱하고 자유로운 상상도 더 가능해요. 문학이라고 사실 세계를 전혀 무시한 해괴한 망상을 해도 되는 것은 아니잖아요?"

이렇게 대답하고 난 뒤 나는 곧 후회했다. 자연과학 연구에도 자유로운 상상이 필연 있을 것이기 때문이다.

C 교수와의 대화가 나에게 일련의 사고를 자극했다. 철학·역사·문학 등 인문학도 학문이고, 자연과학·사회과학을 포함하는 과학도 학문이고, 문학·미술·음악 등을 포함하는 예술도 넓은 뜻에서는 다 앎이고 학문이다. 그래서 대학에 그 해당 학과들이 다 있지 않은가. 같은 학문으로서 그 차이점은 무엇이고 공통점은 무엇인가?

나는 대학 시절 몇몇 교수의 철학 강의에 영향을 크게 받았기 때문인지 한때 교육학 중에서 교육철학을 전공하려 마음먹었다. 하지만 교육은 사람을 가르치는 일이기에 우선 사람의 심리를 알아야 한다는 생각에서 철학 공부는 일단 접어두고 미국 유학 첫 해는 심리학을 공부했다. 당시만 해도 나는 미국 학계에서 철학은 별 볼일 없다고 생각했다.

심리학을 공부하는 과정에서 예컨대, 'IQ가 높으면 공부를 잘한다'와 같이 어찌보면 아주 당연한 명제인데, 그것이 사실에 있어 정말 그런지 아닌지를 밝히는 연구에 수만 달러의 연구비를 쏟아부으면서 꼬치꼬치 캐 들어가는 사례를 자주 보았다. 그런 사례를 보면서 머릿속에 스쳐간 생각이 있었다. '과학이란 결국 거짓말을 하지도 말고 거짓말에 속지도 말자는 노력이다. 과학만 아니라 모든 학문의 목적이 '진리 탐구'라고 하는 말은 뒤집어 말하면 거짓말에 빠지지 말자는 말이구나.'

우리는 일상생활에서 수많은 말을 듣고 수많은 말을 한다. 그 말들 중에는 참말도 있고 거짓말도 있다. 거짓말 중에는 알면서 하는 거짓말도 간혹 있다. 그것은 도덕의 문제다. 하지만 몰라서 또는 잘

못 알아서 하게 되는 거짓말이 더 많다. 통상적인 상식엔 그런 거짓말이 수도 없이 많다. 옛날 천동설이 그것이고, 여러 미신들이 그것이다. 그리고 정말인지 거짓말인지 알쏭달쏭한 말도 무진장 많다. 그것이 모든 학문이 밝혀야 할 문제다.

고대 그리스 사상에서는 진·선·미眞善美를 오늘날처럼 구분하지 않았다. 고대 중국 사상에서도 진·선·미를 구분하는 경우를 못 본다.

'아름답다'는 말에 해당되는 고대 그리스어는 '칼론'kalón이었다. 하지만 그 말은 보다 넓은 뜻을 가지고 있었다. 즉 '우리의 마음을 즐겁게 해주고, 감탄을 유발시키는 일체의 것'에 일반적으로 다 적용되는 말이었다.[4] 즐겁고 경탄스러운 경치·그림·음악을 우리는 물론 아름답다고 하지만, 희한하고 놀라운 과학이론이나 철학이론도 아름답다고 감탄하고, 놀랍게 어질고 희생적인 행위도 아름답다고 한다. 즉 선행善行을 미행美行이라고도 한다. 나아가 사람들은 멋지고 희한한 골프, 테니스 스트로크도 "뷰티풀!"beautiful이라고 감탄사를 던진다.

철학도 과학도 예술도 그것이 진·선·미라는 즐거움과 경탄스러움을 주는 '칼로스!'를 유발할 수 있다는 점에서 다 같다. 오늘날 이론을 뜻하는 영어 theory의 어원인 고대 그리스어 '테오리아'theoria는 본래 '꿰뚫어 보다', '관조觀照하다'의 뜻으로, 과학에서 진리를 관조하는 것이나 예술에서 미를 관조하는 것에 더 적용되던 말이다. 나는 '칼로스'가 우리말의 '멋'과 흡사한 개념이라는 생각도 든다.

사람들의 모든 활동에는 그 나름으로의 철학과 과학과 예술의식이 동시에 다 작용한다고 나는 믿는다. 예컨대, 교사의 활동에는 아이들은 잘 교육해야 사람이 된다는 가치의식, 어떤 사람이 되게 교육하느냐라는 목적의식을 가지고 있게 마련이다. 그것은 철학적인 사고다. 또 교사는 어떻게 하면 아이들을 잘 배우게 가르칠까, 저 아이는 왜 공부를 못할까 등을 궁리하게 된다. 이것은 과학적인 사고다. 그리고 아이들에게 감동을 주는 그 나름의 독특한 교수방법을 지니게 되면 그것은 예술이다. 따라서 나는 교육은 철학인 동시에 과학이고 또 동시에 예술이라고 규정한다. 정치가·행정가·사업가 또는 의사·건축가·화가의 경우에도 마찬가지다. 모든 활동에서 철학·과학·예술이 다 뭉쳐있는 것을 학자들이 굳이 셋으로 갈라서 논의하고 있을 뿐이다.

공자도 석가도 예수도 사상가기는 했지만, 교육철학자도 아니고 교육과학자도 아니었다. 그러나 다 위대한 교육예술가였다. 교육에 관한 그들 나름의 철학적 의식과 과학적 이해를 가지고 있었겠지만 동시에 독특한 감동적인 교수방법을 지녔던 교육예술가였다.

나는 모든 학문의 기본 요인은 '사실'과 '논리'와 '상상'이라고 규정해 본다. 그리고 과학의 핵심은 사실이고, 철학의 핵심은 논리고, 예술의 핵심은 상상이라고 구분해 본다.

사실이란 현실 세계에서 감각경험으로 포착한 자료다. 사실에 근거가 없는 개념은 과학의 대상일 수가 없다. 과학적인 명제는 사실이 그렇다고 실증이 되어야 한다.

논리란 정확한 추리나 사고에서 지켜야 할 형식적인 규칙을 뜻한다. 'A가 B고, B가 C면, A는 C다'라는 식의 삼단논법처럼 일정한 전제에서 필연적으로 결론을 추정해내는 것이 그 예다. 이때 전제는 사실에 근거한 것일 수도 있고, 상상에서 도출된 것일 수도 있다. 다만 그 추리과정에 앞뒤가 맞지 않는 모순이 있어서는 안 된다.

상상이란 한 대상을 계기로 발상하는 온갖 연상을 말한다. '구름에 달 가듯이'는 밀밭 길을 걸어가는 나그네의 연상이다. '흰 돛단배가 곱게 밀려서 오면'은 '백의민족의 해방'의 은유다. 예술은 문학에도 음악·미술·무용·조각에도 상상을 휘날리는 직유와 은유 등 비유가 수없이 많다. 연상과 비유는 보고 듣는 것 자체를 넘어 다른 많은 것을 '풍기고' 상상케 한다. 그것이 풍기는 연상, 비유가 많고 크고 깊을수록 그 시·소설·음악·회화는 더 명작이다.

하지만 사실·논리·상상은 각기 과학·철학·예술의 핵심적 요인일 뿐이고 그것만의 전유물은 아니다. 과학적인 연구에도 논리는 물론이고, 문제의 착상이나 가설의 형성 등에서 풍부한 상상력이 요구된다. 아니면 과학의 진보는 불가능하다. 철학도 사실과 상상의 세계와 관련이 있어야 한다. 아니면 그것은 허무한 궤변에 빠진다. 예술가도 사실과 논리의 세계와 절연해 있을 수는 없다. 그것을 너무 무시하면 그로테스크한 괴기물이 되고 만다.

철학과 과학과 예술은 다 같이 앎의 노력이며 탐구 방법의 중점에 차이가 있을 뿐이다. 그래서 고대 그리스에서 학문의 분파는 거의 없었고, 모든 학문이 다 philo-sophy 즉 '애지'愛知였다. 근래 학제간interdisciplinary연구, 다학적multidisciplinary연구 등 융합학문의 관심이 높은 것도 같은 맥락일 것이다.

6

사람의 도리

정의
윤리설
신뢰와 정직
공과 사
미래 윤리

정의

도덕道德이 무엇이건 간에 인간 심리, 인간의 마음가짐에 관한 문제임에는 틀림이 없기 때문에 심리학의 중요한 관심사가 되어야 마땅할 것이다. 그러나 현대 심리학에서는 지적 작용과 정서적 작용에 관한 관심이 주종이고, 도덕적 심리에 관한 관심이나 연구는 비교적 등한시되고 있는 감이 있다. 심리학은 과학이고, 도덕은 철학, 윤리학의 문제라는 생각에서 제쳐놓은 탓일까?

다만 도덕적인 문제가 감정·정서의 문제에 포함되어 논의되는 경우는 많다. 영어 emotion은 정서나 감정뿐만 아니라 어떤 행동 의지도 포함하는 용어로써 정의情意라고 번역하는 것이 더 적당할 경우가 많다.

그런 도덕 심리의 경시 풍조 때문이었는지 과거엔 나도 도덕 문제에 각별한 관심은 없었다. 그런 무관심에는 일제 강점기 때 학교에서 도덕과목이었던 '수신'이 재미가 없어 지겨웠던 기억도 작용했고, 주변에서 자기 멋대로의 도덕을 열변하면서 정작 자신의 행위는 그에 미치지 못하는 '도덕주의자'들에 대한 역겨움도 한몫했을 것이다.

하지만 이것도 나이 먹은 탓인지, 몇 해 전부터 정치·경제·문화·교육 등의 수많은 사회 비리가 눈에 거슬리면서, 그 밑바닥의 한 큰 원인은 사람들의 도덕에 있다는 생각이 점점 굳어진다. 물론 인간의 행동에는 여러 요인들이 복합적으로 작용한다. 그러나 그중에도 도덕적 심성이 극히 중요한 요인 중 하나인 것은 확실하고, 그럴수록 도덕의 문제는 윤리학뿐 아니라 심리학의 더 심각한 관심사가 되어야 한다는 생각이 든다.

심리학자 골만Goleman의 『정의적 지능』Emotional Intelligence[1]은 정서 심리학이지만 동시에 도덕적 함축이 짙은 도덕 심리학이라고도 볼 수 있다. 그는 정의적 지능에 다섯 가지 능력이 포함된다고 보았는데, 그 모두가 도덕적인 의의를 함축하고 있기 때문이다.

첫째, 자신의 감정을 스스로 감지하는 능력이다. 자신이 지금 화가 나 있다는 것을 스스로 알아야 그 화를 참든지 말든지 하지, 그런 자신을 모르고 덮어놓고 막무가내로 화를 내면 남에게 피해를 주는 비도덕적 행위를 하게 될 것은 뻔하다.

둘째, 스스로 감정을 삭일 줄 아는 능력이다. 화가 나거나 슬프거나 또는 지나친 욕망이 달아오르면 산책을 하든지 음악을 듣든지 하며 그 감정을 스스로 진정시킬 줄 알아야지, 아니면 감정을 그대로 노출하게 되어 비도덕적 행위로 이어진다.

셋째, 후일의 목적을 위해서 지금 당장의 욕심·충족을 참고 다음으로 미룰 줄 아는 '만족 미루기' 능력이다. 그런 능력이 없으면 충동을 참지 못하는 비도덕적 행위가 나타나기 쉽다.

넷째, 남의 감정을 감지할 줄 아는 능력 즉 감정이입의 능력이다. 이 능력은 남에 대한 배려·자비·인仁·사랑 등 그대로 도덕적 심성의 근본기제다.

다섯째, 남과 잘 사귀는 인간관계 능력이다. 도덕의 문제는 애당초 인간관계에서 발생하는 문제다.

나는 골만의 정의 이론을 도덕론적으로 '번역'하고 보충하면 그것이 한 도덕 심리학이 되지 않을까 생각도 해본다.

콜버그Kohlberg의 도덕성 발달론[2]은 스위스의 심리학자 피아제Piaget(1896-1980)의 이론을 발전시켜, 도덕의 문제를 발달심리의 견지에서 정면으로 다룬 연구다.

"어떤 사람의 부인이 중병으로 죽게 되어 있다. 그 사람은 그 병을 고칠 수 있는 약이 동네 약국에 있다는 것을 알고 약국에 갔으나 약값이 아주 비쌌다. 약국 주인에게 좀 깎아 달라고 해도 주인은 자기도 비싸게 사들였으니 깎아 줄 수 없다고 했다. 그 사람은 어떻게 할까 고민하다가 결국 그 약을 약국에서 훔쳐내서 부인에게 먹였다. 이 사람이 한 행위가 옳으냐 나쁘냐? 옳건 아니건 그 이유는?"

그는 위의 예시와 같은 도덕적 딜레마의 문제들을 제시하고, 그 답을 분석함으로써 아이들과 청소년들의 도덕성 발달단계를 제시했다. 그의 주장을 대략 요약하면 다음과 같다. 도덕성은 대충 유아기 두 단계, 소년기 두 단계, 청년기 두 단계, 모두 여섯 단계로 진행된다.

유아기의 첫 단계는, 권위에 복종하고 벌을 피하기 위한 도덕관념의 단계다. 말하자면 원시적인 도덕관념이다. 둘째 단계는, 도덕을 욕구충족의 수단으로 보는 단계다. 내가 재 등을 긁어 주는 것이 재가 내 등을 긁어 주게 하는 수단이라는 도덕관념이다. 이 두 도덕관념은 윤리학설로는 아픔을 피하고 즐거움을 찾기 위한 쾌락주의와 비슷하다.

소년기에 들어서 셋째 단계는, 인간관계의 조화를 위한 도덕성이다. 서로 다투지 않고 사이좋게 지내는 것이 모두에게 행복이라는 생각이다. 넷째 단계는, 법과 질서를 존중하는 것이 도덕이라는 관념이다. 좁은 인간관계를 넘어서 사회집단 전반이 조화를 위해 법과 질서를 존중하는 것이 도덕이라는 생각이다. 이 두 단계의 도덕관념은 윤리설로는 모두의 안녕과 행복을 위해서라는 점에서 '최대 다수의 최대 행복'을 주장하는 공리주의에 가깝다.

청년기에 발달하는 다섯째 단계는, 사회계약으로서의 도덕관념이다. 앞의 셋째와 넷째 단계의 관념은 집단의식이 강했으나, 이 단계부터는 개인의식이 싹튼다. 루소의 "사회계약"설 즉 국가의 주권은 국민들과의 계약에 의해서 위양된 것일 뿐 본래 주권은 국민의 것이라는 생각, 그 계약에 따라 국가는 국가의 의무, 개인은 개인의 의무를 수행함이 도덕이라는 생각이 그 예다. 마지막 여섯째 단계는, 어떤 보편적 원칙으로서의 도덕관념이다. 유교의 인仁, 불교의 자비, 기독교의 사랑 등이 그 예다. 칸트의 유명한 도덕법칙, '너의 행위가 누구나 언제나 그렇게 해야 하는 보편적 입법일 수 있도록 행위하라'는 것과 같은 생각이다. 도덕성 성숙의 최종 단계다.

콜버그는 여러 실험 연구를 근거로 이런 여섯 단계는 미국만 아니라 다른 나라에도 적용된다고 주장한다. 그리고 그는 사람에 따라 어릴 때의 부적절한 경험 때문에 어른이 되어도 셋째, 넷째 단계, 심지어 첫째, 둘째 단계에 머무는 경우도 있고, 나라의 경우에도 그 문화적 특성에 따라 또는 그 발전 단계에 따라 그 나라의 대표적인 도덕성 단계가 다를 수 있다는 것도 시사한다.

이들보다 훨씬 전에 프로이트의 정신분석학은 보통의 심리학보다 도덕적 문제에 대한 관심이 컸다. 인간의 성격구조를 정욕적인 원욕原慾id과 도덕적인 초아超我superego와 그 둘을 조절하는 자아自我ego로 개념화한 것부터가 그렇다.

'원욕'은 생물이 가지고 태어난 여러 욕구·욕정의 덩어리다. 그것을 노골적으로 만족시키려고 하면 제지 또는 벌을 받기가 일쑤기 때문에 필요할 때엔 그것을 누르고 참게 하는 것이 '초아'다. 초아는 주변 사회의 도덕규범을 자신의 것으로 내면화한 심리적 기제다.

아이는 생후 1, 2년의 구강기口腔期에는 입으로 젖 빨아먹기가 거의 삶의 주종이고, 주변에서는 아이가 하는 짓 모두를 다 응석으로 받아들인다. 그것은 말하자면 '무도덕'의 시기다. 그 다음 2, 3세인 항문기肛門期에 이르면 대소변 가누기 훈련부터 시작해서 울지 마라, 떠들지 마라, 때리지 마라 등 여러 가지 도덕적 훈육을 받게 된다. 기본적인 도덕성인 초아가 형성되는 시기다.

이때 그 도덕적 훈련이 아이의 심신발달 정도가 감당하기 어려운 무리한 요구를 한다든지, 벌이 너무 심하고 엄하다든지, 반대로 너무 느슨하고 응석을 계속 받아준다든지 하면 건전한 초아가 형성되기 어려워진다. 그리고 거기엔 앞선 구강기의 경험 여하도 작용한다. 즉 구강기에 생리적 욕구가 흡족히 충족되면 좀 어려운 훈련도 이겨낼 신뢰감·자신감이 생기지만, 아니면 도덕적 훈련에 은연히 반발하여 그 훈련은 비도덕적인 역효과만 낳는다.

정신분석학자 에릭슨Erickson은 위와 같은 정신분석학의 발달론을 좀 보충한다.[3] 그는, 아이의 구강기에 형성되는 기본적인 심성을 '기본적 신뢰감 대 불신감', 항문기에 형성되는 것을 '자율성 대 수치·회의'라고 했다.

구강기에 배고플 때만 되면 곧 젖을 입에 물려주고 추우면 덮어주고 아프면 달래주고 하면 '이 세상 믿음직하고 살 만한 세상'이라는 '신뢰감'이 아이에게 생기는 것이 당연하다. 반대로 아무리 소리치며 울어도 젖도 물리지 않고 아무도 돌보아 주러 오지 않으면 '이놈의 세상 믿을 수 없다'는 불신감이 쌓여갈 것도 당연하다. 그렇게 형성된 세상에 대한 신뢰감 또는 불신감은 생애를 두고 그 여운이 작용한다는 것이 그의 주장이다.

도덕적 훈련이 진행되는 2, 3세의 항문기에 그런 신뢰감의 바탕이 있으면 '이런 훈련, 다 나를 위해서 해주는 것'이라는 신뢰감으로 그 훈련을 쓰지만 달게 받는다. 그리고 그 훈련을 이겨내면 '나 혼자 내 힘으로 이런 일도 해낼 수 있다'는 기본적인 도덕적 '자율성'이 길러진다. 그런 신뢰의 바탕이 없거나 훈련이 너무 가혹하거나 느슨하면 도덕적 자율의 무능감에서 오는 죄악감과 수치감이 쌓여간다.

도덕 심리에 관한 위와 같은 논의들은 개인의 도덕교육, 사회의 도덕함양 등 도덕 문제의 고찰에 많은 시사를 준다.

윤리설

인간사회에서 도덕이 지극히 중요한 문제기 때문에, 옛날부터 동서를 막론하고 인간은 이렇기 때문에 이렇게 행동해야 한다는 윤리의 논의가 갈피를 잡을 수 없을 정도로 무성하다.

우선 유교·불교·기독교 등 거의 모든 종교의 교리는 그 나름으로 다 인간행동에 도덕적 방향을 제시하는 윤리설이라고 볼 수 있다. 유교의 삼강오륜, 불교의 오계, 기독교의 십계명은 다 윤리덕목이다. 철학사에서도 쾌락주의·금욕주의·공리주의·이기주의·이타주의, 성선설·성악설, 동기론·결과론, 목적론·행복론·의무론 등 다채롭다. 사람들의 일상 대담이나 담화에서도 이래야 한다 저래야 한다는 도덕적인 설왕설래가 자주 펼쳐진다.

우리는 흔히 별다른 성찰 없이 관례에 따라 도덕의 세계를 살아간다. 하지만 이런 윤리설의 범람 속에서 우리 자신의 윤리관이 어떤 위상에 있는지를 뒤돌아보기 위해서라도 여러 윤리설을 가끔 음미해 볼만하다.

나는 모든 윤리설을 '쾌락-금욕' 또는 '쾌락-절제'의 차원으로 서열 지을 수 있고, 그 서열은 도덕적 행위에서 '이성'의 역할에 얼마나 무게를 두느냐가 정한다고 생각한다. 정신분석학의 용어를 빌린다면 '원욕-초아'의 차원에서, '자아'의 역할에 얼마나 무게를 두느냐에 따라 윤리설이 서열 지어진다는 생각이다. 흔한 말로 하면 '놀자 마시자'주의와 '참자 일하자'주의 사이에서 '그럴 수만은 없지 않으냐'라는 견제가 어느 정도로 작용하느냐가 윤리적인 위상을 결정한다는 생각이다.

즐거움을 찾고 아픔을 피하는 것이 최고의 선善이라고 하는 쾌락주의hedonism는 배부름과 즐거움을 찾고 배고픔과 고통을 싫어하는 인간의 동물성에 가장 잘 영합하는 윤리설일 것이다. 쾌락주의를 흔히 언짢은 것으로 여기지만, '쾌락'pleasure이나 '행복'happiness이나 다 같이 마음에 흡족하고 즐겁다는 뜻이기 때문에 쾌락주의를 행복주의라고 해도 좋다는 말이 된다. 요새 세간에 요란한 '웰빙'well-being의 요구는 쾌락의 요구인 셈이다.

고대 그리스의 시레네이시즘Cyrenaicism은 순간의 관능적 쾌락만이 선이라는 극단적인 쾌락지상주의였다. 이런 쾌락주의는 자기 쾌락만 생각하는 이기주의로 이어지기 쉽다는 것은 쉬이 짐작이 간다. 그러나 보통 쾌락주의의 대표로 여겨지는 에피큐리아니즘Epicureanism은 그렇게 극단적인 주장은 아니다. 내일의 고통을 피하기 위해서 오늘의 쾌락을 자제하고 내일의 더 큰 행복을 위해 오늘의 고통을 감내하는 등 순간적·충동적이 아닌 지속적·합리적인 쾌락을 추구해야 한다는 주장이다. 거기에는 반드시 이성의 판단이 개입하게 마련이다.

고대 그리스의 현란한 사상가들 못지않게, 중국 고대엔 이른바 제자백가諸子百家, 공·맹과 노·장을 비롯해 수많은 사상가들이 제각기 다양한 설을 폈다. 그중에 양주楊朱는 보기 드물게 쾌락주의자였다. 그는 한 번 왔다가는 짧은 인생에 될 수 있는 대로 즐거움을 다하는 것이 인간의 본성이라고 했다. 그는 그것을 전성보진全性保眞이라고 했는데, '달도 차면 기우나니 아니 놀지는 못하리라'는 철학이다.

고대 중국의 한비자韓非子와 순자荀子도 사람은 자기 욕심의 만족만 찾는 쾌락주의적 존재로 보았으나, 이들은 그것을 '선'으로 보지 않고 도리어 '악'이라고 여겼다. 그 악을 선으로 훈치하려면 법法으로 엄하게 다스려야 한다는 것이 한비자의 주장이고, 엄한 교육으로써 예禮를 몸에 익히게 해야 한다는 것이 순자의 주장이다. '원욕'을 보는 눈이 갖가지다.

이쯤에서 아리스토텔레스의 윤리설을 음미해 보지 않을 수가 없다. 그의 윤리관을 담은 『니코마코스의 윤리』Nicomachean Ethics[4]는 윤리 문제를 정면으로 다룬 최초의 고전이며 후세에 많은 영향을 미쳤기 때문이다.

아리스토텔레스도 '행복'의 추구를 인생의 최고 목적이라고 선언한 점에서 출발점은 쾌락주의라고 볼 수 있다. 그러나 그의 추론 과정은 점점 원래 쾌락주의와는 거리가 먼 독특한 윤리설로 진행하면서, 이성의 지배가 짙은 절제節制주의 색채를 띤다. 그는 그의 윤리설 서두에서부터 많은 사람들이 쾌락pleasure을 선good이고 행복happiness이라고 여기는 것은 '가장 저속한' 생각이라고 힐난한다.

그가 행복을 가장 좋은 것, 최고의 선으로 보는 이유는 사람에게 행복은 최종 최고의 '목적가치'기 때문이다. 예컨대, 취직은 잘 살고 행복하기 위한 수단가치다. 그러나 행복은 더 이상 다른 어떤 목적을 위한 수단가치가 아니라 그 자체가 최종적인 목적가치다. 행복하기 위해서 취직하지만, 취직하기 위해서 행복을 찾지는 않는다. 즉 행복은 그 자체로 자족적自足的이고 완전한 최종의 최고 선이고 '자체목적'인 가치다.

아리스토텔레스의 행복관에는 이성의 역할이 짙게 작용한다. 이성 없는 동물이나 이성이 덜 발달된 어린아이에게는 쾌락감은 있어도 행복감은 있을 수가 없다고 그는 말한다. 모든 탁월한 인간적인 기능은 이성과 조화되거나 이성이 필요한 활동이기 때문에, 최고 선인 행복도 이성이 작용하는 '덕'德virtue에 합치하는 정신활동 내지 정신상태를 말한다. 그 '덕'은 타고나는 것이 아니고, 습관으로 길러지는 것이다. 그리고 '덕'의 근본은 중용中庸mean을 취하는 데 있다는 것이 그의 유명한 중용론이다. 희한하게도 비슷한 시대 멀리 떨어진 동양의 공자와 똑같은 주장이다.

강조하는 뜻에서, 앞서 "사상 정향"에서 언급한 그의 중용의 뜻을 여기에서 다시 반추해야겠다. 중용은 물리적 중간이 아니다. 그가 든 예를 그대로 들면, 가령 어떤 사람에게 음식 2킬로그램은 너무 적고 10킬로그램은 너무 많다면, 그 중간인 6킬로그램을 그 사람에게 주는 것이 중용을 취함은 아니다. 그 사람의 사정에 적합한 양이 중용이다. 누구나 화도 내고 돈도 쓴다. 그러나 "올바른 사람에게, 올바른 정도로, 올바른 때에, 올바른 목적으로, 올바른 방법으로" 그런 행동을 하기는 그리 쉬운 일이 아니다. 더구나 중용의 길은 극단주의자들로부터 조롱 받기 일쑤다. 예컨대, 슬기로운 용기는 비겁과 만용의 어느 중간의 중용이다. 그러나 비겁자는 용기를 만용이라고 비웃고, 만용자는 그것을 비겁이라고 나무란다. 이래저래 중용의 길은 어렵다.

이렇게 중용의 길이 어렵다는 사정을 동양의 공자도 똑같이 표현했다. 즉 『논어』에서 "중용의 덕은 지극하다. 백성 중에 이를 행하는 사람이 예부터 매우 드물었다"中庸之爲德其至矣乎 民鮮久矣고 했다.

근세에 들어와서 쾌락주의는 영국의 벤담Bentham(1748-1832)의 공리주의功利主義utilitarianism의 주장으로 다시 등장한다. 벤담도 도덕적인 선善은 각자가 자기의 행복 즉 쾌락을 극대화하는 데 있다고 주장한다. 공리utility란 쾌락·행복·이익 등을 안겨주는 데 쓸모가 있는 것을 말한다. 그 주장의 이유는 간단하다. 사람은 다 즐거움과 괴로움의 감정에 지배되고, 그 감정에 따라 무엇을 해야 하는지를 결정하게 마련이라는 것이다. 그렇게 간단하고 비근하기 때문에 공리주의는 호소력도 있지만 많은 문제도 안고 있다.

사람들이 제각기 쾌락을 최대화하려 하면 자연 충돌이 생기게 된다. 그래서 공리주의는 단순한 개인적 행복이 아니라 이른바 '최대 다수의 최대 행복'이라는 슬로건을 내건다. 쾌락주의를 다수의 원칙에 따라 사회화한 셈이다. 그러나 그럴 경우 소수의 행복은 묵살되는 인권 유린이 생길 수 있다. 그리고 쾌락이나 행복의 내용이 사람에 따라 다를 수 있다는 문제도 있다. 어떤 사람은 술 마시는 것이 쾌락이고 어떤 사람은 좋은 책을 읽는 것이 쾌락일 수가 있다. 길이의 센티미터와 무게의 그램을 합산할 수 없듯이, 질이 다른 행복을 합산해서 최대 다수의 최대 행복을 잴 수는 없다는 것이다.

인권 선언서에 가까운 『자유론』으로 유명한 밀Mill은 벤담의 공리주의를 승계하면서도 이런 난점을 보완한다.[5] 그는 언론의 자유 등 인권의 자유가 궁극적으로 모두의 행복을 증진시킬 것이라고 주장한다. 그러나 그 행복은 당장 오늘 이 사람 저 집단의 행복이 아니라 장기적으로 결국은 인류 전체의 진보에 합당한 보다 넓은 뜻의 그리고 보다 높은 뜻의 행복이라야 한다고 주장한다. 그런 행복을 추구하려면 명백히 이성의 개입이 요구된다.

공리주의 윤리사상은 개인의 윤리문제에서보다는 사회도의와 민주주의와의 친근성 때문에 정치분야에 많은 영향을 미치고 있는 사상이다. 민주주의 국가에서 국민 다수에게 이로울 것을 다수결로 결정하는 것이 그 예다.

아리스토텔레스가 서양 고대 윤리학의 최고봉이었다면, 근세에 들어와서 그 최고봉은 칸트라고 할 수 있다. 쾌락지상주의에는 이성이 설 자리가 별로 없었다면, 의무론義務論이라고 할 수 있는 칸트의 윤리설에는 쾌락이나 행복이 들어설 자리가 없는 순수한 '실천이성'을 다룬다. 그의 저서 『실천이성비판』은 좀 장황하지만, 그 요약본 비슷한 『도덕형이상학원론』[6]에서 그의 윤리설의 골자를 이해할 수 있다.

칸트는 우선 공리주의를 정면으로 반대한다. 그는 무조건 선하다고 생각할 수 있는 것은 오직 선을 행하려는 의지 즉 선의지善意志뿐이라고 선언한다. 선의지는 그것이 가져오는 결과나 성과 때문에 선한 것이 아니라 그 의욕 자체로서 즉 자체적으로 선하다고 선언한다. 공리주의의 결과론結果論을 반박하는 동기론動機論이다. 그 선의지의 근본 즉 도덕의 근본은 '행복'을 최대화하는 데 있는 것이 아니고, 이성적 존재로서의 인간을 존중하는 데 있다고 그는 주장한다. 나는 칸트의 윤리설에서 특히 세 개념에 감명을 받는다.

첫째, 바로 인간존중의 사상이다. 다른 모든 사물은 그것 나름의 가치, 독일어로 Wert가치, 대가가 있지만, 이성적 존재로서의 인간에겐 Würde품위, 존엄가 있다. 독일어로 둘은 발음도 뜻도 비슷하지만 중요한 차이가 있다. 다른 사물은 그 쓸모 즉 어떤 목적을 위한 수단으로서의 가치가 있지만, 인간은 어떤 것의 수단이 아닌 또는 수단만은 아닌 존엄성이 있다는 것이다. 다른 사물은 수단으로 귀하게 여기지만, 인간은 쓸모가 있건 없건 그저 인간이기에 귀하게 여겨야 한다는 말이다. 이런 사상은 현대의 인권사상을 시대를 앞서서 밑받침한 셈이다.

둘째, 그의 유명한 정언적 명법定言的命法categorical imperative 또는 무조건적 명법의 개념이다. 무조건 해야 하는 일인 정언적 명법에 대조되는 가언적假言的hypothetical 명법에는 조건이 붙는다. 쉬운 예로, 부모에게는 무조건 효를 해야 한다는 것은 정언적 명법이고, 부모의 유산을 받으려면 효를 해야 한다는 것은 가언적 명법이다. 쉬이 짐작할 수 있다시피, 정언적 명법은 그 자체가 목적인 경우고, 가언적 명법은 어떤 목적의 수단인 경우다. 같은 '해야 한다'는 말이지만, 영어·독일어의 shall, sollen은 정언적 명법의 경우에 해당하고, must, müssen은 가언적 명법의 경우에 해당한다.

칸트는 도덕은 정언적·무조건적 명법에 관한 것이고, 그 최고의 정언적 명법으로 그의 유명한 두 명법을 든다.

하나는 '너의 행동의 원칙이 보편적 입법이 될 수 있도록 행동하라'는 것이다. 쉽게 말해서, 누구나 언제나 지금 너처럼 행동해도 된다는 생각을 가지고 행동하라는 것이다. 약속은 지켜야 한다. 안 지킨다는 것은 보편적 법칙일 수가 없다. 그것은 약속이라는 개념 자체와도 모순이다. '정직해야 한다'는 것은 누구나 그렇게 해도 되는 보편적 법칙일 수 있지만, '거짓말을 해야 한다'는 것은 보편적 법칙일 수가 없다. 그것은 정확한 의사전달이라는 말의 본래 기능과도 모순이다.

다른 하나는 '다른 사람을 수단으로서만이 아니라 언제나 동시에 목적으로서 대하라'는 것이다. 즉 사람을 어떤 다른 목적을 위한 수단으로 이용하려 하지만 말고, 언제나 동시에 그 사람 자신을 위하는 것이 목적이 되도록 행위하라는 것이다. 예컨대, 직원을 회사 수입의 수단으로만 여기지 말고, 언제나 동시에 그의 인간적 존엄성 자체를 존경하면서 그의 건강·희망·성장도 생각해 주어야 한다는 말이다.

셋째, 그의 자유의 개념이다. 칸트는 자유의지의 자율을 도덕의 최고 원리로 여겼다. 이것은 상식적으로도 당연하다. 선과 악 사이에 선택의 자유가 없으면 그에게 도덕적 책임을 물을 수가 없기 때문이다. 자유는 도덕적 행위의 대전제다.

하지만 칸트의 자유 개념은 대단히 엄격하다. 사람들이 자기 욕심대로 충동대로 기호대로 선택할 수 있는 것이 자유가 아니다. 또 대중의 유행에 따라 선택하는 자유도 진정한 자유가 아니다. 그것은 다 욕심·기호·유행의 노예로 타율적으로 행동하고 있을 뿐이다.

진정한 자유는 '자율적으로 선정한 법칙'에 따라 행동하는 자유다. 그때그때 변덕스러운 욕망이나 형편에 좌우되는 자유가 아니라 자신이 세운 법칙에 따라서 하는 행동이 자유다. 선택 자체가 자유가 아니라 애당초 그 선택의 법칙을 스스로 선택할 수 있는 것이 진정한 자유의 원천이라는 것이다. 우리는 앞서 "3. 나라는 잘 다스려야"에서 자유 개념의 여러 가지 측면을 살펴보았다. 칸트는 거기에 또 하나 엄숙한 자유의 측면을 보탠다.

칸트의 『실천이성비판』에는 다음과 같은 유명한 구절이 있다.

> 우리가 자주 그리고 꾸준히 생각할수록 더 새롭고 부풀어 오르는 감탄과 경외로 마음을 가득하게 하는 두 가지가 있으니, 하나는 내 위에

있는 찬란한 별들이고, 또 하나는 내 속에 있는 도덕적 법칙이다.

이 구절은 그의 묘비에도 적혀 있다고 한다. 칸트에겐 우주의 신비가 경외로운 것처럼 인간의 도덕성도 그렇게 존엄하고 숭고한 것이었다.

동양으로 돌아와서, 한국 역사도 그 영향을 짙게 받아온 유교 윤리는 일반적으로 감정을 멸시하고 있다는 점에서 금욕주의·절제주의에 가깝다.

한국사에서 뛰어난 석학으로는 대개 이황李滉을 꼽고 있으며, 그는 사단칠정四端七情설로 유명하다. 사단은 맹자孟子가 인간의 본성이라고 한 측은지심惻隱之心, 수오지심羞惡之心, 사양지심辭讓之心, 시비지심是非之心과 거기에서 발단하는 인·의·예·지仁義禮智다. 즉 남을 측은히 여기는 인자함, 악을 부끄럽게 여기는 의로움, 남에게 사양하는 예의, 시비를 가리는 지혜다. 그리고 사단은 이理에서 나온다고 했다.

칠정은 『중용』에 있는 희·로·애·락·애·오·욕喜怒哀樂愛惡慾이고, 그 칠정은 기氣에서 나온다. 서양철학의 용어로는 '이'는 이성이고, '기'는 감정 내지 감성인 셈이다. 인간의 행위는 '이'와 '기'가 같이 작용한다는 주장이 그의 이기이원론理氣二元論이다.

사단이 나오는 '이'는 본래 선善이지만, 칠정엔 선과 악의 가능성이 공존한다. 따라서 행위가 악으로 기울지 않으려면 거경居敬과 궁리窮理가 필요하다. 거경은 항상 삼가고 조심하는 마음가짐이고, 궁리는 문자 그대로 사물의 이치를 통찰하려는 마음가짐이다. 거경과 궁리는 이성의 작용이다.

이렇게 간단히 퇴계의 이기설을 되새겨 보는 이유는, 퇴계의 윤리관도 역시 이성의 우위優位를 강조하고 있다는 점에서 아리스토텔레스나 칸트의 윤리설과 같다는 점을 설명하기 위해서다. 윤리설은 무성하고 우리 주변에서 소용돌이 치고 있다. 그 속에서 우리는 그야말로 '거경'과 '궁리'로 내 갈 길의 방향타를 잡아야 한다.

이상이 윤리의 총론이라면 다음의 "신뢰와 정직, 공과 사, 미래 윤리"는 지금 한국에서 특히 문제 삼을 만한 각론적인 윤리 문제다.

신뢰와 정직

우리는 생활 주변을 믿을 수가 있어야 살아갈 수 있다. 하늘은 무너지지 않을 것이고 땅은 꺼지지 않을 것을 믿을 수 있어야 대로를 활보할 수 있다. 아니면 두려움 때문에 처신할 바를 모르게 될 것이다.

우리는 자연 세계와 인간 세계에서 살고 있고, 자연 세계의 운행運行을 대개 믿는다. 아침이면 영락없이 해가 떠서 밝아지고, 봄 다음엔 어김없이 여름이 오며, 돌멩이는 위로 던지면 틀림없이 아래로 떨어질 것을 믿는다. 자연은 우리를 속이지 않는다. 자연은 '정직正直하기' 때문에 우리는 자연을 신뢰信賴한다. 물론 가끔 느닷없이 지진으로 땅이 갈라지고, 해일이 일고, 화산이 터져 신뢰가 어긋나서 큰 곤욕을 치르기는 한다. 그러나 그것은 자연이 우리를 속인 것이 아니라 우리가 자연의 운행을 잘 몰라서 당하는 일일 뿐이다. 자연은 우리를 속일 의사가 없다.

문제는 인간 세계다. 우리는 인간 세계도 대개는 믿을 수 있다. 길을 몰라서 길가에 서 있는 사람한테 물으면, 여간 심사가 사나운 자가 아닌 이상, 대개는 친절하게 가르쳐 준다. 정육점에 가서 쇠고기 한 근 달라고 하면 대개는 정직하게 정확하게 달아서 쇠고기 한 근을 준다. 세금 고지서가 나오면 대부분의 사람들은 정직하게 그대로 낸다. 그러나 가끔 사람은 자연처럼 정직하지가 못하고 남을 속인다. 그래서 가끔 사람을 믿을 수가 없고, 믿었다가 낭패를 보기도 한다.

그렇게 정직하지 못하고 속이는 사건이 드문 나라가 있고, 반대로 많은 나라가 있다. '국제투명성기구'Transparency International라는 기관이 매년 세계 여러 나라의 '투명성'透明性 즉 속이지 않고 감추지 않는 정직성을 순위를 매겨 발표한다. 일반적으로는 정직성이 부자 나라에서 높고 가난한 나라에서 낮은 경향은 있지만, GDP와 투명성 지수가 반드시 정비례하는 것은 아니다. 근래 한국의 GDP는 세계에서 10위를 조금 밑도는 높은 수준인데, 투명성 지수는 거기에 걸맞지 않게 낮은 40위 근처를 맴돈다. 우리는 이 사실을 어떻게 해석해야 할까?

한국 텔레비전의 뉴스 시간은 세상 소식의 보도시간이기보다는 부정·범죄 보고시간인 것만 같다. 강력범 사건도 많지만, 대기업·중소기업·관청·대학·병원 할 것 없이 부정식품·부실공사·부정입학·공금횡령·수뢰·사기·비자금·탈세 등의 보도가 현기증이 나도록 뉴스 시간의 대부분을 차지한다. 어느 나라 어느 사회도 본래 이런 것인가, 아니면 한국사회가 유난히 그런 것인가? 또는 '별 것 아닌 것'을 사법기관과 매스컴의 '수사력'이 발달되어서 유난히 그런 사건들을 들추어내기 때문인가? 또는 조선 말기와 일제 강점기에서처럼, 극도의 가난과 학정 속에서 가끔은 거짓말을 해야 살아남을 수 있었던 관성의 끝자락이 아직도 남아 있음인가?

내가 처음 미국에 유학 가서 대학 기숙사에서 미국인 대학원생과 한 방을 같이 쓰게 되었다. 제2차 세계 대전 때 전투기를 몰던 대위

출신인 그는 아주 서글서글해서 곧 친해졌다. 언젠가 그가 내게 아주 희한하고 재미있는 이야기를 해주었다. 나는 참 희한하다는 뜻으로 무심코 "햐! 그거 정말인가? 거짓말 아니지!"라고 했다. 그러자 그는 돌연 안색이 변하더니 "다시는 내게 거짓말쟁이라고 하지 마라!"고 언성을 높였다. 의외의 반응에 나는 놀랐다. 좀 후에 차근차근 이야기를 주고받고 나서야 미국 사람에겐 거짓말lie, 거짓말쟁이liar가 최대의 모욕이고, 옛날 같으면 결투감이라는 것을 알았다. 그들의 금과옥조인 바이블의 십계명에 "네 이웃에 거짓 증언하지 말지어다"라는 계율이 들어가 있기 때문일까?

좀 오래 전의 통계지만 달갑지 않은 통계가 있다.[7] 1996년도 한국과 일본의 범죄 비교에서, 접수된 사기범 건수가 한국이 30만 건, 일본은 1만 건이고, 위증죄 기소 건수는 한국이 1,130건, 일본이 단 6건이었다. 어디가 잘못된 비교가 아닌가 하는 생각이 들 정도로 심난한 통계다.

한 나라의 경제는 더 말할 나위 없이 대단히 중요한 문제다. 앞서 간단히 언급한, 정치학자 후쿠야마Fukuyama의 주장을 여기에서 좀 더 부연하면, 경제적 번영에는 넉넉한 물질적 자본도 필요하지만, 동시에 적절한 정신적·문화적인 사회자본social capital도 긴요하다고 그는 주장한다. 그 사회자본의 근본은 사람들이 서로 거리낌없이 잘 어울리는 자발적 사회성spontaneous sociality에 있다. 그리고 그런 자발적 사회성의 저변에는 서로 믿고 사는 신뢰trust가 바탕이 된다. 따라서 상호신뢰가 높은 나라는 경제번영의 가능성이 크고, 상호신뢰가 낮은 나라는 번영하기가 어려워진다는 것이다.[8] 물론 그런 신뢰는 서로 속이지 않는 정직성에서 나온다.

경제활동은 철두철미 신뢰·신용의 활동이다. 생선과 쌀을 물물 교환하는 원시적 경제도 서로 썩은 생선, 썩은 쌀이 아니라는 신용을 전제로 한다. 그렇게 믿지 않으면 거래는 끝장나고 경제활동은 멈춘다. 오늘날 화폐도 신용이고, 은행·저축·대여·카드·신용장 등도 다 신용이다. 가끔 영화에 나오는 포로 교환 장면처럼, 상대방의 일거수 일투족을 혹시나 속이지 않을까 살벌하게 경계해야 한다면 경제활동은 거의 불가능하다.

그러면서 후쿠야마는 한국 경제발전의 경우를 든다. 유교문화의 영향을 받아 한국은 가족주의familism가 강한데, 가족주의는 가족끼리는 또는 좀 넓어야 친척끼리는 서로 신뢰하며 자발적 사회성이 있지만, 가족 밖의 사람들은 그리 신뢰하지 않는 경향이 있는 저신뢰low trust 사회기 쉽다. 하지만 경제적 도약을 위해서는 가족주의적인 작은 기업을 넘어, 많은 사람들이 모여 일하는 대기업이 필요하다. 따라서 심한 가족주의는 가족을 넘은 큰 기업들이 주동이 되어야 하는 현대적 경제활동에 제약을 준다. 그런데도 한국은 1960~70년대부터 경제적으로 도약했다. 왜냐? 후쿠야마의 답은 이렇다. 다른 원인도 있지만 가장 중요한 원인은, 박정희 대통령이 의도적으로 가족 기업을 넘는 대기업을 육성함으로써 사회성과 신뢰성 형성의 기반을 넓혔고, 다른 하나는 그 자신이 청렴한 것처럼 기업들의 부정을 가능한 한 엄하게 다스려서 사회적 신뢰의 풍토를 조성해 갔기 때문이다. 말하자면 자발적인 정직과 신뢰가 아니라 타율적으로 조성된 정직과 신뢰에 의한 발전이었다는 것이다. 일리 있는 추론이다.

하지만 오늘날 칸트가 살아있었다면 후쿠야마의 주장에 꼬투리를 잡았을 것이다. 후쿠야마의 주장에는 경제발전을 하려면 자발적 사회성·신뢰 즉 정직의 풍토를 조성해야 한다는 뜻이 함축되어 있다. 칸트는 경제발전을 하려면 정직해야 한다는 생각은 정직을 '가언적 명법'으로 여기는 조건부의 타산적·공리주의적인 생각이라고 반박했을 것이다. 칸트에겐 정직은 정직해야 이롭기 때문에 정직해야 하는 덕목이 아니라 그 결과가 이롭건 이롭지 않건 어떤 경우에도 정직해야 하는 무조건적인 '정언적 명법'이기 때문이다. 본시 결과란 정확하게 예측할 수도 없다. 칸트는 그의 『도덕형이상학원론』에서 거짓말을 가장 부도덕적인 악행의 예로 자주 거론한다.

'어느 경우에나'라는 정언적 명법이기 때문에 칸트의 정직 개념은 아주 엄격하다. 뻔한 사실을 자신의 이해利害를 위해 감추고 속이려고 하는 '새빨간' 거짓말은 물론 악행이다. 하지만 의사가 암이라고 내게 귀띔해 준 어떤 환자에게 그를 위로한다고 "넌 암 아니래. 곧 나을거야"라고 선의로 하는 '하얀 거짓말'도 칸트에게는 환자의 인격을 무시하는 용서 안 되는 거짓말이다. 대신 그저 "아무리 심각한 병이라도 마음을 굳게 먹으면 나아! 힘내!"라고 할 수도 있다. 이것은 거짓말이 아니다.

대접 받은 음식이 맛이 없어도 "맛있게 잘 먹었습니다"라고 하고, 또는 재미없고 시시한 강연을 들어도 "재미있게 들었습니다"라고 치사하는 것도 칸트에게는 용서 안 되는 '하얀 거짓말'이다. 대신 그저 '강연 준비하시느라 많이 애쓰셨겠어요'라고 할 수도 있다. 이것은 거짓말이 아니다. 재미없는 강의를 치사의 뜻으로 재미있다고 거짓말을 하면 치사는 되겠지만, 그 연사가 자기 강연이 정말 재미있는 것으로 착각하고 더 잘 해야겠다는 노력을 하지 않게 된다면 그것은 진정 연사의 인격을 존중하는 처사가 아닐 것이다. 이 점에서 칸트의 주장은 이해가 간다. 임금의 폭정은 선정이라고 아첨하기는 쉽지만 그것은 실은 왕을 위하는 행위가 아니다. 선정이 아니라 폭정이라고 간언하기는 어렵고 용기가 필요하지만, 그런 간언이야말로 임금을 위한 도덕적인 행위다.

'노란 거짓말'도 있다. 농담으로 재미로 하는 거짓말, 곧 스스로 거짓이라고 밝히는 거짓말이다. 말하자면 '거짓 거짓말'이다. "선반에 둔 과자 네가 먹었지?"라고 다그칠 때, 자기가 먹었어도 정색하고 "아니야!"라고 잡아떼면 그것은 새빨간 거짓말이다. 그러나 빙그레 웃으면서 "아니" 하면 그것은 실은 먹었다고 실토하는 말만의 거짓말이다. 이런 '노란 거짓말'마저 칸트는 용서 안 된다고 나무랐을지. 나 같으면 이런 거짓 거짓말을 가끔은 농담으로 여길 텐데.

우리는 누구나 이때저때 거짓말을 한다. 거짓말 안 하는 사람은 별로 없다. 대부분은 위의 예처럼 맛없는 음식을 대접 받고도 '맛있게 잘 먹었습니다'라고 거짓말을 하고, 재미없는 강연을 듣고도 '재미있게 들었습니다'라고 '하얀 거짓말'을 한다. 인간관계상, 예의상, 감사 때로는 아첨의 필요상 그런 하얀 거짓말을 하는 경우가 많다. 우리가 다 칸트 같은 철인이 아닌 이상, 그처럼 '하얀' 또는 '노란' 거짓말을 스스로 엄금하기는 어렵다. 문제는 자기의 이익을 위해 남에게 해를 주는 '새빨간 거짓말', 뉴스 시간을 어지럽게 하는 수많은 부정직한 사건의 주범인 '새빨간 거짓말', 속임, 감춤이다.

도덕성의 근본은 정직성이다. 도덕은 인간관계에서 필요한 것이고, 인간관계는 서로 믿을 수 있게 정직해야 성립하기 때문이다. 따라서 도덕훈육·도덕교육의 핵심도 우선 새빨간 거짓말을 하지 않는 정직성 함양에 있다. 인간 세계도 자연 세계처럼 믿을 수 있어야 성립된다.

정신분석학적인 견지에서는, 앞서 "정의"에서 논의한 것처럼 도덕성의 기초는 2, 3세에 형성된다. 그때가 세상에 대한 '기본적 신뢰감' 아니면 '불신감'이 형성되는 시기고, 이어 주변의 도덕규범을 내 것으로 내면화해서 도덕적인 '자율성'이 길러지는 시기다. 이때 부모가 너무 엄격하거나 또는 무관심해서 아이의 기본적인 생리적 욕구를 적절히 충족시켜 주지 못하면 세계에 대한 불신감이 생기고, 도덕규범의 내면화도 지장을 받아 도덕적 양심良心의 형성이 어려워진다. 믿을 수 없는 세상에서는 나도 믿을 수 있게 정직하게 행동하기 어렵고 양심이 미숙하면 거짓말도 쉽게 하게 된다.

이런 현상은 풍요한 사회의 부유한 가정에서도 있을 수 있고, 빈곤한 사회의 가난한 가정에서도 있을 수 있다. 하지만 특히 극심한 빈곤과 폭정에 시달리는 사회에서는 부모가 여간 각별히 배려하지 않고서는 정직성과 양심을 함양하기가 어렵게 된다. 한 사회가 그런 빈궁과 학정의 긴 역사에 시달리면 그것이 후쿠야마가 말하는 '저신뢰 사회'가 되는 셈이다. 그러나 그런 사회에서도 사려있는 부모나 영특한 지도자가 있으면 거짓이 난무하는 저신뢰 사회에서 정직하고 투명한 고신뢰 사회로 점차 이행해 갈 수 있다.

고신뢰 사회의 도덕성과 저신뢰 사회의 도덕성에는 차이가 있다. 그것은 부정행위에 따르는 '죄악감'guilt 대 '수치감'shame의 차이다. 어쩌다 거짓·속임 등 부정행위를 저지르려 할 때, 후에 양심의 가책에 스스로 괴로울 것을 두려워하는 것이 죄악감의 도덕이고, 들키면 창피 당할 것을 두려워하는 것이 수치감의 도덕이다.

어쩌다 실제로 부정을 저질렀을 경우, 죄악감의 도덕성은 그 부정이 들키지 않아도 죄악감의 자책自責으로 고민한다. 고민이 심하면 스스로 고백하고 벌을 자청한다. 이에 반해서 수치감의 도덕성은 부정이 들키지 않는 동안은 별 자책감도 없고, 들키면 그제서야 창피해하고 "물의를 일으켜서 죄송합니다", "면목 없습니다"라고 말한다. 그러면서도 속으로는 '다 재수가 없어서'라고 여길 뿐 죄악감은 별반 없다. 따라서 벌을 자청하기보다는 용서를 애걸한다.

텔레비전에 범행자가 연행되는 장면이 자주 나온다. 거의 예외없이 깊숙이 모자를 쓰고 마스크를 하거나 저고리를 머리에 덮어쓴다. 아니면 텔레비전이 '친절하게' 얼굴 부분을 흐려버린다. 외국에서는 보지 못한 장면이다. 면목없는 창피를 덮기 위해서 '면목', 얼굴과 눈만 가리면 된다는 심리다.

나는 정직의 문제에 관한 심리학·사회학·윤리학·경제학·정치학 등 종합적이고 심도있는 다학문적인 연구가 있어야 할 것을 제안하고 싶다. 그에 따라 함양의 방안도 나올 수 있을 것이다.

공과 사

"호텔의 로비나 식당에서 왁자지껄 고성으로 떠들고 시끄러운 사람들이 있으면 그것은 대개 한국사람들이다."

몇 년 전 태국의 한 호텔 지배인의 말이다. 주변의 다른 사람들을 아랑곳하지 않고 제 마음대로 떠든다는 것이다. 19세기 말엽 조선에 와 있던 가톨릭 선교사인 달레Dallet가 당시 조선의 풍속을 자세히 적은 『조선교회사서론』[9]에서 조선사람들은 언제나 큰 소리로 말하고, 모든 모임은 지극히 떠들썩하다고 관찰했다. 큰 소리로 떠드는 것이 정정당당한 귀격이고, 작은 소리로 말하는 것은 비속한 천격이라고 생각하는 것 같다고 했다. 태국의 호텔에서 고성으로 떠드는 것이 100년도 넘는 옛날 버릇의 여운일까?

공공장소에서의 시끄러운 고성은 주위의 다른 사람들, 공공公共을 무시하는 행위다. 공공의 식당에서 어쩌다 큰 소리로 울고 보채는 아이를 "울지 마!" 소리 지르며 더 울게 하고도 태연한 부모가 있다. 공공을 아랑곳하지 않는 부모다. 그런가 하면 때로는 황급히 아이를 안고 밖으로 나가는 부모도 있다. 공공을 의식하는 부모다.

우리는 필연 공公과 사私의 세계에서 살고 있다. 사인私人인 동시에 공인公人이다. 혼자서 살기도 하지만, 남들과 같이도 살아야 한다. 사인은 제멋대로 살아도 되지만, 공인에게는 어떤 법도가 있어야 한다. 그 법도가 도덕이고 법률이다. 그런 도덕이나 법률 이전에 애당초 '사' 아닌 '공'을 생각하는 공공의식이 필요하다. 한학자에 의하면 본래 한자의 私의 厶사는 자기를 가리키는 형상이고, 禾화는 곡식이다. 따라서 私는 내가 먹을 내 것이라는 글자다. 이에 대해 公은 厶를 어떤 덮개 八로 덮은 현상이다. 사사로운 감정이나 욕심을 함부로 부리지 말고 덮으라는 뜻이다. 말하지만 그 八이 법도인 셈이다. 그래도 八 위에 터진 데가 있어서 사정을 완전히 덮어버리는 것이 아니라 법도에 맞게 배출하라는 뜻이 있다고 볼 수도 있다.

나 아닌 남에는 혈육인 부모와 형제도 있고 남편·아내도 있으며, 내가 섬기는 상사도 있고, 나와 사귀는 친구도 있다. 이들은 다 내가 잘 알고 내가 가까이 지내는 사람들이다. 이들은 다 '가까운 남'들이다. 이들은 물론 내가 함부로 대해서는 안 된다. 그래서 유교에서는 삼강오륜이 있다. 삼강은 군신·부자·부부 사이의 도리를 알고, 오륜은 더 보태서 부자 사이의 친애, 군신 사이의 의리, 부부 사이의 분별, 장유 사이의 순서, 붕우 사이의 신의가 있어야 한다는 윤리다.

이런 유교 윤리관은 문자 그대로 해석한다면, 현대 사회의 배경에서는 두 가지 문제를 내포한다.

그 하나는 삼강오륜에는 '가까운 남'에 대한 윤리는 있지만, '먼 남', 나와 일면식도 없는 거리·버스·공공 식당에서 만나는 '먼 남'에 대한 윤리가 없다는 점이다. 유교의 중심교리로 달리 인仁은 있지만 오륜에는 나타나 있지 않다. 이것은 가족주의 사상이 짙었던 옛날의 사회상의 반영일 것이다. 우리말의 '남'에도 나와 상관없는 따라서 이리저리 마음을 쓸 필요도 없고 무시해도 되는 사람이라는 어감이 짙다. 일가친척을 남이라고 하지는 않는다. 그러다간 '우리가 남이냐!'라는 반발을 산다.

물론 '가까운 남'에 대한 윤리는 있어야 한다. 그러나 사회활동이 광범위해지면서 그에 따라 사람들이 여러 '먼 남'들과 다양하고 조밀한 인간관계 속에서 활동해야 하는 현대사회에서는 좁은 가족주의적 윤리만으로는 한계가 생긴다. 좁은 윤리관은 앞서 "신뢰와 정직"에서 논의했듯이 현대적 경제활동에 제약이 될 뿐만 아니라 정치 분야에서도 분열적인 파당주의로 이어질 가능성이 커진다. 조선 시대 '사색당쟁'의 당파였던 노론·소론·남인·북인은 당파가 다르면 서로 통혼도 하지 않았으니, 당파는 가족주의의 연장이었던 셈이다. 오늘날 현대 민주주의의 인권사상은 가족이나 지역이나 파당을 넘는 보편적인 인권사상이다. 인간을 수단으로서만 대하지 말고 언제나 동시에 목적으로 대하라는 명법에서 '인간'은 가족이나 '가까운 사람'만 아니라 '먼 남'도 포함하는 보편적인 개념이다. 물론 '남'보다 가족끼리 두터운 정을 느끼는 것은 극히 자연스러운 일이다. 그러나 현대에서는 가족 아닌 남이라도 완전히 '남'이어서는 안 된다.

유교 윤리관의 또 하나의 문제는 그것이 대부분 '세로의 윤리', 수직적인 종縱의 윤리고, '가로의 윤리', 수평적인 횡橫의 윤리는 없다는 점이다. 이 점은 앞의 '가까운 남'의 윤리와도 관계가 있다. 군신 사이의 충忠, 부자 사이의 효孝, 형제 사이의 제悌, 부부 사이의 별別은 다 수직적 윤리다. 붕우 사이의 신信만 수평적이고 그것도 '먼 남'에게까지 연장되어 있지는 않다. 하지만 근대적인 보편적 인권사상 그리고 현대적 공공의식·공공윤리는 옆으로 뻗어나간 횡적 윤리에 그 뿌리를 둔다. 횡적 윤리가 부실하면 '공'에 대한 의식과 윤리도 부실해질 수밖에 없다.

우리는 문화인류학자 클럭혼Kluckhohn의 제안[10]에 따라, 여러 문화 집단들이 각기 강조하는 인간관계를 수직적, 수평적, 개인적인 세 윤리관으로 나누어 볼 수 있다. 이렇게 볼 경우 동양의 유교 윤리는 수직 윤리관에 그리고 서양의 기독교 윤리는 수평 윤리관에 가깝다. 개인적 윤리관은 인간관계 이전에 개인의 인간적 존엄성을 강조하는 개인주의에 가깝다. 개인주의엔 앞서 "개인과 집단"에서 언급했듯이 이기주의적인 결격형 개인주의도 있고, 내 일 나아가 또 사회집단의 일도 내가 결정하고 내가 책임진다는 이상형 개인주의가 있다. 공공의식·공공윤리에 불리한 것은 수직적 윤리관 그리고 결격형 개인주의다. 지나친 개인주의는 클럭혼도 앞에서 인용한 후쿠야마도 경고한다.

클럭혼의 분류대로 윤리관을 원칙적으로 수직적·수평적·개인적으로 나누어 볼 수는 있지만, 현실에서는 그 셋이 여러 모양으로 혼합되어 있다. 모든 사회에 그 셋이 상황에 따라 좀 다르게 작용해야 하기 때문이다. 수평 윤리관이 주종인 민주사회에서도 정부나 군대 또는 기업체에서는 어느 정도의 수직 윤리는 필수다. 수직 조직인 군대에서도 '인권'의 견지에서는 수평 윤리도 작용해야 한다. 그리고 어떤 조직체에서건 최소한의 개인 인권존중은 필수라고 할 수 있다.

가족주의적 윤리관 즉 유교 윤리관도 그 자체로는 흠 잡을 것은 전혀 없다. 집이 가난해서 많은 아이들이 배가 고파 허덕이고 있다면 음식을 구해 자식부터 먹여 살리고 싶은 것은 인지상정이다. 가족주의는 지극히 자연스러운 심성이다. 다만 문제는 그런 심성을 간직하되 거기에서 더 '성장해 나가면서' 윤리의 정신적 윤곽을 보다 넓은 남들에게로 넓혀가야 하는 데 있다. 마치 호수에 던진 돌이 그 파동을 점점 넓혀 나가는 것처럼.

어릴 때엔 아이에게 부모가 전부다. 모든 것을 부모에게 의지한다. 하지만 성장하면서 부모의 품에서 차차 독립해 나가야 한다. 커서도 엄마의 치맛자락을 붙잡고 있을 수는 없다. 청년기가 그 독립의 끝 단계다. 그렇다고 자라나면서 부모로부터 '성장해 나오는' 것이 부모를 잊거나 버리는 것은 아니다. 부모는 여전히 그립고 사랑하고 효孝를 해야 할 대상이다. 돌 던진 호수의 중심에 여전히 파동이 일듯이. 도리어 어릴 때엔 부모의 사랑을 받기만 했지 부모를 적극적으로 사랑할 수 있는 능력이 미숙했지만, 자라나면서 그럴 수 있는 능력이 성숙해진다. 매한가지로 좁은 가족주의 또는 민족주의에서 성장해 나간다는 것이 가족 또는 민족을 무시하게 된다는 뜻은 아니다. 도리어 그렇게 성장해 가면서 가족 또는 민족을 위해 더 많은 것을 더 현명하게 베풀 수 있는 능력이 길러지고 식견이 넓어져 간다.

가깝건 멀건 위건 아래건 다른 사람에 대한 윤리 이외에 또 한 차원의 지극히 중요한 윤리의 차원이 있다. 곧 공동체共同體에 대한 윤리의식이다. 공동체엔 가족도 있고, 동네와 직장과 각종 협회 그리고 국가도 포함된다. 인간은 자기가 속해 있는 여러 층의 공동체에 대한 윤리적 책임을 지닌다. 그런 공동체가 자신의 존재를 가능하게 했을 뿐만 아니라 그 공동체의 안위安危가 자신의 안위와 직결되어 있기 때문이다. 가정이 결단나면 나도 휘청거리게 되고, 직장이 파산하면 나도 곤궁에 빠진다.

특히 나라의 흥망성쇠는 나의 흥망성쇠를 좌우한다. 나라가 망하면, 일제 강점기처럼 또는 미국의 인디언처럼, 나는 유랑을 떠나든지 2등 인간의 굴욕을 감수해야 한다. 그래서 자고로 모든 국가는 국가에 대한 국민의 공동체 의식 즉 애국심을 고취·함양하려고 무진 노력한다.

애국심은 여러 요인에 의해서 함양된다. 거기엔 지난날 긴 세월의 역사적·문화적 요인도 작용하고, 현재의 안보·정치·경제 요인 등도 복합적으로 작용할 것은 명백하다. 지금 우리의 긴박한 현실에서는 국민 각자의 애국심에 관한 깊은 자체성찰이 우선의 긴요한 과제다. 애국심의 문제는 앞서 "3. 나라는 잘 다스려야"에서도 다루었기에 긴 논의는 생략한다.

미래 윤리

오늘의 미래는 옛날의 미래보다 훨씬 빠르게 닥쳐온다. 역사 변천의 속도가 빨라졌기 때문이다. 옛날엔 사건들이 많았다 해도 그래도 역사는 잔잔한 수평선을 그리며 진행되었다. 하지만 현대에 들어와서는 거의 모든 것이 추측을 넘어서 기하급수적인 가파른 상승곡선을 그리며 진행된다. 세계 인구 폭발이 그렇고, 지식의 팽창이 그렇고, 환경오염과 생태계 파괴의 속도도 그렇다. 50년쯤 후에나 다가올 것이라 생각했던 일들이 20년이나 10년도 안 되어 들이닥친다. 미래는 먼 역사의 저쪽에 있는 것이 아니라 바로 우리 코앞에 다가서 있다. 따라서 오늘의 미래는 먼 내일의 일이 아니라 바로 오늘 당장의 일이다.

국회는 국회의원들이 국사를 논의하고 그 향방을 의결하는 곳이다. 논의하는 국사는 거의 대부분이 내일에 관한 것이고 내일에 큰 영향을 미치게 될 것들이다. 그런데 국회의원은 투표권자인 성인들이 선출하고 성인들의 관심을 대변할 뿐이고, 정작 의결된 국사의 영향을 받게 될 당사자인 어린아이들 그리고 장차 태어날 아이들이 '선출'하고 그들을 대변할 국회의원은 없다.

그렇다고 어린아이들, 아직 태어나지 않은 아이들에게 국회의원을 선출하게 할 수도 없는 노릇이다. 대안은, 국사를 의결하는 현재의 어른 국회의원들 그리고 국사를 집행하는 어른 정부 요원들이 '현재 어른들의 이해利害'뿐 아니라 미래 자손들의 이해에도 절실한 관심을 가지는 길 밖에 없다. 그렇게 자손을 배려하는 것이 미래 윤리다. 쉬운 예로, 지금 한강의 밑바닥은 쓰레기 투성이라고 한다. 그런 한강을 자손에게 물려주는 것은 자손에 대한 윤리가 아니다. 당장은 보이지 않는다고 강에 쓰레기를 버리는 것은 남의 집 마당에 밤에 몰래 쓰레기를 버리는 것과 같다. 미래 윤리는 내일의 사람들을 사람대접하는 윤리다.

미래에 절실한 관심을 갖는 것이 반드시 미래를 정확히 꿰뚫어 보고 그렇게 예견되는 미래에 대처한다는 뜻은 아니다. 그렇게 할 수 있으면 오죽 좋을까마는 무슨 신통력 있는 점쟁이가 아닌 이상 보통 사람에게는 그런 예견의 능력은 없다. 미래의 일반적 동향을 짐작한다 해도 정확한 미래는 예측이 불가능하고 돌발사도 많다. 따라서 미래 윤리는 내일에 대한 관심을 간직하면서 '본래 오늘 마땅히 해야 하는 일'을 행하는 것이 그 근본이다. 쓰레기는 본래 달리 적절히 처리해야지 강에 버리는 것이 아니다.

인도 힌두교엔 카르마karma라는 사상이 있다. 불교에도 이어져 갈마羯馬 또는 인과업보因果業報라고 부르는 사상이다. 카르마를 흔히 통속적으로 쉽게 이해할 수 있게, 이 세상에서 나쁜 짓을 하면 내세에 가서 뱀이 되고, 선행을 하면 내세에 귀인이 된다는 식의 윤회설輪廻說로 설명한다. 하지만 그 본연의 뜻은 역사적 인과율因果律의 사상이다. 한 역사적 사건이 '업'이 되어 긴 세월을 두고 후일의 역사에 그 광명 또는 암영의 '보'를 드리운다는 생각이다. 그래서 오늘의 행위를 조심해야 한다는 말이다.

한 사가에 의하면, 옛날 고조선은 그리고 그 후 고구려도 국력과 그 사기가 허약했기 때문에 한과 당에 패배한 것이 아니라 내분과 그로 인해 적과 내통한 배반자 때문에 망했다고 한다.[11] 그들의 소행이 '업'이 되어 그 후 지금까지 한민족은 광활한 만주의 땅을 버리고 좁은 한반도에서 답답하게 살아야 하는 어두운 '보'를 겪어야 했다. 반면 세종대왕의 한글 창제는 그것이 희한한 '업'이 되어 그 후 지금까지 수백 년 한국 문화에 밝은 '보'를 던지고 있다. 그때 한글 창제가 없었던들 그 후 오늘까지도 한국문화의 독자적 정체성을 지켜내기가 힘들었을 것이다. 그러니 카르마는, 오늘의 일거수일투족이 내일에 던질 명암明暗임을 깊이 생각해야 한다는 경고를 뜻한다.

카르마는 '역사적 현실' 또한 '역사적 현재'라는 개념을 시사한다. 말하자면, 오늘 속에 어제와 내일이 들어가 있다는 개념이다. 오늘의 현실에는 과거 역사의 업보와 미래에 던질 업보가 응축되어 있다는 생각이다. 그런 역사적 현실 의식 속에서 오늘 마땅히 해야 할 일을 행해야 한다는 것이 카르마의 교훈이다.

카르마에는 또 하나의 뜻이 있다. 그런 역사적 인과율이 있다고 해서, 약삭빠르게 그 인과율에 따라 내일의 이득을 얻으려고 오늘의 행위를 획책해서는 안 된다는 것이다. 귀인이 되려고 선행하고 천당에 가려고 선행해서는 안 된다는 말이다. 역사적 인과율은 아주 오묘하고 복잡해서 인간의 지혜로는 쉽게 포착할 수 있는 것이 아니기 때문이다. 그저 본래 인간은 선행을 해야 하기 때문에 선행하는 것이지, 얻을 수 있는 이득이라는 조건 때문에 선행하려 해서는 안 된다는 말이다. 이것은 쉬이 짐작할 수 있듯이 칸트의 무조건적인 '정언적 명법'과 비슷한 말이다. 돈은 본래 절약해야 하는 것이지, 반드시 이자를 바라고 저축해야 하는 것은 아니다. 그런 본연에 대한 마음가짐이 결과적으로 가장 적절하게 미래에 대응하는 길이다.

이런 카르마의 뜻을 받아들이면서도, 급격하게 다가오는 여러 적신호적인 사회변화의 추이에 대한 인식은 오늘 마땅히 해야 할 일을 성찰하는 데에 필요한 경고가 될 것이다. 많은 식자들이 사회변화의 여러 추이에 대해 우려하고 있다. 나는 특히 세 가지 추이를 걱정한다. 첫째가 환경오염과 생태계 파괴고, 둘째가 자꾸 늘어나는 국채國債고, 셋째가 여러 나라 안에서 그리고 나라들 사이에서도 커지고 있는 빈부 격차의 문제다.

환경오염과 생태계 파괴는 자손들에게 점점 더 황폐하고 살기 어려운 세상을 물려주는 것이고, 늘어나는 국채는 자손들에게 빚더미에 앉아 있는 집을 남겨주는 일이며, 벌어지는 빈부 격차는 자손들에게 그로 인한 사회 갈등과 사회 불안을 증폭할 것이기 때문이다. 다 알고 있는 바기 때문에 여기서 그 자세한 논의는 필요없고, 그 대략만 살펴본다.

이미 1960년대부터 식자들이 경고한 환경오염과 생태계 파괴는 1980년대부터 현실로 번져가고 그 속도가 빨라졌다. 한 예만 들어도, 인간들이 뿜어내는 각종 가스 때문에 모든 생명체의 보호막인 대기의 오존층이 무너져가고 온실효과로 대기의 기온은 올라가고 있다. 높은 온도로 인해 해수가 팽창하고 북극·남극의 빙산이 녹아내리면서 이미 20세기에 세계 해수면이 20센티미터 상승했고, 2100년에는 작게는 50센티미터 크게는 1, 2미터 상승할 것이라고 예측하고 있다.[12] 그에 따라 지구상 해변가의 많은 대도시들이 물에 잠길 위험이 있다. 뿐만 아니라 사막은 넓어지고 온대가 아열대가 되고 한대가 온대로 변해가고 있다. 혹한·혹서·태풍 등 기상 이변이 속출하고 있다. 생물의 종種들은 급속히 멸종해 가고 바다의 물고기는 다소간 독성 물질로 오염되어 있다. 이런 세계가 우리가 자손에게 물려줄 만한 세계는 아닐 것이다. 그것은 미래 윤리가 아니다.

세계의 많은 나라들이 늘어가는 국채 즉 나랏빚을 안고 있다. 일본은 GDP의 약 2.5배가 나랏빚이다. 국민 모두가 2년 반 동안 번 돈을 한푼도 쓰지 않고 빚 갚기에 써야 할 액수다. 미국의 국채도 GDP의 약 80퍼센트에 해당한다. 한국의 국채도 GDP의 약 50퍼센트나 된다. 다른 나라들은 잘 모르지만, 발전·번영·복지에 열을 올리고 있는 나라엔 으레 국채가 꽤 쌓여 있을 것으로 짐작된다. 국채는 내일 세대들이 써야 할 돈을 오늘 세대가 미리 빼어 쓰는 격이고, 그 빚은 다음 세대가 갚아야 할 판이다. 물론 그렇게 쓰는 돈이 도로·항만·학교 등 사회간접자본의 확충으로 자손에게 이득이 되기도 하겠지만, 빚은 빚이다. 빚더미에 앉은 집을 물려주는 것은 미래 윤리가 아니다.

지금 세계는 여러 나라에서 빈부 격차가 점점 더 벌어지고, 국제적으로 나라와 나라 사이에도 그 격차가 점점 더 벌어지고 있다. 어느 정도의 빈부 격차는 불가피하고 또 불가결한 것이라고 볼 수 있다. 앞서 "불평등"에서 논의한 바와 같이, 인간 능력의 차이에서 오는 빈부의 차등은 불가피하고, 부로 향하는 의욕이 생산의 원동력일 수 있기 때문에 그 차등은 필요하기도 하다. 하지만 도를 넘는 큰 빈부의 격차는 빈부 사이의 질시와 멸시가 교차하면서 공동체 의식을 희박하게 하고 사회 불안과 갈등을 증폭시킨다. 이런 상황은 갖가지 폭동과 혁명의 불씨가 된다는 것이 내 추론이다. 그런 불안한 사회를 자손들에게 물려주는 것이 미래 윤리는 아니다.

위와 같은 비판은 쉽지만, 자손에 대한 이런 '비'미래 윤리의 추이는 그 광정匡正이 쉽지 않은 것은 명백하다. 그 세 추이는 모두가 다 이른바 '물욕의 사회'acquisitive society가 그 원인이기 때문이다. 대부분의 나라가 개인적, 국가적 풍요가 지상목표기 때문이다. 아마도 미래를 걱정하는 미래 윤리의 관심은 조금은 그 물욕을 자제하는 데서 발단해야 하는 것인지도 모른다. 이 점에서 우리는 현대사회를 여러 모로 분석·비판하는 여러 사상가들의 소론에 가끔은 귀를 기울여야만 한다. 그들의 비판은 거의 다 한결같이 '물욕의 사회'를 힐난하는 데서 시작한다.

개인 인간의 윤리는 이성 또는 '초아'로 욕망을 스스로 적절히 자제하는 데서 시작한다. 내일의 사회를 전망하는 미래 윤리도 물욕을 적절히 사회적으로 스스로 제어하는 데서 시작할 수밖에 없을 것이다. 이것이 '고양이 목에 방울 달기'와 같은 어려운 문제일지도 모른다. 그러나 길은 그 길 밖에 없어 보인다.

한 외신 기자가 "한국사람은 세 가지를 모르고 있다"고 했다.

그 첫째가 자신들이 얼마나 잘 살고 있는지를 모르고 있다는 것이다. 정말 한국은 반세기 전보다 엄청 잘 산다. 60년 전 개인당 GDP 100달러 미만에서 지금은 2만 달러가 넘는다. 하지만 자신이 잘 살고 있음을 모르는 것은 한국뿐만이 아니라 이른바 선진국 사람들은 다 그럴 것이다. 그 외신 기자의 말에는 우리가 너무 잘 살고 있다는 어감이 풍긴다. 그러나 앞서 "행복"에서 거론했듯이, 잘 사는 부자 나라 사람들이 반드시 가난한 나라의 사람들보다 더 행복하지는 않다는 증거가 드러나 있고, 행복은 돈 이외에서 찾아야 한다는 생각을 심사숙고한다면 물욕의 적절한 사회적 자제自制도 반드시 '고양이 목에 방울 달기' 문제와 같은 거의 불가능한 문제라고만 여길 것은 아니다.

둘째는 한반도 남북 대치가 얼마나 일촉즉발의 위기를 안고 있는지를 잘 모르고 있다는 것이고, 셋째는 동북아시아에서 한국이 얼마나 험악한 지정학적 위치에 있는지를 모르고 있다는 것이다.

7

삼라만상 뒤엔

앎과 믿음
존재론
이원론과 이분론
신론
자유의지론과 결정론

앎과 믿음

인간은 상상想像하는 동물이다. 눈에 보이는 사물이나 현상 뒤에 무엇이 있을까 상상한다. 돌아가신 어머니를 상상하고, 가끔 꿈에서도 '여실히' 본다. 그러다가 혹시 어머니의 '영혼'이 있지 않을까 상상한다. 그리고 어느 계제에 '있지 않을까'가 '있다'로 변한다. 번개가 겁나게 번쩍거리고 천둥이 무섭게 천지를 뒤흔든다. 어렸을 때 본 화가 난 아버지처럼 무섭다. 혹 그것이 그때 자상하기도 하고 무섭기도 했던 아버지 같은 어떤 혼령, 어떤 '신'이 하는 것이 아닐까 하는 생각이 든다. 그러다가 '아닐까'가 '그렇다'로 이어진다.

형이상학形而上學metaphysics이란 관찰할 수 있는 자연현상 즉 물리현상을 넘어서는 문제에 관한 학문이라는 뜻이다. 그 말은 아리스토텔레스가 자연현상physics에 관한 논의 다음meta에 다룬 문제들이라는 데 연유한다.

형이상학이 다루는 문제는 이 세상 삼라만상 뒤의 궁극적인 실체는 무엇인가, 신神은 존재하는가, 영혼靈魂은 불멸한가, 우주宇宙는 어떻게 생겨나고 어떻게 생긴 것인가, 인간이 자유의지自由意志를 행사할 수 있는가 등 눈에 보이는 현상의 세계, 감각경험으로는 실증적으로 그렇다고도 아니라고도 할 수 없는 알쏭달쏭한 문제들이다. 앞에서도 언급했지만, 칸트는 이런 형이상학적 문제들은 인간지성의 한계를 벗어나는 문제라고 선언하고, 그 지적인 논의는 불가능하다고 했다.

그러나 궁금하다고 문제가 제기된 이상 사람들은 어떤 모양으로든 그 답들을 구상해야 했다. 나는, 형이상학적 주장의 진위眞僞에는 별 관심이 없지만, 그 답들에는 호기심이 생긴다. 호기심을 넘어서, 이런 문제의 답 여하가 사람들의 행동에 엄청난 지배력으로 큰 영향을 주고 있다는 점에서 실천적으로 심각한 의의를 지닌다. 예를 들어, 신이 있느냐 없느냐의 믿음에 따라 그 사람의 행동에 큰 차이가 나는 것을 우리는 쉬이 목도한다. 이차돈은 불교를 믿기에 순교를 마다하지 않았고, 아랍의 청소년들은 알라신을 믿기 때문에 자살 폭탄테러에 새파란 청춘을 산화한다.

나는 이 모든 형이상학적 문제들은 종당엔 앎의 문제가 아니라 믿음의 문제고, 인지認知의 문제가 아니라 신념信念의 문제라고 본다. 그야말로 믿거나 말거나의 문제다. 하지만 인지와 신념, 앎과 믿음은 인간행동에 동시에 작용하고 다 중요하다. 사거리에서 빨간 불, 파란 불을 가려서 건너는 것은 앎의 작용이고, 저기 달려오는 차가 빨간 불을 보면 서리라는 것은 믿음의 작용이다. 인간은 삶에서 자연계와 인간사 그리고 초자연적인 사항에 관한 어떤 믿음을 가지고 산다.

믿음은 앎의 결과로 형성되기도 한다. 손에 쥔 물건이 놓으면 떨어진다는 것을 '알기' 때문에 우리는 낙하의 법칙을 '믿는다.' 눈에는 태양이 하늘을 도는 것으로 보이지만, 실은 태양이 아니라 지구가 돈다는 법칙의 근거가 있다고 알고 있기에 우리는 지동설을 믿는다. 그러나 인지 과정엔 허위의 함정이 많기 때문에 그에 따라 잘못된 믿음도 자주 생길 수 있다. 폭풍을 예고하는 빨간 기가 폭풍의 원인으로 믿는 것은 잘못이고, 어쩌다 한번 우울하게 상을 찌푸린 사람을 보고 곧 우울증 병자라고 믿는 것도 잘못이다.

믿음은 개인이 속하는 사회집단이 가지고 있는 통념에 따라서도 형성된다. 한국에 태어나면 대개는 추석에 성묘해야 한다고 믿는다. 부모가 기독교인이면 대개는 아이들도 기독교를 믿게 된다. 하지만 사회통념에도 그릇된 믿음이 많다. 각종 미신이 그 예고, 때로는 유행도 이에 속한다.

믿음은 상상想像으로도 형성된다. 서두에 말한 것처럼, 인간은 상상의 동물이다. 돌아가신 어머니를 상상하고 꿈에서도 본다. 그런 상상이 간절해지면 어머니가 또는 어머니의 영혼이 현실에서 나에게 말을 거는 것 같은 환각幻覺에 빠지기도 한다. 상상하는 것을 실체화하는 경우다. 형이상학의 많은 개념들이 그렇게 상상을 실체화實體化한 것일는지도 모른다.

인간에겐 한 현저한 정신작용이 있다. 즉 앎이 믿음을 형성하기도 하지만, 믿음이 앎을 지배하는 경우도 많다. 믿음의 선입견 때문에 지각작용, 인지작용이 그 영향을 받는다. 한번 어쩌다 누군가가 밉다고 믿으면, 그의 미운 행동만 눈에 띄고 그의 고운 행동은 있어도 보이지 않는다. 그리고 그의 미운 행동의 증거만 적극 찾아 나선다. 반대로 한번 곱다고 생각하면 그의 만사가 고와 보인다. 한번 유신론을 믿으면 신이 있다는 사례와 그 증거만 찾게 되고, 한번 무신론을 믿으면 신이 없다는 증거와 논리만 눈에 보인다.

나아가 믿음은 그 믿음을 정당화, 합리화하기 위해서 앎의 기제인 논리도 치밀하게 구사하면서 거기에 여러 유리한 사실만을 동원한다. 서구의 '신학'은 신 일반에 관한 신학이 아니라 주로 기독교를 정당화하는 신학이다. 서구의 신학자들이 예컨대, 인도 힌두교의 신 브라만Brahman은 별로 논하지 않는다. 논한다면 그것은 이단이라고 일축할 것이다. 신 일반은 도리어 근대 종교학에서 다루고 있다.

사실을 근거로 해서 주장하는 과학적 이론의 타당성 여부는 그래도 쉬이 결판이 나면서 새 이론이 옛 이론을 대신하는 이론의 개폐가 비교적 용이하지만, 이미 굳혀진 신념은 웬만큼 강한 반증이 아니면 사실 앞에서도 쉬이 바뀌지 않는다. 더구나 종교적 신앙은 여간 충격적인 경험이 아니고는 개종改宗이 거의 불가능하다. 일전에 한국의 한 저명한 인사가 사랑하는 딸의 사망으로 기독교에 입교했다는 이야기를 들었는데 그것은 드문 예다. 신념, 신앙의 문제에서는 타협은 극히 어렵다.

원자물리학으로 유명한 닐스 보어Bohr는 연구실 벽에 무슨 부적처럼 말 편자를 하나 걸어놓고 있었다. 누군가 "저걸 왜 걸어놓았습니까?"라고 물었더니, "말 편자를 걸어놓으면 행운이 온다고 해서"라고 했다. "아니, 선생님 같은 과학자도 그런 미신을 믿습니까?"라고 되물었더니 그의 답이 이랬다. "별로 믿지는 않지만, 믿어 보아도 손해날 것은 없지 않은가! 혹 행운이 오면 좋고, 안 온다 해도 실망할 것도 없고. 그저 심심풀이 재미로 걸어놓았을 뿐이네." 하지만 사람들의 대부분의 신념·신앙은 보어의 담담한 미신처럼 이래도 좋고 저래도 좋은 담담한 것이 아니다.

다음에 논의할 세상의 궁극적 실체를 묻는 존재로, 신의 존재를 묻는 신론, 자유의지 여부를 묻는 자유의지론 등은 그렇게 덤덤한 문제가 아니다. 그 해답 여하에 따라 인간의 실천적 행동 여하가 앞에서 예로 든 이차돈이나 아랍의 청년들처럼 크게 달라지기 때문이다.

그래서 칸트도 위와 같은 형이상학적 문제는 인식론 밖의 일이라고 했지만, 실천적·도덕적 문제에서는 필요한 조건이 된다고 선언했다.

존재론

이 세상 삼라만상을 이루는 궁극적이고 근본적인 실체實體가 무엇이냐를 묻는 것이 존재론存在論ontology이다. 그 대표적인 주장이 유물론唯物論과 이에 대립하는 유심론唯心論이다. 또는 '물질론' 대 '관념론'이다. 물론 삼라만상의 궁극적인 실체는 물질이라는 주장이 유물론이고, 그게 아니라 궁극적인 것은 우리의 마음 즉 관념 또는 이념이라는 주장이 유심론이다.

나는 중등학교 시절 어느 해인가 서점에서 호기심에 처음 철학개론책을 사서 읽어나갔을 때, 유물론 대 유심론의 대목에서 적지 않게 혼미스러웠던 생각이 난다. '내 눈앞에 보이는 산, 나무, 돌, 집, 책상, 그리고 사람도 모두 다 물질로 되어 있으니 유물론은 알만한데... 유심론이란 뭔가? 저기 저 산, 여기 이 책상이 그 근본은 마음이라는 게 무슨 말인가?... 내가 눈을 감으면 저 산이 안 보인다, 없어진다, 내 마음이 봐야 비로소 산이 있다... 그게 유심론인가?... 그래도 눈 뜨면 산이 도로 거기 그대로 있지 않아?...' 그러면서 눈을 감았다 떴다 했던 생각이 난다.

그때 그렇게 혼미스러워했던 것이 어린 나이에 철학적 문제엔 백

지였던 탓이었을까? 반드시 그렇지는 않다고 생각한다. 어린 마음에 비친 혼미스러움이나 철학사를 장식하는 대가들의 존재론적 주장들이 어지러운 갈등을 빚고 있음이나 다 같기 때문이다. 본래 형이상학적 존재론은 그렇게 알쏭달쏭한 문제다. 그러나 그 답이 어느 쪽으로 기우느냐에 따라서 실천적으로는 차이가 생긴다.

인간의 감각에 직접 다가서는 것은 물체의 세계기 때문에 소박하기는 유물론이 더 소박한 생각일 것이다. 그런 소박한 생각을 삼라만상의 근본으로까지 밀고 들어간 첫 유물론자는 고대 그리스의 데모크리터스Democritus(460-370 BC)다. 그는 우주의 삼라만상은 궁극적인 실체는 눈에 잘 보이지 않는 극히 작은 미립자微粒子들과 그것들의 운동으로 구성되어 있다고 주장하고, 그 미립자를 atom원자이라고 이름 지었다. 만물은 쪼개고 또 쪼개고 하면 더는 쪼갤 수 없는 것에 도달하는데 그것이 원자라는 것이다. 물론 데모크리터스가 실제로 돌을 부셔서 쪼개고 또 쪼개고 해서 원자까지 만져보고 한 주장은 아니다. '상상'으로 추정한 주장이다. 아마도 그 자신은 반드시 유심론을 부정하려는 의도에서 원자론을 주장한 것은 아니겠지만, 후세의 논자들이 그의 원자론을 유심론의 부정으로 여긴 것 같다.

근세에 내려와서 "만인은 만인의 적이다"라는 말로 유명한 홉스Hobbes는 인간의 정신적 의식意識은 감각을 받아들이는 육체에서 비롯한다고 했다. 정신보다는 물질적인 육체가 먼저라는 유물론인 셈이다. 최근의 어떤 과학자는 인간의 마음인 의식은 생리적 상태가 빚어내는 무지개와 같은 것이라고 했다. 무지개는 미세한 물방울들이 일정한 각도로 햇빛을 받아 생겨나는 시각적 현상이고 무지개 자체의 실체는 없다는 것이다. 홉스의 주장을 연상케 하는 유물론적 사고다.

과학기술이 발달한 연유도 유물론적인 사고에 있었다. 기실 범신론汎神論처럼 만물에 그 나름의 영혼이 깃들어 있다고 생각하면, 자연의 모든 것, 바위, 나무, 동물을 함부로 부수고 자르고 죽이고 할 수는 없을 것이다.

유물론의 신앙이 실천의 세계에서 크나큰 비극적인 결과를 낳은 것은 마르크스Marx(1818-1883)와 엥겔스Engels(1820-1895)의 유물사관唯物史觀 또는 역사적 유물론일 것이다. 그들은 물질이 모든 것을 결정하며, 따라서 사람들 삶에 필요한 물질을 어떻게 마련하느냐라는 경제적 생산양식 여하가 인류 역사의 운행運行을 결정한다고 보았다.

그들은 그들의 유물사관에 헤겔Hegel(1770-1831)의 정正 · 반反 · 합合의 변증법을 원용했다. 변증법은 한 주장(정)과 그것과 반대되는 다른 주장(반)을 어떤 모양으로 종합(합)함으로써 역사가 발전한다는 이론이다. 그러나 그들은 '정'과 '반'을 헤겔처럼 넓게 여러 가지 방법으로 종합이 가능한 관계로 해석하지 않고 좁게 적대적 투쟁 관계로만 해석하면서, 구시대의 자본주의를 노동자들의 계급 투쟁에 의해서 말살함으로써만 새 시대의 사회주의를 실현할 수 있다고 믿었다. 그것이 공산주의였다. 그러나 공산주의는 여러 가지 비리로 그 뜻도 이루지 못하고 무수한 비극만 낳고 역사의 뒤안길로 사라졌다.

유심론도 그 역사적 뿌리가 깊다. 나는 유심론의 시작이 아마도 원시인들의 자연현상에 대한 외포감畏怖感이었을 것이라고 생각해 본다. 번개가 치고 천둥이 요란하고 폭풍우가 일고 지진에 화산이 터지고 할 때 왜 그럴까 하는 상상을 하게 마련이고, 그 가장 쉬운 답은, 많은 원시인들이 그랬듯이, 그런 현상 뒤엔 그것을 좌우하는 하늘의 천신, 바람의 풍신, 땅의 지신 같은 어떤 영적 · 심적인 존재가 있을 것이라는 상상 즉 관념이었을 것이다. 그런 사상이 신론으로 이어지면 종교가 되고, 존재론으로 연결되면 유심론으로 발전했을 것이다.

철학사에서 처음으로 정교한 체계의 유심론을 주장한 철학자는 아리스토텔레스의 스승이기도 했던 플라톤Platon(427-347 BC)이다. 그의 유심론은 후세에 많은 영향을 미쳤다. 그는 궁극적인 본체本體의 세계는 이념idea 또는 관념의 세계고, 눈앞에 벌어지는 현상의 세계는 그 본체인 관념의 세계의 잡스럽고 변덕스러운 불완전한 모방일 뿐이라고 했다. 플라톤은 연극을 싫어했다고 한다. 현실이 본체의 불완전한 모양인 것도 서러운데, 그 모방을 또 모방하는 연극은 거들떠볼 가치가 없다고 여겼다고 한다.

나는 한때 본체는 관념이고 현상은 그 불완전한 모조품이라고 한 말에 좀 어리둥절했다. 하지만 다음과 같이 생각하면 이해는 할 수 있었다. 예컨대, '직선'도 '원'도 현상세계에서는 완전한 것이 없다. 현미경으로 들여다보면 다 들쭉날쭉한 불완전한 것들이다. 완전한 직선 또는 원은 마음속의 관념에만 있다. 나는 가끔 학문이 찾는 삼라만상의 인과관계 등 법칙의 세계 즉 진리의 세계가 바로 플라톤이 말하는 본체인 관념의 세계가 아닌가 하는 생각이 든다. 그런 법칙들이 현상세계에서는, 완전한 '직선' 또는 '원'이 없듯이, 완전하고 깨끗한 모습으로 드러나 보이지는 않기 때문이다.

플라톤은 본체인 이념의 세계를 밝혀낼 수 있는 방법이 대화법dialectic 즉 문답법이라고 했다. 서로 묻고 답하고, 그게 아니지 않느냐고 반문하고 다시 대답하는 과정에서 본체의 세계가 드러난다는 것이다. 대화법은 그의 스승 소크라테스Socrates(469-399 BC)가 즐겨 쓴 방법이었고, 후세에 헤겔의 변증법으로 발전한 방법이다. 그는 유물론자 아닌 관념론자답게 현상을 직접 관찰하는 과학적 방법에는 관심이 없었다. 아리스토텔레스에 이르러서야 과학적 방법이 관심사가 된다. 아리스토텔레스는 플라톤의 이념을 '형상'form이라는 이름으로 받아들이고 거기에 '질료'matter 즉 물질이 얹혀서 삼라만상이 생긴다고 했다. 그는 정신과 물질을 이분론이 아니라 이원론으로 보았다.

근세에 내려와서 유심론의 태두는 데카르트다. 그의 유명한 선언 "나는 생각한다, 고로 나는 존재한다"는 말은 비단 나의 존재만 아니라 '나는 생각한다. 고로 만물이 존재한다'는 뜻으로 해석해도 좋을 것이다. 하지만 근세에 들어와서 존재론의 유심론과 유물론의 문제는 앞서 "존재론"에서 거론한 인식론으로서의 이성론과 경험론의 문제로 변환된 감이 있다. 따라서 경험론자인 베이컨이나 로크는 유물론에 가까운 셈이다.

나는 동양사상, 동양철학을 체계적으로 배우고 공부할 기회를 가지지 못했던 것을 후회한다. 하지만 피상적으로 듣고 읽고 한 것만으로도 동양사상에는 서양식 "존재론"의 논의는 없어 보인다. 굳이 찾는다면 흔히 속설에 서양은 물질적이고 동양은 정신적이라고 하듯이, 동양사상은 거의 일변도로 유심론, 정신주의라는 생각이 든다. 비록 현대에 와서는 동양이 도리어 서양을 뺨칠 정도로 물질주의적이지만.

중국 사상의 대종인 유교의 삼강오륜이나 인·의·예·지를 강조한 사단칠정설이나 다 도덕적 행위의 심성을 말하는 것이고, 존재론과는 관계가 없다. 다만 실제 사물을 연구해서 앎에 이르러야 한다는 뜻의 '격물치지'格物致知 또는 사실에 근거해서 진실을 탐구한다는 뜻의 '실사구시'實事求是라는 표현은 있다. 하지만 자연과학이 그리 발달하지 못했던 사실로 보아 그 지知가 자연과학의 '지'인지 도덕적인

'지'인지는 나에겐 분명치 않다. 조선 정조正祖 때 발흥한 실학實學도 당시의 정치·경제·학제·병제의 폐를 지적하려 했을 뿐이고 물질 세계에 관한 과학의 주장은 아니었다.

불교도 유심적이고 정신적인 교의인 것은 명백하다. 불교는 '유심소조'唯心所造, 모든 것은 다 마음으로 이루어져 있다는 유심론이다. 불교의 오계五戒나 팔정도八正道는 다 정신적, 도덕적인 덕목이고, 자연과학과는 거의 관계가 없다.

다만 존재론의 견지에서 나에게 솔깃하고 궁금한 것이 하나 있다. 불교의 공空의 사상이다. 『반야심경』의 색즉시공色卽是空, 공즉시색空卽是色에 나오는 '공'이다. 이 말의 '색'은 형형색색의 물질을 뜻한다. 물질은 곧 공이고, 공이 곧 물질이라는 말이다. 세상만사 다 부질없는 텅 빈 것이니 거기에 집착할 필요가 없다는 것이 보통의 해석이겠지만, 이 말을 존재론으로 해석한다면, 정신도 물질도 고뇌도 부귀도 다 허상虛像이고 허망이라는 말이 된다. 그것이 어쩌면 145억 년 전에 '없음'과 같은 극히 미소한 점에서 빅뱅으로 우주가 탄생하고, 다시 억겁의 세월 뒤에는 블랙홀이 되어 모두가 없어진다는 근자의 우주론에 더 잘 들어맞는 사상일지도 모른다.

이원론과 이분론

이상하게도, 어쩌면 도리어 당연하게, 이 세상에는 대칭되는 또는 대립하여 짝을 이루고 있는 것이 무수히 많다. 즉 이원론二元論dualism 또는 이분론二分論dichotomy으로 지각되고 개념화되고 있는 것이 많다. 앞서 논의한 유물론과 유심론 또한 대칭 또는 대립하는 이원론을 반영한다.

어찌보면 거의 모든 것이 이원적인 대칭관계에 있다. 몇 개만 열거해 보아도, 상하, 좌우, 전후, 남북, 대소, 경중, 명암, 진위, 선악, 미추… 남녀, 부부, 개인과 집단… 고락, 희로, 애증, 유정과 무정… 빈부, 진보와 보수, 전제와 민주, 자유와 압제, 전쟁과 평화… 원자의 전자와 양성자, 전극의 +와 -, 힘의 작용과 반작용… 정신과 물질, 이성과 감정, 이론과 경험… 그리고 음과 양, 생과 사, 유와 무 등 그 예는 한없이 들 수 있다.

기실 모든 명사, 동사, 형용사 앞에 불不, 무無, 비非 등의 접두사를 붙이면 대립 개념이 생긴다. 예컨대, 정正과 부정, 인정과 무정, 존재와 비존재 등이다. 특히 거의 모든 사상의 주장은 다른 사상의 부정否定 또는 수정修正으로 발생하기 때문에 애당초 다 이원론을 전제로 출발한다고 볼 수 있다. 관념론이 물질론의 부정으로 시작했고, 경험론이 이성론에 반대하면서 시작되었듯이. 따라서 이원론은 자연현상이나 인간과 사회의 현실을 지각하고 개념화하는 데 극히 자연스러운 관점이라고 해야 할 것이다.

문제는 이원론을 흔히 '이분론'으로 간주하는 경우다. 이원론은 둘이 서로 대칭적으로 다르지만 어떤 형태로든 둘이 같이 작용하고 상보관계를 가지고 있다고 보는 경우고, 이분론은 칼로 잘라놓듯이 둘을 아무 상관이 없이 소 닭 보듯이 또는 불구대천의 앙숙처럼 갈라놓는 경우다. 거의 모든 이원론은 논리적으로 그리고 실제에서도 그렇게 갈라놓아야 할 이분론이 아니다. 왜냐하면 논리적으로는 '보수'의 반대는 '비非보수'지 '진보'가 아니기 때문이다. 논리적으로는 A와 non A는 이분으로 깨끗이 갈라진다. A가 동시에 non A일 수는 없기 때문이다. 옛날 로마 결투장에서 싸우는 두 검투사는 이분론이다. 둘이 같이 살아남을 수 없고, 하나가 죽어야 하나가 살기 때문이다. 하지만 대부분의 이원론은 그렇게 살벌한 이분론이 아니다.

현실적으로도 '보수파'와 '진보파'를 그렇게 깨끗이 갈라놓을 수 없다. 진보파도 어떤 문제에서는 보수파와 같은 의견을 가질 수도 있기 때문이다. 따라서 보수와 진보는 이분론이 아니라 이원론으로 해석해야 한다. 생生과 사死는 많은 사람에게 이분론으로 보인다. 그러나 어떤 종교적 달관자는 생과 사를 서로 연관된 하나로 보기도 한다. 이순신 장군의 "필생즉사 필사즉생"必生卽死 必死卽生이라는 호령은 비슷한 사생관이었을 것이다.

이원으로 또는 이분으로 대립하는 두 관념을 어떻게 융화하고 종합하느냐가 헤겔의 큰 과제였다. 헤겔은 그 종합의 요체는 변증법辨證法dialectic에 있다고 보았다. Dialectic은 본래 dialogue 즉 '대화'에서 유래한 개념이다. 둘이서 묻고 대답하고 반론하고 합의하고 하는 대화·문답 등 일상생활에서 흔히 쓰는 수수한 방법을 의미했다. 앞서 언급했듯이, 소크라테스가 제자들을 가르칠 때 쓰던 방법이고, 플라톤도 이념의 세계에 접근할 수 있는 길이라고 본 방법이다.

그 수수한 방법을 헤겔은 어마어마한 철학의 방법으로 격상한 셈이다. 그리고 누군가 그것을 문답법이라고 번역해도 될 것을 까다롭게 '변증법'이라고 번역했을 뿐이다. 아마도 서로가 하는 말의 증거를 가려서 결론을 낸다는 뜻의 번역일 것이다.

우리도 일상 대화에서 상대방이 '이건 이렇다'라고 하면, 그대로 수긍할 때도 있지만, 때로는 '그게 아니잖아! 이게 이러이러하기 때문에'라고 반론을 제기한다. 상대방이 다시 '그런가? 그래도 이러이러하기 때문에 내 말이 더 맞는 것 같은데!'라고 응수한다. 그러는 과정에서 우리는 서로 상대방을 이해하기도 하고, 자기의 잘못을 고치기도 하고, 공통점과 합의점을 찾아내면서 한 단계 높은 수준의 종합에 이른다.

변증법은 이 과정을 형식화해서 상대방의 주장을 정正thesis, 그것에 대한 나의 반론을 반反antithesis, 협의 끝에 합의한 결론을 합合synthesis이라고 이름 붙였다. 그리고 그렇게 종합된 결론은 다시 '정'이 되고, 그 '반'과 다시 '합'을 이루면서, 변증의 과정이 점점 더 고차원으로 발전해 간다.

헤겔은 개인의 사고思考 과정도 사회문제의 해결 과정도 나아가 역사의 진행 과정도 다 그런 정·반·합의 변증방법을 따른다고 보았다. 그런 변증 과정이 점점 더 고차원으로 발전해 올라가면 마침내

'세계정신'Weltgeist에 도달한다고 했다. 하지만 나에겐 그게 뭔지 막연하다. 철저한 관념론자인 그에겐 그것이 혹 '신'이었을까? 그렇게 끝없이 발전해 가는 정·반·합의 변증 과정을 발동하게 하는 원동력을 헤겔은 부정否定negative이라고 했다. 의심이 나는 것만 아니라 당연해 보이는 것에도 회의와 반대를 던져보는 부정의 정신이 발전의 원동력이라는 생각이다.

앞서도 언급했지만, 마르크스는 헤겔과 달리 유물론을 취하고 거기에 헤겔의 변증법을 적용하면서 유산계급과 무산계급을 '정'과 '반'으로 보았다. 그러나 그 관계를 '합'이 가능한 관계로 보지 않고, '반'이 '정'을 투쟁으로 말살해야 하는 불구대천의 적대 관계로 보았다. 그는 헤겔처럼 '정'과 '반'을 이원론으로 보지 않고 이분론으로 본 것이다.

동양사상에는 이분론 아닌 이원론이 현저하다. 『주역』周易의 음양陰陽론은 문자 그대로 이원론이다.[1] 『주역』은 양을 표시하는 양효陽爻, 기호로는 ⚊과 음을 표시하는 음효陰爻, 기호로는 ⚋을 셋으로 조합한 8개의 괘卦, 예컨대 ☵와 같은 괘를 이중으로 조합한 ䷾와 같은 64개의 괘로 삼라만상의 이치를 설명하려고 한다. 괘는 천·지·인天地人의 삼재三才 즉 위 선은 하늘, 아래 선은 땅, 가운데 선은 인간을 상징한다.

『주역』은 본래 점을 치는 점서占書지만, 공자가 그 심오한 이치에 반해서 책을 맨 끈이 세 번이나 닳아 떨어지도록 탐독했다고 하니 그 속에 뭔가 심오한 것이 있기는 있는 모양인데, 나에겐 때때로 읽어 봐도 그저 재미있는 문학작품으로만 여겨진다. 그러나 그 기저에 음양의 이원론이 있는 것은 확실하다.

나는 가끔 태극기의 문양을 유심히 들여다본다. 네 귀퉁이에 있는 괘는 그 나름의 의미가 있겠지만, 내게 의미가 깊은 것은 동그랗게 음과 양이 맴도는 태극의 문양이다. 누가 발명한 문양인지, 원 속에 직선을 그어서 음과 양이 대립하게 갈라 놓은 모양이 아니라 서로 껴안고 '원'만하게 원을 그리며 도는 듯한 문양이 가끔 많은 것을 생각케 한다. 폭력적인 대치마저 일삼는 한국 정계의 여야가 저렇게 태극처럼 돌아갔으면 하는 바람도 그중 하나다. 음과 양이 하나의 원을 이룬다는 점에서 음양설과 변증법엔 공통점이 있어 보인다.

공자도 아리스토텔레스도 강조한 중용中庸론은 모든 대립하는 이원론을 종합하는 원리라는 점에서 더구나 헤겔의 변증법과 비등한 뜻이 깊은 이론이라고 나는 믿는다. 서론에서도 밝혔듯이, 중용은 좌우의 물리적인 중간이라는 뜻이 아니다. 심사숙고 끝에 현실과 논리에 맞게 시중時中의 길을 택한다는 뜻이다. 중中은 가운데라는 뜻도 있지만, 맞춘다는 뜻도 있다. 중에는 정正이라는 뜻도 있다.

모든 개념·관념이 그렇듯이, 모든 사상이나 도덕덕목도 추상적인 개념이고, 추상적인 개념은 현실의 여러 특수한 사정을 무시하고 그 모두에게 일반적인 요인만을 가리키는 개념이다. 민주주의와 전제주의, 자본주의와 사회주의, 보수주의와 진보주의 등 모든 이념적인 '주의'는 현실의 여러 잡다한 특수성을 걸러낸 순수한 개념들이다. 그 개념들 속에는 한 시대의 특수한 역사적 조건이나 한 사회의 특수한 사정이 가미되어 있지 않다. 따라서 그 개념을 실제에 적용할 때에는 현실의 특수한 사정을 적절히 고려해서 거기에 맞게 실천의 방향을 정해야 한다. 그것이 중용이고 시중이다. 그런 중용의 사고 과정은 '이것이냐? 아닌데! 저것이냐? 그것도 아닌데! 그러면 어느 것이냐?' 하는 변증법적 사고와 흡사한 데가 있다.

불교에도 중용의 사상이 깃들어 있다. 불교에 사성제四聖諦라는 사상이 있다.[2] 생로병사를 포함하는 온갖 육체적인 고통을 고성제苦聖諦라고 하고, 수많은 망상과 허영, 탐욕과 무지와 분노 등 정신적인 고뇌를 집성제集聖諦라고 하고, 이런 고통·고뇌에서 벗어나는 상태를 멸성제滅聖諦라고 한다. 그리고 이 멸성제의 경지에 이르는 수양 방법이 도성제道聖諦인데, 그 근본은 '불고불락'不苦不樂을 실천하는 중용의 길이라는 것이다. 중용은 금욕주의에 치우치지 않고 쾌락주의도 탐내지 않는 멸성제에 이르는 방법이라는 것이다. 근래의 세태처럼 행복을 지상으로 여기는 사상도 본래 불교의 불고불락의 정신과는 거리가 먼 셈이다.

신론

나는 대학 시절 한 철학 강의에서 칸트가 "신은 있느냐 없느냐라는 존재의 문제가 아니라, 믿느냐 안 믿느냐라는 신앙의 문제다"라고 한 말에 깊은 감명을 받은 것을 지금도 기억한다. 이 말이 '신'에 관한 나의 생각에 결정적인 영향을 준 것 같다. 물론 유일신唯一神 신앙과는 거리가 먼 유교 집안에서 태어나고 자라나서 조상 제사와 성묘가 몸에 밴 까닭도 있겠지만, 나는 무신론자에 가깝다. 주위에 기독교를 믿으라고 권유하는 친구도 있었으나 별로 내키지 않았다. 그렇다고 '종교는 아편이다'라고 한 마르크스나 근자에 『신은 망상』이라는 문제작을 펴낸 생물학자 도킨스Dawkins처럼[3] 골수 무신론자는 아니다. 굳이 편가름한다면 '신은 있는지 없는지 알 수 없다'는 불가지론자不可知論者agnostic에 해당할 것이라는 입장부터 미리 밝혀둔다. 이 희한하고 아름다운 우주를 만들어 낸 조물주가 어디엔가 어떤 모양으로든 있을 것 같기는 하지만, 그것을 인지로는 알 수 없다는 생각이다. 그리고 여러 신화나 종교에서 흔히 그 신이 사람을 만들었다고 하지만, 실은 명백히 사람들의 상상이 그 신을 만들어 냈다는 생각이 거기에 따른다.

아마도 원시사회에서 처음 발상된 신관은 범신론pantheism일 것이다. 범신론은 신화나 동화에서처럼 하늘에는 하늘의 신, 번개에는 번개의 신, 바람에는 바람의 신, 나무에는 나무의 신, 돌아가신 아버지에게는 아버지 신 등 모든 사물 뒤에 어떤 영적인 존재가 있다고 상상하는 신관이다. 우리 옛 조상들이 섬겼던 그리고 아직도 그 풍습이 더러 남아 있는 무당 신앙은 범신론이다. 그렇게 만물에 어떤 영적인 것이 깃들어 있다는 생각이 번개와 천둥은 번개 신이 화가 나서, 폭풍우는 하늘 신이 노해서라는 식으로 여러 현상을 이해하고 설명하는 가장 간단한 방법이었을 것이다.

그러다가 그중 중요한 신들로 수가 줄어든 것이 다신론多神論polytheism이다. 흥미진진한 수많은 신들이 등장하는 그리스 신화는 대표적인 다신론이다. 그 신들도 역시 해당하는 자연사와 인간사의 원인을 이해하고 설명하는 데 필요했다. 오늘날에도 그리스 신화의 신들은 인간사의 설명에 비유로써 자주 인용된다. 아폴론적, 디오니소스적, 프로메테우스적이라는 개념들이 그 예다.

그 후에 그리스 신화에서 모든 신을 통괄하는 주신主神인 제우스처럼, 그 권세가 훨씬 초월적이고 절대적인 신, 삼라만상을 직접 창조하고 통괄하는 전지·전능하며 편재하는 유일신만을 상정하는 것이 일신론一神論이다. 유대교, 기독교, 회교가 그 예다. 일신교에서는 그 유일신이 자연사, 인간사를 포함한 모든 현상의 '궁극적 원인'이라고 믿는다. 궁극적이기에 제일 높은 하늘에 있는 천신天神, 하느님이고 하나님이다.

신은 대부분 인간의 형상anthropomorphic을 한 신으로 상정되고 있다. 즉 인격신人格神personal god이다. 그리스 신화의 신들은 다 사람처럼 화내고 사랑하고 질투하고 울고 웃고 하는 인간과 같은 형상의 신들이다. 기독교의 여호와 신도 인격신이다. 로마 바티칸 궁의 시스틴 성당 천장에 미켈란젤로가 그린 유명한 '천지창조'의 그림에서 여호와 신은 수염이 긴 엄숙한 할아버지의 형상이다. 그리고 인격신들이 우주를 창조한 것으로 되어 있기 때문에 그 우주관은 자연히 인간중심적anthropocentric인 우주관이다. 즉 인간의 형상인 신이 인간을 우주의 중심에 놓고 인간에게 특권을 인정하는 우주관이다. 기독교 바이블 창세기편에 그런 우주관이 역력하다. 앞서 "경제발전"에서 언급한 것처럼, 그런 신관·우주관이 경제발전의 원동력은 되었지만, 스스로 삶의 터전을 잠식하는 환경오염과 생태계 파괴의 원인이 되기도 한다.

이에 비하면 인도 힌두교의 최고 신인 브라만Brahman은 인간형상의 인격신이 아니다. 그저 한 '절대적인 정신'이다. 비록 통속적인 설화에서는 브라만의 '몸'에서 비슈누Vishnu신이 나오고, 그 비슈누의 '배꼽'에 핀 연꽃에서 브라마Brahma신이 나와서 세상을 주재한다고 의인법을 썼지만, 그 본뜻은 다 인격신이 아니다.

참고로, 비슈누에서 나온 브라마는 한 겁劫 동안 세상을 주재한다.[4] 한 겁은 큰 바위를 비단으로 살짝 살짝 쓸어서 닳아 없어지게 하는 엄청 긴 시간, 사람들의 시간으로 43억 년에 해당한다. 그런 다음 브라마는 다시 비슈누의 몸으로 들어가서 또 한 겁을 쉰다. 그 두 겁이 브라마의 '하루'다. 그런 하루로 365일이 브라마의 1년이다. 그런 브라마의 햇수로 100년이면 비슈누는 그 수명을 다하고, 절대정신인 최고의 신 브라만의 몸으로 돌아간다. 브라마 햇수로 100년은 이 세상 햇수로 36조 년인 셈이다. 지금은 브라마의 햇수로 50년에 해당하는 세계다. 그리고 영겁 뒤에 그 사이클이 다시 시작된다. 누군가의 계산에 의하면 8천 년 밖에 안 되는 바이블 창세기의 우주 연원에 비하면 실로 엄청나게 심원한 우주관이다.

브라만은 그저 한 절대적인 정신일 뿐 인간형상의 신이 아니기 때문에 인간중심적으로 인간에게 만물을 지배하는 특권을 부여하지도 않는다고 나는 추리한다. 이런 추론은, 힌두교가 그 근원인 불교사상의 오계五戒에서 그 첫째가 불살생不殺生 즉 모든 생명체의 살육을 금하고 있는 것으로도 가능하다.

불교는, 조직적인 종단이 있는 종교지만, 유신론이 아니다. 무신론이다. 부처를 숭상하지만 부처는 성현聖賢이지 신은 아니다. 부처의 가르침이 심오하고 사람들의 심금을 울리기 때문에 부처를 신격화하고 있을 뿐이다. 부처의 교리를 상징하는 상상의 인물인 관세음보살, 미륵불을 신격화하는 경우도 부처의 제자들이 통속적인 선교를 위해서 발상한 것이라고 생각된다.

유교를 한 종교로 보는 경우가 있지만, 유교는 물론 조직적 종단이 있는 종교도 아니고 신을 모시는 유신론도 아니다. 다만 유교도 그 심오한 교리 때문에 많은 사람에게 종교에 버금가는 신념·신앙이 되고 있을 뿐이다.

아인슈타인Einstein(1879-1955)은 현대 이론물리학의 최고봉으로 알려져 있는 덕으로 많은 사람들로부터 과학자로서 신의 문제를 어떻게 생각하느냐라는 질문을 면담에서 또는 편지로도 많이 받았던 모양이다. 그리고 그런 편지에 열심히 답장도 써 보냈는지 그의 신관神觀이 엿보이는 서한이 꽤 남아 있다.[5] 다음은 그 중 몇 가지다.

> 우리 인간의 한정된 방법으로 자연의 비밀을 꿰뚫어 보려고 하면, 우리는 우리가 알아낼 수 있는 모든 법칙과 관계 뒤에 우리가 파악할 수

도 없고 설명할 수도 없는 어떤 오묘한 그 무엇이 있다는 것을 알게 된다. 우리가 이해할 수 있는 모든 것을 넘어선 이런 힘에 대한 존경심이 나의 종교다. 그 한에 있어 나는 종교적이다.

우주의 오묘한 법칙 뒤에 그런 법칙을 있게 만든 어떤 힘이 아인슈타인에게는 신이었다. 이런 생각은 다음의 서한에 더 뚜렷이 나타나 있다.

나는 개인의 행동에 직접 영향을 주고 그가 창조한 창조물을 심판하는 자리에 앉아 있다는 인격신이란 상상할 수가 없다. 나의 종교심은, 우리가 알 수 있는 세계에 대해서 조금은 이해하고 있는 속에도 엿보이는 어떤 무한히 초월적인 정신에 대한 겸허한 존경심으로 이루어져 있다. 불가사의한 우주에 나타나 있는 한 초월적이고 이성적인 힘이 있다는 깊은 정서적인 신념이 나의 신관이다.

그는 "인간사가 아닌 사항들을 다루는 데에 인간형상으로 의인화한 개념을 쓰는 것은 언제나 현혹스러운 잘못이고 유치한 비유다. 우리는 그저 우리가 파악할 수 있는 이 세계의 구조의 아름다운 조화를 겸허하게 경탄해야 한다. 그것뿐이다"라고도 했다. 다시 인격신의 부정이다.

일전에 로마 교황이 어떤 질문에 대해서, 신을 안 믿어도 선행만 하면 신은 은총을 베푼다고 답했다는 기사가 있었다. 이 말은, '선행'을 매개로 유신론과 무신론을 융화하는 견해로 보아도 좋을까? 아니면 믿건 말건 신은 있다는 교차적인 주장일까? 여부간에 나에겐 가끔 날카로운 유신론과 무신론의 이분론적 대립을 완화할 수 있는 견해로 들렸다.

실존주의 신학자 틸리히Tillich(1886-1965)는 독특한 신관을 피력한다. 그는 저서 『존재하는 용기』Courage to Be에서[6], 삶에서 용기는 필수덕목이라고 전제하고 세 가지 용기를 들었다. 첫째는 나라를 위해 용약 전쟁터에 나가는 용기와 같은 집단에 '참여하는 용기'courage to participate, 둘째는 집단의 모두가 천동설을 믿어도 나는 지동설이 옳다고 주장하는 것과 같은 '자기 자신이 되는 용기'courage to be oneself다. 이것은 집단에서 벗어나는 용기다. 그리고 셋째가 생사生死를 달관하는 것과 같은 '초월하는 용기'courage to transcend다.

초월하는 용기를 좀 더 부연하면, 모든 이율배반적인 모순을 그 어느 한쪽을 부인함이 없이 다 받아들이고 그 모순 자체도 받아들이면서 지그시 어떤 달관을 통찰하는 용기라고 조금은 막연하게 정의할 수 있다. 삶에는 그런 모순이 수두룩하다. 고苦와 락樂, 행복과 불행, 삶의 알찬 의미감과 허무한 무의미감, 안정감과 불안감, 희망과 절망 그리고 생과 사 등이다. 이런 이율배반 중에 신과 관련된 신앙信仰과 회의懷疑라는 모순이 있다. 신이 있다는 신앙과 신은 없다는 회의의 모순이다. 틸리히는 하등의 회의가 없는 신앙은 도리어 고차적인 신앙이 아니고, '절망과 같이하는 희망,' '회의와 같이하는 신앙'이 더 초월적인 신앙이라고 했다. 그러면서 그는 그런 초월적인 신앙을 '신 위의 신'God above God에 대한 신앙이라고 했다. 앞의 신은 말하자면 절대신이고 뒤의 신은 여러 종교·종파의 신이다. 그 절대신은 "신이 회의의 불안 속에서 사라질 때 나타난다"고 했다. 좀 알쏭달쏭하지만, 나에겐 어딘지 수긍이 가는 말이다.

틸리히의 이런 신관을 함축하는 소설이 있다. 바로 김은국金恩國이

쓴 『순교자』다. 그 줄거리는 이렇다.

한국 전쟁 때 국군이 북진해서 평양을 탈환한다. 그리고 주민 선무의 목적으로, 공산군에 용감하게 반항하다 총살 당한 10명의 목사를 기리는 집회를 가졌다. 본래 처형장엔 12명의 목사가 있었는데, 한 목사는 죽음의 공포 앞에 미쳐버렸고, 종래 신망이 높았던 신 목사는 도리어 신을 버리고 공산군에 아첨해서 살아남았다고 했다. 사람들은 신 목사를 비겁한 배신자라고 박해하곤 했다.

그러다가 얼마 후에 목사들을 처형한 공산군의 대위가 붙잡혔다. 그에게 처형 경위를 물었더니, 진상은 그 반대였다. 대위의 말은 이랬다. "처형장에 끌려오니까 목사들은 다 공산군을 찬양하고 신을 저주하면서 살려 달라고 엎드려 비열하게 비는 꼴이 역겨워서 다 총살해 버렸다. 한 목사는 겁에 질려 아예 미쳐버렸으니 죽일 가치도 없었고, 신 목사만은 내 얼굴에 침을 뱉으면서 공산주의를 질타하고 신을 찬양했다. 그 용기가 가상해서 신 목사만은 살려 주었다."

국군의 고 대위가 신 목사에게 왜 진실을 밝히지 않았느냐고 물었다. 신 목사는 "이 수난의 겨레에겐 환상이라도 희망이 있어야 하지 않는가! 나 혼자 박해 받는 것이 낫지. 10명 목사의 영예로운 죽음의 믿음에서 사람들이 그 희망을 찾아야지!"라고 대답했다. 대위는 다시 다그쳐 물었다. "목사님, 이 처참한 전란 속에 도대체 신이 있는 겁니까, 없는 겁니까?" 그 질문에 신 목사는 묵묵히 대답은 없이 얼굴에 고뇌의 기색만 감돌았다.

신 목사의 신은 회의와 같이하는 '신 위의 신', 유신론과 무신론을 다 긍정하면서 그것을 초월한 신이었다는 말이 된다. 그리고 그런 '신 위의 신'은 특정 종교나 종파의 신봉자가 아니라도 어떤 달관으로 간직할 수 있다는 말도 된다.

자유의지론과 결정론

인간은 자신의 행동을 자신의 의지대로 자유롭게 선택할 수 있는 존재라고 보는 것이 자유의지自由意志free will론이다. 극단적인 자유론자는, 인간의 행동은 자연 현상처럼 어떤 법칙에 따르는 것이 아니고 자기 의지대로 할 수 있는 것이기 때문에 그의 행동에 관한 법칙은 있을 수도 없고 발견할 수도 없다고까지 주장한다.

내가 대학원 시절 캐나다에서 온 연로한 목사와 이야기를 나눈 적이 있다. 이야기 도중에 그는 내게 무슨 공부를 하느냐고 물었다. 나는 지금은 심리학을 공부하고 있다고 했다. 그랬더니 그는 얼굴에 갑자기 경멸하는 표정을 지으면서 "심리학? 별 쓸모없는 학문이지. 사람은 자기 생각대로 행동하는 데 그걸 어떻게 연구한다는 말이야!" 라고 했다. 아무리 연로한 목사라도 너무 퉁명스러운 말이어서 한바탕 언쟁을 벌일까 하다가 참았다. 그는 철저한 자유의지론자였다.

자유의지론에 반해서 결정론決定論determinism은 자연 현상도 인간 행동도 그리고 사회의 사태도 역사의 진행도 다 그 자체의 어떤 법칙에 따라 인간의 의지와는 관계없이 결정되면서 진행해 간다는 주장이다. 극단적인 결정론자는, 그런 법칙들만 알아내면, 마치 해·지구·

달의 운행법칙을 알면 다음 일식이 어느 해 어느 날 몇 시 몇 분에 어디에서 일어날지 정확히 예측할 수 있듯이, 미래의 인간·사회·역사의 진행도 원칙적으로는 다 예측할 수 있다는 거의 숙명론과 비슷한 주장까지 편다.

대학 시절 윤리학 시간에 이런 자유의지론과 결정론의 강의를 듣다가 장난끼가 발동해서 교수에게 질문했다. "아침 여섯 시에는 꼭 일어나야겠다고 의지를 굳혔는데도 한 번 눈은 떴어도 졸려서 도저히 못 일어나고 도로 잠드는 것이 결정론이고, 그래도 박차고 일어나면 그것이 자유의지론입니까?" 교수는 나를 노려보더니, "아니야! 그건 게으름뱅이의 문제야!"라고 일갈을 했던 생각이 난다.

자유의지가 있느냐 없느냐라는 문제도 신이 있느냐 없느냐라는 문제와 비슷하게 있다고도 할 수 있고 없다고도 할 수 있는 아리송한 형이상학적인 문제다. 내가 내 마음대로 행동하고 있다고 생각해도, 저 하늘 높이에 있는 어떤 조물주의 눈으로 보면 어떤 '섭리'에 따라 움직이는 여타 동물과 별 다름이 없는 것일 수도 있다. 손오공이 세상을 제 마음대로 누빈다고 생각해도 결국은 부처님 손바닥 안에서 놀고 있다는 것과 같다.

우리는 일상생활에서 대부분의 경우 자유의지를 행사하고 있다는 소박한 주관적 확신을 가지고 있다. 내 의지대로 먹고 싶은 것을 골라서 먹고, 내 의지대로 직업도 선택하고, 내 의지대로 배우자도 선택하는 등 가능한 행동의 갈래에서 자유롭게 선택할 수 있다는 것은 곧 자유의지의 행사다. 따라서 주관적인 내성內省으로서는 자유의지론은 극히 당연한 주장이다. 물론 욕심대로 뜻대로 할 수 없어서 참아야 할 경우는 많다. 그러나 그럴 때 참느냐 마느냐도 자유의지가 결정한다.

자유의지는 곧 자율의 전제고, 자율은 인간이 스스로 노예나 로봇이 아닌 인간임을 알게 되는 근본적인 질감이다. 인간은 자율 없이는 스스로 주체적인 인간이라고 느끼지 못한다. 보다 근본적으로 자유의지와 자율은 도덕의 대전제다. 자유라는 전제 없이는 도덕은 무의미하다. 선이냐 악이냐를 선택할 수 있는 자유의지를 전제하지 않고서는 사람에게 도덕적 책임을 물을 수 없다. 자유의지의 부정은 도덕의 부정으로 이어진다. 내가 선행 또는 악행을 하느냐 마느냐에 관계없이 세상은 제 법대로 결정되면서 운행되는 것이라고 본다면 선악을 가리는 도덕은 무용지물이 된다.

실존주의 사상에서는, 앞서 "인간과 동물"에서도 언급했지만, 인간은 어떤 상황에서도 전적으로 자유로운 즉 자유의지의 존재라고 선언한다. 혹독한 독재하에서도 인간은 자유롭다는 말이다. 다만 그런 상황을 부자유라고 말하는 것은 자유의지를 행사했을 때 따라오는 감옥·죽음과 같은 형벌이 두려워서 하는 말일 뿐이다. 몹시도 준엄한 자유·자유의지의 개념이지만, 깊이 음미할 만한 명제다. 이렇게 일상 경험의 내성으로 확인할 수 있는 자유의지를 주장하는 한 나도 자유의지론자다.

하지만 자유의지론을 극단으로 몰아가서, 인간 행동은 자유의지 여하에 따라 요동치기 때문에 그런 인간 행동에 어떤 법칙이 있을 수도 없고 예측도 전혀 할 수 없다는 주장엔 나는 반대한다. 그것이 극단적인 형이상학적 자유의지론이다. 이런 주장대로라면 앞서 캐나다 목사가 멸시한 것처럼 심리학·사회학·경제학·정치학 등 사회과학은 성립할 수 없다는 말이 된다.

우선 자유의지를 인정한다 해도 그 자유의지의 행사 자체에 어떤 원인이 있고 규칙이 있을 수 있다. 사람들이 행사하는 자유의지 자체가 난데없이 하늘에서 떨어지는 의지가 아니라 어떤 이유, 어떤 원인에서 생기는 의지다. 내가 나의 자유의지에 따라 대학입학 지망을 의학과가 아니라 경영학과로 정했다면, 그 자유의지는 나의 취미·적성·지능 또는 부모나 친구의 권유 등 여러 복합적인 원인들이 작용한 결과이다. 원인과 결과가 이어지는 한 거기에는 인과의 법칙이 있다. 자유의지 행사 여하도 인과법칙의 세계 속에 있다.

다만 인간 행동에 관한 과학적 법칙이 있다 해도 그것은 사회의 법칙·법령과는 다르다. 다 같이 '법칙'이라고 하지만, 사회의 법률·법령에는 강제성이 있어서 법령은 벌을 받지 않고 무시하거나 거슬릴 수 없다. 그러나 인간과 사회에 관한 과학적 법칙엔 자유를 제한하는 그런 강제성이 없다. 인간 행동의 법칙은 무시해도 좋고 거슬러도 좋다. '화가 나면 공격적이 된다'는 법칙이 있어도 나는 때로는 화가 나도 꾹 참기도 한다. 인간 행동의 과학적 법칙에 강제성이 없는 한 자유의지와는 저촉되지 않는다.

결정론에도 소박한 주장이 있고, 극단적인 주장이 있다. 나는 소박한 결정론엔 동의하지만, 그 극단적인 주장인 형이상학적 결정론은 찬성하지 않는다.

자연뿐 아니라 인간사에도 원인이 있고 어떤 법칙에 따른 결과가 있다는 소박한 결정론은 일상경험의 내성으로도 극히 당연한 관념이다. 오래 안 먹으면 배고프고, 너무 많이 먹으면 배탈 나고, 오래 추위에 떨면 감기 들고, 화가 나면 때려 부수고 싶고, 절대 권력은 절대로 썩고 등은 다 그런 인간관계의 법칙이다. 그런 법칙을 알아내려고 심리학·사회학·정치학 등 행동과학·사회과학이 생겼다. 그 점에서 나는 자유의지론자면서 동시에 결정론자기도 하다.

그러나 인간사가 인간의 의지나 능력에 관계없이 어떤 냉엄한 법칙에 따라 때로는 어떤 초월적인 힘에 따라 결정된다는 형이상학적 결정론은 찬성할 수 없다. 그런 결정론은 인간사의 내일은 미리 다 결정되어 있다는 운명론적 관념으로까지 이어진다. 아마도 그런 관념이 점서占書로도 읽히는 『주역』이나 『토정비결』 그리고 '종말론'終末論eschatology 등 각종 운명론의 전제였을 것이다.

물론 인간사에서도 인과로 이어지는 법칙을 판명해낼 수는 있다. 그러나 앞에서도 말한 것처럼 모든 법칙은 여러 특수한 상황에서 추려낸 하나의 추상抽象이다. 그 추상이 현실의 실제에서 작용하려면 적합한 특수한 조건들이 마련되어 들어가 있어야 한다. 아니면 그 법칙이 작용하지 못한다. '폭정은 혁명을 부른다'는 한 법칙일 수 있다. 그러나 폭정에도 어떤 허술한 '빈틈'이 생겨야지, 빈틈없는 경찰국가인 동안은 이 법칙은 작용하지 못한다. 법칙이란 그런 특수조건 여부에 무관히 그 법칙을 결정적으로 밀어붙이는 힘을 가지고 있는 것은 아니다.

또한 법칙을 이끌어내는 과학적 연구는 관찰이건 실험이건 조사건 언제나 불가부득이 '전집'을 다룰 수는 없고 그 일부인 '표집'을 다룰 수밖에 없다. 한계가 있는 적은 표집에서 얻어내는 결론을 무한히 많은 전집에 보편적으로 작용하는 법칙으로 일반화하려는 것이 모든 연구의 목적이다. 하지만 표집에서 알아낸 결론을 미지未知의 세계인 전집에 법칙으로 일반화하는 데에는 언제나 오류의 함정이 있다. 그래서 과학적 법칙은 자주 뒤집어지고, 결정론의 기대가 허망해질 수도 있다.

그리고 인간 행동에 관한 법칙은 뉴턴의 역학처럼 확정적이고 결정적인 법칙이 아니라 대부분 확률적이고 개연적인 법칙이다. 대체로 작용은 하지만 작용하지 않을 경우도 많은 확률적인 법칙이다. IQ가 높다고 누구나 언제나 반드시 공부를 잘하는 것도 아니고, 외향적인 성격이라고 언제나 나서고 설치기만 하는 것도 아니다.

위와 같은 몇 가지 이유로 극단적인 형이상학적 결정론엔 나는 찬성하지 않는다. 나는 현상의 세계에서는 자유의지론도 결정론도 다 같이 작용한다고 본다. 그 형이상적인 주장은 믿거나 말거나다.

앞서 "인간과 동물"에서도 언급한 바, 근래 양자역학quantum theory이 발달하면서 뉴턴의 결정론적인 물리학의 영향을 받은 결정론적인 세계관이 여러 영역에서 재고되고 있다는 것을 여기에서 다시 상기해야겠다. 뉴턴의 역학은 거시巨視 세계에는 결정적으로 작용하지만, 원자나 전자나 쿼크 같은 미립자들의 미시微視 세계에서는 일컬어 불확정성不確定性이 작용하며, 미립자의 운동은 확률적으로만 파악할 수밖에 없다는 것이 양자역학의 주장이다.

그렇게 자연세계의 근본인 미립자들이 어정쩡하게 확률적으로만 파악할 수밖에 없다는 생각이 마음에 안 들어서, 세기의 석학 아인슈타인도 "신은 주사위를 던지지 않는다"라고 불만을 토로했지만, 양자역학은 이젠 공인된 이론이다. 어떤 논자는 양자역학이 결정론적인 세계관을 뒤집어엎는 '결정적인' 이론이라고까지 말하고 있다. 하지만 그렇게까지 과장할 수 있는지는 문제로 남는다.

다만 근자에 신경생리학자들이, 인간의 정신작용은 대뇌의 생리작용이 그 기반인데, 그 신경생리는 양자역학적으로 작용한다는 주장을 하고 있다.[7] 한 신경세포가 다음 신경세포에게 정보를 보내는 전달자transmitter의 역할을 하는 물질은 미시적인 분자기 때문이다.

이들은 나아가 그렇기 때문에 그 불확정적인 확률 속에서 인간의 의지와 사고가 결정을 짓는 것이 자유의지론의 근거라고까지 추론한다. 자유의지론의 생리적 기반을 주장하고 있는 셈이다. 그렇게 비약적으로 추론해도 되는 것인지 좀 의문이 가지만, 더 연구해 보아야 할 재미있는 추론이기는 하다.

8

모두 다 잘 배운다

교육사상
전인사상
보통교육
교육력
교육과 세뇌

교육사상

교육은 사람을 사람답게 기르면서 나라를 나라답게 만들어 가는 일이다. 따라서 교육에서 무엇이 사람다우며 무엇이 나라다우냐는 문제를 생각하지 않을 수가 없다. 앞에서 논의한 모든 사상들은 결국 바로 이 문제에 대한 그 나름의 생각이고 보면, 그 사상들은 다 어떤 모양으로든 교육에 유입되어야 하는 교육사상이기도 하다.

자유민주주의 국가에서는 민주교육사상이 근간이고, 독재주의 국가에서는 독재교육사상이 기조가 된다. 일제 강점기 조선의 교육은 딴 도리 없이 철저하게 군국제국주의 교육이었다. 현실에서는 도리어 그렇게 교육 밖의 사상들이 교육을 더 좌지우지한다고 보아야 한다. 따라서 앞에서 논의한 모든 인간사상과 사회사상은 동시에 교육사상이기도 하다. 그것이 애당초 이 책에서 논의를 하게 된 이유다. 교육에 관심이 컸던 철학자 듀이Dewey(1859-1952)는 '교육은 철학의 시금석'이라고 했다. 모든 철학사상은 교육에 유입되어 그 결실을 얻지 못하면 무의미하다는 뜻이다.

하지만 교육 자체에도 그것을 어떻게 운영해야 하느냐에 관한 여러 교육사상이 있다. 그 사상들의 큰 두 종류는 전통주의traditionalism 교육사상과 진보주의progressivism 교육사상이다.

전통주의는 문자 그대로 교육은 결국 옛날부터 해오던 대로 운영하는 것이 제일이라는 관점이다. 전통주의의 주된 관심은 그 사회의 전통문화의 전승傳承이다. 전통주의는 읽기·쓰기·셈하기를 중심으로 전통적인 학문영역, 예컨대 국어·수학·물리학·사회학 등을 그대로 교과敎科 영역으로 삼고, 교육방법은 강의식講義式교수와 기억記憶학습이 주다. 그리고 구두 내지 필답으로 배운 것을 기억해내게 하고 그것을 주로 교육성과로 여긴다. 따라서 전통주의는 교과주의라고도 한다. 전통주의 교육관은 그 역사의 뿌리도 깊고, 그에 따른 교육현실의 범위도 넓다. 쉬이 짐작할 수 있다시피, 지금 한국에선 초등학교도 중등학교도 대학도 다 대부분 이런 전통주의 교육관으로 운영되고 있다.

옛날로 거슬러 올라가서, 유럽 중세 고등교육에서는 이른바 '7교과'인 문법·논리·수사학 그리고 산수·기하·천문·음악이 교과였다. 고대 중국에서는 '육예'六藝인 예·악·사·어·서·수禮樂射御書數가 선비의 이상이었으니, 그 육예가 교과였던 셈이다. 육예는 오늘날의 개념으로는 전인교육全人教育을 지향하는 교과였다. 그러나 후대에 내려오면서 과거제도로 인해서 육예 중 다른 것은 다 사라지고 '서'와 '예'만 남고, 그 '서'는 『논어·맹자·중용·대학』 사서四書와 『시경·서경·주역』 삼경三經이 선비들의 교과로 축소되었다. 유교의 영향을 강하게 받은 조선은 약 백 년 전까지 사서·삼경이 주요 교과였을 것이다.

현재 한국의 초·중등학교의 교과는 구색은 전인교육 이념에 맞추어져 있다. 국·영·수만 아니라 자연·사회계 교과도 있고 미술·음악·체육 등 예능계 교과도 있다. 그러나 육예가 '서'로 좁아진 것처럼, 실제에서는 국·영·수가 주종이고 다른 교과는 부수적으로 등한시되고 있는 것이 현실이다. 전통주의·교과주의 교육의 전통은 결과적으로 전인교육 이념을 무색하게 만들고 있는 것이 문제다.

또 하나의 문제는 전통주의의 강의식 즉 주입식 교육은 학생 자신의 흥미나 필요에 응하기가 어렵고, 학생들이 학습에 자발적이고 적극적으로 관여하게 되지 않기 때문에 학습 성과가 저조할 수밖에 없다는 점이다. 이런 점을 비판하고 나선 것이 진보주의 교육사상이다.

진보주의 교육관의 초점은 전통적 교과가 아니라 학생이다. 학생 자신의 흥미·필요·탐구의욕 등을 교육의 출발점으로 하자는 교육관이다. '진보주의'는 어찌 보면 잘못된 명명이다. 아동중심주의 또는 학생중심주의가 더 맞는 표현이다. 그 원류도 굳이 따지면 꽤 옛날로 올라간다. 소크라테스의 유명한 문답식·대화적 교육방법은 교과가 있는 것도 아니고 일방적 주입식도 아니고, 관심있는 문제를 놓고 서로 묻고 대답함으로써 그 문제를 풀어간다는 점에서 진보주의 교육이라고 할 수 있다.

근세에 내려와서 진보주의 교육관의 효시는 루소의 저서 『에밀』Émile이라고 할 수 있다.[1] 교육은 아이들 머릿속에 번잡한 것들을 주입하는 일이 아니라, 아이가 천부적으로 가지고 태어난 자연적인 천성을 그대로 끌어내서 크게 길러주는 일이라는 것이 그의 자연주의적 교육관이다. 본래 education의 어근인 educe는 '이끌어내다', '발현하게 하다'는 뜻이다. 그런 루소의 사상은 페스탈로치Pestalozzi(1746-1827)로 이어져, 교육은 아동의 심신 발달단계의 순서를 따라야 하고 아동 자신의 직접경험을 중시해야 한다는 교육관으로 발전한다. 진보주의 교육사상은 여러 주창자를 거쳐 면면히 이어져 오다가 현대에 들어서 듀이가 그 주요 대변자가 되었다. '교육은 생활이다', '교육은 경험이다', '교육은 경험의 재구성이다', '행동으로 배운다' 등은 그의 대표적인 슬로건이다.

우리나라엔 해방 직후부터 '새 교육'이라는 이름으로 진보주의 교육관이 선을 보였다. 일제 강점기의 압제적인 교육에서 벗어나서 새 방향을 찾아야 했던 당시 한국 교육에 진보주의는 큰 청량제였다. '새 교육'에 관한 많은 강연회, 연구집회, 협회, 시범학교가 있었다. 하지만 진보주의, 학생중심주의가 한국 교육에 크게 뿌리를 내리지는 못했다. 전통주의 교육관의 뿌리가 하도 깊기 때문이다.

전형적인 진보주의 교육엔 미리 정해진 전통적 교과가 없다. 학생들의 흥미·필요에 맞춘 교육계획이 주였고 전통적인 교과는 그 필요에 따라 극히 신축성 있게만 다루어진다. 그것은 유치원 교육과 비슷하다. 유치원 교육에서는 가르치는 일을 아이들의 상황에 맞추어 한다. 유치원엔 국어·산수·사회·자연이 따로 있지 않고 음악·미술·체육도 따로 있지 않다. 하지만 무엇을 하건 그동안에 다 융합되어 학습된다.

한국의 초·중등학교에서는 진보주의 교육의 사례는 아주 드물다. 특히 중등교육에서는 거의 없다. 그러나 원칙상 있을 수 없는 것은 아니고, 창의와 열의가 있으면 불가능한 교육은 아니다. 도리어 대학 상급 그리고 석·박사 과정에 이르면 유치원과 비슷한 학생중심 교육이 되살아난다. 대학 고학년에서 실시하는 세미나, 독자적 연구independent study, 그리고 학위논문 연구가 그것이다. 강의시간에는 듣기만 하고 기껏해야 좀 질문만 할 수 있을 뿐이지만, 흔히 연습演習이라고 번역되고 있는 세미나는 학생과 교수가 소크라테스의 방법처럼 문답하고 토의하는 시간이고, 본래 그래야 하는 시간이다. 학생의 참여도가 커야 한다. 독자적 연구는 학생 스스로 문제를 설정하고 교수 지도하에 혼자 연구하는 프로그램이다. 학위논문도 교수의 지도를 받으면서 대부분 학생 자신이 수행해야 하는 연구다.

위의 큰 두 교육사상의 흐름 이외에 좀 다른 주장을 하는 교육사상도 여럿 있다. 그중 하나는 사회개조주의social reconstructionism다. 이 사상은 전통주의 교육이 사회문화의 묵수적인 전승에만 시종하는 것이 불만이고, 교육은 사회문화 계승만 아니라 개조·쇄신·창조에도 역할과 책임이 있다는 주장이다. 교육은 학생으로 하여금 시대착오적인 인습을 타파하고 여러 사회문제의 해결책을 궁리하게 함으로써 사회개선의 역량을 길러주는 것이어야 한다는 주장이다.

사회개조주의는, 교과 학습은 최소 필수로 줄이고, 많은 시간을 여러 사회적·문화적 문제를 적나라하게 펼쳐놓고 그 해결을 위한 조사·연구·토론의 프로그램을 훨씬 늘리자고 주장한다. 그런 사회문제엔 앞서 "미래 윤리"에서 거론한 환경오염 문제, 국채 문제, 빈부 격차 문제 등이 있다. 사회개조주의의 주장은 교과주의를 벗어난다는 점에서 진보주의에 가깝다.

나는 개인적으로 이 사회개조주의에 매력을 느낀다. 그러나 본래 뿌리가 깊은 전통주의 교육풍조, 자칫 정치 이념적 갈등에 말려들기 쉬운 위험, 프로그램을 지도할 교사의 역량 부족 등의 이유로 실천에 옮기기는 그리 쉽지 않은 주장이다. 그래도 그 취지는 교과교육의 테두리 속에서도 적절히 살릴 수 있을 것이다.

본질주의essentialism도 있다. 이 주장은 전통주의에 가깝다. 다만 다른 점은 전통문화의 맹목적인 묵수와 전승이 아니라 그 문화 중에서 가장 본질적인 즉 문화의 정수精髓인 동시에 길이 계승해 갈 만한 요인을 엄선해서 전승하고, 나머지는 시대 변천의 추이에 맡기자는 주장이다. 그런 문화의 본질, 문화의 전수는 대개 변화무쌍한 긴 역사의 시련을 이겨내며 이어져 온 문화요인들이다.

그런 본질적 문화요인들은 특히 역사를 통해서 사람들이 회자해 온 여러 고전古典에 많이 실려 있다. 지금까지도 읽히는 또 읽을 만한 여러 동·서양의 고전적인 문학·역사·철학 영역의 저작들이다. 지금은 모르겠지만, 한때 미국 시카고 대학에서 '명저great books 프로그램'이 그 대학 교양과정의 중심이었다. 수십 권의 고전 명저의 중요한 부분을 발췌한 것을 읽고 토론하는 프로그램이다. 본질주의 교육관에 따른 실천 예다.

고전은 인문학 계통의 서적에만 국한되는 것은 아니다. 자연과학계의 명저도 포함될 수 있고, 나아가 음악·미술 등 예술의 명작도 포함될 수 있다. 또한 '명저 프로그램'처럼 독립된 본질주의적 교육 프로그램이 아니라도, 문화의 본질적인 정수만을 엄선하고 깊이 음미해야 한다는 취지는 교육 일반에서도 한 원칙이 되어야 할 것이다.

현실의 교육실천은 여러 교육사상의 적절하고 조화된 혼합 속에서 이루어져야 할 것이다. 한 교육사상의 극단적인 실천화는 난점을 수반하기 쉽기 때문이다. 하지만 한국의 지나친 전통주의 교육의 현실만은 반성이 필요하다.

전인사상

1930년 무렵 초등학교에 입학한 어떤 아이가 미술 시간에 '잘 그렸다'고 선생님에게서 동그라미 셋을 받은 도화지를 들고 집에 가서 할아버지에게 자랑했다. 할아버지는 칭찬은커녕 도리어 "이놈아, 학교는 글공부하는 곳이지 객쩍은 그림이나 그리고 노래나 부르라고 있는 곳이더냐!"라고 불호령을 내렸다. 내가 아는 어떤 분의 회고담이다. 옛날 어른들에겐 공부란 글공부고, 다른 것은 공부가 아닌 '쟁이' 즉 '장인'들이나 하는 짓이었다.

근 백 년이 지난 지금에도 학교 공부는 글공부라는 잠재의식이 꽤 남아 있다. 학교에서 특히 중등학교에서 그렇다. 국·영·수가 주主고 사회·과학은 부副고, 음악·미술·과외활동은 해도 좋고 안 해도 좋은 오락 정도로 여겨지고 있다. 대학입시 때문이라고들 하지만, 그 의식의 뿌리는 그보다 더 깊어 보인다. 한국의 한 저명한 물리학자가 어떤 모임에서 "물리학을 하려는 학생에게 음악과목 같은 것은 필요 없다"고 말한 것을 나는 기억한다.

글공부가 중요한 것은 더 말할 나위 없다. 글공부가 교육의 주종인 것도 당연하다. 그러나 그것이 학교교육의 전부는 아니다. 글공부만 공부로 여기는 현실이 입시 때문이라는 것은 역사적으로 보아도 어쩌면 당연하다. 앞서 "정의"에서 언급했듯이, 고대 중국의 이상적인 인물은 육예六藝 즉 예의·음악·활 쏘기·말 타기·글 읽기·쓰기·셈하기에 능한 사람이었다. 그것은 오늘날의 전인사상全人思想과 같다. 그러나 2천 년 전 한漢의 무제武帝가 과거제도科擧制度로 인재를 선발하기 시작한 때부터 육예의 이상은 점점 무너져 갔다. 과거제도는 주로 유교교리의 지식을 필답고사로 평가해서 부귀영달의 출셋길인 고급 관료를 선발하는 제도다. 자연히 모두가 글 읽기·쓰기에만 힘쓰고 예의·음악·활 쏘기·말 타기·셈하기는 소홀히 하게 된다. 그런 과거제도를 고려의 광종光宗은 그대로 수입했다. 그 후 조선 말기까지 근 천 년 조선에서도 공부는 글공부였고, 다른 일들은 하찮은 '장인'들이나 하는 일이고, 어쩌다 여가에 소일거리로 하는 일로 여겼다. 공부가 글공부라는 생각은 이렇게 천 년의 뿌리를 가지고 있다.

중국 고대는 나침반·폭약·종이·활판인쇄 등을 발견하고 천문·지리·농경의 지식도 발달한 매우 창의적인 시대였다. 그랬던 중국이 한漢 이후 근 2천 년 세계문화사에는 별 새로운 공헌이 없는 침체한 '잠자는 대륙'이었다. 그 끝에 1850년경의 아편전쟁 이후 그들이 말하는 '치욕의 백 년'을 겪었다. 나는 지난날 중국의 긴 침체와 '치욕'의 역사는 글공부를 위주로 하면서 그들의 옛 전인적 인간상을 이지러지게 한 과거제도의 탓이 컸다고 믿는다. 조선 역시 망국으로 36년의 치욕을 겪게 된 한 큰 원인도 그 과거제도에 있었다고 나는 단언한다. 극단적으로 말하면, 글공부만 공부라는 관념은 쇠국·망국의 원인일 수 있다.

지 · 정 · 덕 · 체를 고루 갖추고, 인문 · 사회 · 자연 · 예체능의 기본 소양을 겸비하는 전인全人은 여러 이유로 아주 자연적인 동시에 긴요한 인간상이다.

우선 사람은 적정한 식 · 음 · 체온 등 생리적인 욕구 내지 필요, 사랑 · 무불안감 · 무죄악감 등 정서적 필요, 소속감 · 수락감 · 안정감 등의 사회적 필요, 지적탐구 · 성취감 · 자유와 개성 등 자아실현적 필요가 다 고루 충족되어야 하는 다면적인 존재다. 어느 하나가 결핍되면 삶의 다른 측면도 지장을 받는다. 몸이 허약하면 사회생활에도 학업 성취에도 장애가 될 것은 명백하다.

또한 사람의 정신작용은, 앞서 "지 · 정 · 체"에서 언급했듯이, 언제나 지 · 정 · 체의 '삼위일체'적인 작용이라고 한 신경생리학자 다마시오Damasio의 주장[2]은 그대로 전인사상을 밑받침한다.

이 역시 "지 · 정 · 체"에서 인용했듯이, 분자생물학자 메디나Medina가 여러 사례를 들면서 "신체운동은 정신작용을 북돋는다"고 주장한 것[3]도 전인사상의 한 근거가 된다. 메디나의 주장대로라면, 책상다리로 글만 읽고 뛰지 못하고 팔자걸음으로 유유히 걸어야 했던 옛 양반들의 삶, 그리고 지금 입시 때문에 글공부만 하느라고 운동은 거의 없는 중 · 고교 학생들의 삶은 실은 그만큼 우둔으로 가는 삶인 셈이다. 골만Goleman은 '정의적 지능'이 지적인 IQ보다 학업성적을 더 잘 예언한다는 여러 사례를 들고 있다. 지적 작용에 정서가 관계된다는 말이다.

공감각共感覺이라는 현상이 있다. 어떤 사람은 음악을 듣고 있으면 예컨대, 고음은 파란색, 저음은 빨간색, 또는 바이올린 소리는 녹색, 첼로 소리는 황색 등이 눈에 보이는 사람이 있다. 어떤 감각 자극에 청각과 시각을 때로는 미각과 촉각을 같이 경험하는 공감각 현상이다. 어떤 사람은 삼각형을 보면 입에서 쓴맛이 나고, 어떤 사람은 다 검은 글씨로 된 책에서 '5'자만 붉게 보이기도 한다. 그런 공감각의 소유자가 아니라도 우리는 문학에서 그리고 일상용어에서도 공감각적인 표현을 많이 쓴다. '감미로운 사랑', '요란한 색깔', '고배를 마신다', '암운과 같은 정세' 등이다. 특히 뛰어난 문학작품이나 시에는 공감각적인 표현이 많다. 공감각은 어쩌면 원초적인 전인적 심리작용의 하나다.

근자에 전인과 전인교육은 그 갈구가 요란한 창의력과 관계가 깊고, 우리 전래의 개념인 '멋'과도 그 맥락이 상통한다. 창의란 새로운 생각, 다른 생각을 할 줄 아는 능력을 말한다. 얼마 전에 타계한 정보기기의 귀재 스티브 잡스Jobs는 "달리 생각하라!"Think different!가 남에게도 자신에게도 타이르는 제일의 모토였다. 그렇게 다르게 생각하려면 다르게 생각할 수 있는 소지가 형성되어 있어야 한다. 물리학만 좁게 파 들어가는 학자보다 철학에도 역사에도 음악·미술에도 기본적인 교양이 있는 학자가 그렇게 달리 생각할 수 있는 소지가 많다. 꽉 막힌 사람에게서 유연한 창의적 사고는 기대하기 어렵다. 글공부 위주인 한국 학교교육의 상황에서는 창의력의 출현은 난망이라는 말이 된다.

어떤 물리학자가 물리학에 조예가 깊으면 우리는 그를 '탁월한' 물리학자라고는 하지만, '멋있는' 사람이라고는 하지 않는다. 그가 동시에 시도 잘 쓰고 피아노도 웬만큼 치고 서도에도 조예가 있고 스키도 탈 줄 알면 그때 우리는 그를 멋있는 사람이라고 한다. '멋'은 무엇이라고 꼭 집어 정의하기 어려운 개념이지만, 틀림없는 것은 멋이란 여럿의 어우름이다. 학덕이 있으면서도 인정이 많은 사람, 성격이

온화하면서도 어려움에는 굳센 용기가 있는 사람이 멋이 있다. 신라의 최치원崔致遠이 풍류風流 즉 멋은 유儒·불佛·선仙을 어우름이라 한 것도 같은 말이고, 글공부가 위주였던 옛날에도 시詩·서書·화畵를 어우름을 멋있는 선비로 여긴 것도 같은 생각이다.

전인은 내가 남에게 바라는 사람다움의 평가 기준이고, 동시에 나 자신도 그렇게 되고 싶어 하는 인간상이다. 머리는 좋지만 인정없고 예의없는 친구를 좋아할 사람은 없다. 도리어 머리는 별로 뛰어나지 않아도 성실하고 다른 사람들과 잘 어울릴 줄 아는 친구를 반긴다. 사람들은 자신도 전인적 인간이기를 바란다. 공부를 잘하기도 하지만, 노래도 그런대로 잘하고, 스포츠 한두 가지는 남 못지않게 할 줄 아는 사람이기를 바란다.

보다 중요한 문제는, 우리는 인간을 전인적으로 대접해야 그를 인간대접하게 된다는 사실이다. 가령 교사가 학생을 글공부만 해야 하는 존재로 여긴다면 그 교사는 학생을 인간으로 대접하고 있는 것이 아니다. 공부 기계로 볼 뿐 학생의 신체적·정서적·사회적 요구에는 배려함이 없기 때문이다. 어떤 사장이 직원을 일을 시키고 봉급만 주면 되는 존재로 생각한다면, 그 사장은 직원을 사업의 수단으로 여길 뿐 그를 동시에 목적으로서 대접하는 것이 아니다. 목적으로서 대접한다면, 직원의 건강·포부·고민·성장도 배려해야 한다.

교육법에는 전인교육의 이념이 명백하게 천명되어 있다. 초·중등학교의 교과敎科구성도 국·영·수, 사회·과학, 예술·체육 등 넓은 문화영역에 걸쳐 전인사상을 반영하고 있다. 그러나 한국 교육의 문제는, 전인사상이 법 조항과 교과 구성에 그치고, 교육실천의 현실은 전인사상과 거리가 멀다는 데 있다. 현실의 학교에서는 국·영·수가 주종이고 사회·과학은 벌써 부차적이고 예술·체육은 실질적으로 그 특기자만의 활동이 되어 있다. 학교 밖 거리의 과외 학원들이 거의 다 국·영·수 학원이고 사회·과학 학원은 거의 없는 것이 이런 현실을 방증한다.

많은 사람들이 이런 현실이 대학입시의 압력 때문에 벌어지는 것이라고 말한다. 틀린 말은 아니다. 그러나 대학입시 압력 때문만은 아니다. 근 천 년의 과거제도 때문에 길러진, 좋게 말해서 숭문崇文 사상, 나쁘게 말해서 '골샌님' 사상의 유습이 남아 있는 탓도 크다.

하나의 아이러니가 있다. 많은 사람들이 여러 가지 이유를 들어 '입시지옥'을 나무라고 그 해결책을 갈구하면서도 그것을 극히 난제라고 거의 체관하고 있다. 하지만 나에겐 그 해결책은 간단하고 명백하다. 입시에서 학생의 지·정·덕·체를 고루 평가하는 전인평가全人評價를 실시하는 것이 그 해결책이다. 그러면 학교는 전인교육을 할 수밖에 없을 것이다. 학원도 원하면 전인교육을 할 수 있겠지만 그럴 수 있는 학원은 거의 없을 것이다. 그러나 많은 대학들 그리고 학부모들도 그런 전인평가를 타당하고 미덥다고 생각하지 않는다. 필답고사의 성적만 '객관적'이라고 믿는다. 옛 과거제도의 타성이다. 전인평가에 따라 수능 300점은 낙제고, 수능 200점을 합격시켜야 할 경우도 있을 텐데, 그럴 '용기'가 있는 대학도 드물고, 그렇게 했다간 학부모들이 난리를 칠 것이다.

입시지옥을 해결하려면 전인교육을 해야 하고, 그러려면 입시는 과감히 전인평가로 해야 할 텐데, 과거의 긴 과거제도 때문에 그런 전인평가의 전통과 지혜와 용기가 없는 것이 한국 교육의 아이러니다. 미국 하버드 대학은 입학생을 (1) 학업 성적, (2) 과외활동 정도,

(3) 스포츠 성취도, (4) 성격(주로 사명감·책임감·지도력 등)을 동일한 비중으로 종합적으로 평가해서 선발한다. 같은 고등학교의 학업 1등은 떨어지고 20등이 붙기도 한다.

글공부 위주의 교육관은 빈약한 학교시설에 더 확연하게 드러난다. 한국의 중·고등학교는 예컨대, 일본이나 미국 학교에 비해 그 시설이 극히 궁색하다. 경제발전이 됐다는 지금도 그렇다. 학생들이 정과시간 또는 과외활동으로 갖가지 활동을 할 수 있는 물리교실·화학교실·생물교실·미술실·음악실·공작실이 따로 있는 학교, 야구장·축구장·농구장·배구장·테니스장·수영장·스케이트장 등의 시설과 기구가 제대로 갖추어져 있는 학교는 별로 없다. 교육부도 학교도 학교란 글공부하는 곳이기에 달랑 교실만 있으면 된다는 생각 때문에 전인교육에 필요한 시설을 마련하는 데에는 관심도 예산도 별반 없는 탓이다. 원하는 학생은 학교 밖의 상업시설을 이용하면 된다고 하는 주장이다. 하지만 이런 학교 밖 시설은 돈을 내야 하고 출입도 자유롭지 못하고 특히 그 활동을 교육적으로 지도하는 프로그램은 없든지, 혹 있어도 아주 '비싸다.'

특히 초·중등학교에서는 듀이의 말대로 '교육은 생활'이다. 글공부만이 아니다. 따라서 학교시설은 될 수 있는 대로 생활활동의 다양성을 반영해야 한다. 우리에게 필요한 것은, 약 백 년 전 그림 그리기, 노래 부르기는 공부가 아니라고 손자에게 호통 친 할아버지에게 "할아버지, 학교가 글공부만 하는 곳이 아닙니다"라고 간언하고 스스로도 그렇게 다짐하는 일일 것이다.

한 전인교육의 사례가 있다. 내가 70여 년 전에 다니던 학교다. 나는 중등학교 시절 경성사범학교라는 곳을 다녔다. 그 학교는 당시 초등학교 교사 양성기관이었다. 초등학교 교사가 되려면 모든 과목을 다 가르칠 줄 알아야 한다는 이유도 있었지만 그 학교의 교육내용은 지금 생각해 보아도 정말 다양했다.

그런 풍부한 경험, 그런 풍부한 자아실현의 기회가 제공되고 있는 중등학교 교육은 아마 지금 한국의 어떤 중·고등학교에도 없을 것 같다. 나는 그때 받은 교육을 소중히 여긴다.

국어, 수학, 영어, 물리, 화학, 생물, 지리, 역사, 공민 등 학과는 물론 공작, 체육, 유도, 검도, 교련, 음악, 미술, 서도 모두를 다 소정 시간대로 빠짐 없이 배웠다.

체육 시간에 모든 구기는 거의 다 배웠다. 그중 테니스와 아이스하키는 그 운동부에 들어가서 더 자주 했다. 학교에 수영장이 있어서 수영도 배웠다. 겨울이면 3층 건물 뒤 그늘에 마련한 링크에서 스케이트도 즐겼다. 여의도에서 글라이더 조종까지 배웠다. 유도, 검도도 했다. 서울 신당동에서 인천까지 장거리 마라톤도 해보았고, 대천에서 5,000미터 원영도 해보았다. 겨울 새벽 영하 20도의 유도장에서 내한 연습도 해보았고, 한밤을 지새운 24시간의 산행도 해보았다.

개인용 해부기 세트, 목공 세트, 제도기 세트를 가지고 있었다. 그래서 생물 시간에 개구리 해부도 했고, 공작 시간에 책꽂이도 만들었고, 미술 시간에는 그림은 물론 꽤 까다로운 건축설계 제도도 해보았다.

일주일 중 하루 오후는 대여섯 시간 꼭 뚝섬에 있는 농장에서 농사를 지었다. 거름 만지던 손을 씻고 학교에 돌아와서는 오르간, 피아노도 쳤다. 전교에 피아노가 석 대 밖에 없어 먼저 차지해서 연습하려고 얼마 동안은 새벽 4시에 학교에 간 적도 있었다.

특별활동으로는 물리·화학부를 택했다. 그래서 중학교 2학년짜리가 어머니가 만들어 주신 흰 가운을 입고 제법 과학자인 양 진지하게 방과후 혼자 남아서 이 실험, 저 실험도 해보았다. 언젠가 혼자 실험하다가 많은 시험관, 플라스크, 다른 기구들을 넘어뜨려 깨뜨려 버렸다. 혼비백산했다. 다음 날 벌 받을 각오를 하고 선생님께 이실직고했다. "과학자가 되려면 더 깨뜨려야 해. 괜찮아"가 선생님의 대답이었다. 눈물나도록 감격했다.

화성, 목성, 토성이 나타나는 밤이면 물리교실에 있는 망원경을 교정 한복판에 설치해 놓고 별을 관찰했다. 그래서 밤이슬에도 젖어보았다. 이 다양한 경험들은 그 자체로서 보람이다. 그것으로 나의 삶이 충만되었다. 그 속에서 맛, 멋, 재미, 보람을 느낄 수 있었기 때문이다. 학교생활이 무척 재미있었다.

이것이 무슨 특별한 예가 아니다. 지금도 미국이나 일본의 대표적인 중등학교에서는 대부분 이런 전인교육의 프로그램과 시설을 볼 수 있다.

보통교육

오늘날의 초·중등교육은 보통교육普通教育이다. 이때 '보통'은 흔한 또는 예사로운이라는 뜻이 아니라 넓게 모두라는 뜻으로 해석해야 한다. 영어로는 ordinary가 아니라 general 또는 universal에 해당한다. 즉 넓게 모두가 받아야 할 교육인 일반교육, 보편교육이다. 보통교육의 교육관은 가끔 그 주장이 들리는 엘리트층은 따로 교육해야 한다는 계급주의적 교육관과는 상치된다. 단, 대학교육은 보통교육이 아니다. 대학교육은 일반교육 아닌 전문교육이기 때문이다.

역사적으로 한 사회제도로서의 교육은 사회 지배층, 엘리트층의 고등교육으로 시작되었다. 귀족이나 양반 자제들만 받는 교육이었고, 서민이나 상인 자녀들은 받을 수도 없고 받을 생각도 할 수 없는 교육이었다. 플라톤의 아카데미가 그것이고, 공자의 학당이 그것이다. 서양 르네상스 시대의 대학들이 그것이고, 조선의 서원·향교·성균관이 그것이다.

유럽의 경우, 대학보다 훨씬 후에 중등학교가 생겼어도 그 역시 귀족의 자제만 가는 대학 진학 준비학교였다. 그리고 그 교육내용도 오늘의 개념으로는 대학교육의 교양과정에 해당되는, 지배층이 되기 위한, 지배층에 합당한 내용이었다. 오늘날의 초등학교에 해당하는 아이들의 교육은 사사로운 가정의 일이었다. 동·서양을 막론하고 수천 년 기나긴 세월 그랬다.

그러다가 세계 교육사에서 아이들 모두에게 제도적으로 교육을 실시하기 시작한 것은 18세기 말엽 신대륙에다 새 나라를 세운 미국이었다. 당시 미국엔 그럴 수 있는 조건도 있었고, 또 그럴 수밖에 없는 필요도 있었다.

신대륙에 건너간 사람들에겐 따로 기존의 지배층이 없었다. 다 고국에서의 신분·계급을 떨쳐버리고 알몸으로 건너간 다 '평등한' 사람들이었다. 지배층의 횡포에 넌더리가 났던 그들에게 지배층 교육이 있을 수도 없었다. 더구나 그들의 민주주의는 생득적 특권계급을 용납할 수 없었다. 이것은 역사가 있는 다른 나라엔 없는 희귀한 조건이었다. 또한 여러 나라에서 여러 다른 문화의 다른 민족이 모여든 미국 국민들에겐 어떤 문화적·정신적인 공통분모를 조성해야 했다. 같은 언어를 써야 했고, 같이 법률을 이해하고 지켜야 했고, 같이 민주주의를 실천해야 했다. 그 정신적 공통분모의 함양을 초·중등의 보통교육이 맡았다. 미국은 건국 전부터 보통교육을 모든 아이들이 반드시 받아야 할 개학皆學의 교육으로 의무화했다.

19세기에 들어서 독일을 위시한 유럽의 나라들도 점차 미국형 의무 보통교육제도를 채택해 갔다. 영국은 아주 늦게 1904년에야 초등교육을 의무화했다. 한국은 일제 강점기 초등학교를 '보통학교'라고 이름 지어 보편화하려고 했으나, 돈 없이도 갈 수 있는 무상교육이 아니었고 일제 교육에 대한 반발도 있어서 일제 말기까지도 그 취학률이 40, 50퍼센트 정도로 극히 저조했다. 그러나 해방이 되자마자

1950년대에 초등학교는 실질적으로 100퍼센트의 취학률에 이르렀고, 1970년대엔 중·고등학교의 취학률도 실질적인 100퍼센트를 이루었다. 현대적인 국가, 특히 민주주의 국가에서는 인권의 평등과 기회균등의 원칙에 따라 보편적 초·중등교육을 지향하고 있는 것이 대세다. 그것이 보통교육이다.

보통교육은 전문교육이 아니라 일반교육이다. 즉 개인으로서 그리고 국민으로서 삶에 필요한 기본소양을 넓게 길러주는 것이 목적인 교육이다. 개인의 삶도 전인적이고 국가의 활동도 여러 분야에 걸친 다양한 전반적 활동이기 때문에, 길러야 할 기본소양도 전인적 소양이고 그것을 기르기 위한 교육도 전인교육일 수밖에 없다. 장차 글 공부만 할 사람뿐 아니라 정치가·사업가도 되고 기술자·예술인도 되고 공무원도 될 사람들을 위한 교육이다. 전인교육에 미치지 못하는 보통교육은 그 소임을 다하는 교육이 아니다.

하지만 보통교육에는 그 이상의 역할이 있다. 그것은, 다양한 계층, 다양한 생업의 가정에서 오는 학생들이 어려서부터 학교에서 같이 생활하고 의사소통하고 서로를 이해함으로써 장차 사회통합에 기여하는 역할이다. 부잣집 아이와 가난한 집 아이도 서로의 사정을 알게 되고, 사장 아들과 근로자 딸도 서로의 처지를 이해하게 된다. 머리 좋은 아이도 머리 나쁜 아이의 고민을 알게 된다. 정치인·군인·학자·예능인의 아들딸들도 각자의 정신적 윤곽이 넓어지면서 사회통합의 기본소양이 형성되어 간다.

그렇지 않고 고스란히 지배층 아이들만 또는 부유층 아이들만 모여서 생활하는 이른바 엘리트 학교에서는 다른 계층에 대한 이해가 길러질 가능성은 희박해지고, 도리어 거만한 우월감과 부당한 선민의식으로 가난하고 권세 없는 사람에 대한 멸시감이 길러진다. 그것은 사회통합의 길이 아니다. 사회 각계각층을 넓게 전망할 줄 아는 진정한 사회적·정치적 지도자는 초·중등학교 때부터 그런 엘리트 학교에 다니는 집단에서는 출현하기 어렵다는 것이 내 생각이다. 진정한 지도자는 사회 각계각층의 문제와 고민과 희망을 감정이입할 줄 아는 사고의 폭이 넓은 사람이어야 하기 때문이다. 보통교육은 그 기회를 제공한다.

엘리트 교육을 주장하는 사람들은, 흔히 그렇게 초·중등학교부터 엘리트를 따로 특별히 교육해서 훌륭한 인재로 길러내야 그들이 내일의 국가발전에 더 크게 기여할 것이라는 이유를 내건다. 그러나 실은 그런 학교의 학생들이 장차 개인적 입신영달은 할지 몰라도 어떤 창의로써 정치적·경제적·문화적으로 국가에 기여하는 경우는 별로 없다는 것이 내 관찰이다. 도리어 그런 주장의 근본 동기는 현 엘리트층이 그 자녀에게 엘리트층의 특권을 그대로 대물림해 주려는 계층 영속화의 의도다. 엘리트 교육 주장자의 전부가 예외없이 현 엘리트층인 것이 그 증좌다.

하지만 보통교육에는 하나 심각한 문제가 있다. 바로 교육적 부익부·빈익빈의 문제, '현賢익현·우愚익우'의 문제다. 현행 대부분 초·중등학교의 집단식·강의식 교육에서는, 달리 각별한 교육적 배려 없이는, 어쩌다 공부 잘한 학생은 점점 더 잘하고 어쩌다 잘 못한 학생은 점점 더 못하게 된다. 그 때문에 학력 격차는 해마다 점점 더 커져만 간다는 문제다.

이런 격차의 시발점은 대부분 가정의 빈부 격차에 있다. 소질은 같아도 집안에 장난감도 그림책도 크레용도 없는 저소득층의 아이와 그런 것이 풍부한 고소득층의 아이는 초등학교에 들어올 때 벌써 학습능력의 격차를 안고 들어온다. 그 격차 때문에 초등학교 학습성취에 격차가 생기고, 그 격차가 원인이 되어 다음 그리고 그 다음의 학습성취에서 더 큰 격차가 벌어진다. 어쩌다 한번 수학의 기초를 잘못 배우면 수학이 점점 더 어려워지는 이치다. 그리고 그 학력의 격차는 결국 사회경제적 지위의 격차로 이어진다. 그래서 학력의 우열도 경제적 빈부도 대물림하게 된다.

본래 보통교육은 '모두가 다 배워야 한다'는 취지에서 출발한 제도다. 하지만, 흔히 그렇듯이, 약 15퍼센트 내외의 학생만 잘 배운 A급 성적을 내고 나머지 85퍼센트는 다소간에 잘 못 배우는 '불완전한' 교육이라면 그 취지는 그만큼 무색해진다. 모든 아이가 배워야 한다는 것은 이상적으로는 그리고 원칙적으로는 '모든 아이가 다 잘 배워야 한다'는 것을 뜻해야 한다. 본래 모두 배우게 하는 보통교육의 취지에는 학교에 못 가서 배우지 못해 가난의 대물림을 하지 않게 한다는 취지도 포함되어 있다. 하지만 '불완전한 교육'은 이 취지도 무색하게 한다.

그렇다면 모든 학생, 적어도 80~90퍼센트의 학생이 A급 학습성취를 달성하게 하는 '완전한 교육'은 없는 것일까? 있다. 이론적으로 있다. 이 문제는 "교육력"에서 논의한다. 그 전에 대학에서 이루어지는 일반교육 즉 교양교육에 대해 언급해야겠다. 이 문제는 앞서 "지도자"에서도 언급했지만, 여기에서 재론할 필요가 있다.

대학은 보통교육이 아닌 고등의 전문교육기관이다. 따라서 위에서 거론한 전인교육의 필요, 다양한 계층 자녀들의 상호이해의 필요 등은 대학교육에 반드시 적용되지는 않는다. 하지만 대학교육에도 전공과정 이외에 보통교육의 정도 높은 연장이라 할 수 있는 '교양과정'이 있다. 대학의 교양과정에서는 지·덕·체 대신, 인문학·사회과학·자연과학·예술 등 주요 문화영역의 정수를 섭렵하는 것이 주요 관심이다. 그것이 전공의 연수에 관련이 있을 뿐만 아니라, 장차 누가 나라의 지도층이 되건 그런 교양교육은 지도자의 기본적인 소양이 되기 때문이다.

옛날 유럽의 대학에는 교양과정이 따로 없었다. 앞에서도 말한 것처럼, 옛 유럽의 귀족층이 가는 중등학교가 학구적인 대학준비학교와 같은 기관으로 주로 넓은 고등교양을 기르는 데 집중했기 때문이다. 하지만 미국의 고등학교는 모든 계층의 학생들이 가는 서민적인 학교여서 그 학구적 수준도 그리 높을 수가 없었다. 따라서 거기에서 대학에 진학하는 학생들에겐 전공에 들어가기 전에 먼저 지도층 후보에게 필요한 정도 높은 교양과정이 있어야 했다. 중등학교의 취학률이 넓어지는 현대 국가들의 대학은 그처럼 정도 높은 교양과정의 필요가 절실해진다.

지금 한국의 대학에서는 교양과정이 형식에만 머물러 있고 그 진지한 운영이 부실하다는 것은 실은 내일의 지도층 양성을 위해서 심각한 문제다. 교양과정 구성을 위한 심각한 공동 협의나 연구도 별로 없고, 교양과목은 주로 전임강사나 시간강사에게 맡기고 중진교수들은 교양과목을 별로 맡고 있지 않은 것이 많은 대학의 현실이다. 실은 도리어 학문적 온축의 깊이와 넓이가 있는 중진교수가 교양과목을 담당하는 것이 대학교육의 정도라고 해야 한다.

교육력

고대 중국의 한 사상가 관자管子는 "일 년 계획으로는 곡식을 심는 것이 제일이고, 십 년 계획으로는 나무를 심는 것이 제일이며, 종신계획으로는 사람을 심는 것樹人이 제일이다"라고 했다. 덕치德治보다 법치法治를 주장한 그도 덕 있는 사람을 기르는 것이 개인과 나라의 장기계획으로는 제일 긴요하다고 말했다. 혹 '교육은 백년지대계百年之大計'라는 말이 이 말에서 유래하지 않았나 추측하게 된다.

'교육이 중요하다'는 말은 누구나 한다. 하지만 대개는 그저 하는 말에 가깝고, 교육은 하기 나름에 따라서는 인간과 국가에 상상 외로 크나큰 이득을 안겨 줄 수도 있고, 반대로 크나큰 손실을 끼칠 수도 있는 힘을 가지고 있다고는 별로 믿지 않는다. 교육이 가령 저능아를 우등생으로 길러내고, 흉악범을 군자로 길러내는 힘이 있다든지, 또는 한 학급 40명, 한 학교 500명의 학생을 다 A급 수준의 우수한 성적을 달성하게 한다든지 하는 교육력教育力이 있다고는 생각하지 않는다. 교육 여하가 국가의 성쇠에 직결되어 있다는 인식도 별로 없다. 교육이란 그저 적당히 그럭저럭 해가면 되고 졸업장만 받으면 되는 것이지, 거기에 무슨 뾰족한 수가 있는 것은 아니라는 생각이다. 그래서 여러 차례의 요란한 '교육개혁위원회'의 노력도 대개는 별 결실 없이 되풀이만 되고 있다.

교육력에 대한 이런 실질적인 불신의 밑에는 끈질긴 유전론 대 환경론의 갈등이 놓여 있다. 인간의 성격과 행동은 대부분 선천적인 유전이 결정한다는 유전론에서는 교육은 그만큼 무용지물이 되고, 성격과 행동을 대부분 후천적인 환경 속에서의 경험이 결정한다는 환경론을 믿으면 그만큼 교육은 중대한 일이 되기 때문이다.

근래 유전자 DNA의 발견으로 유전학이 비약적으로 발전하고 있다. 하지만 그럴수록 유전학이 점점 더 유전과 환경의 영향을 분간하기 어려운 요지경 속으로 들어가는 듯하다. 한때 그리고 지금도 단순하게 어떤 DNA 인자가 어떤 특정 병질의 원인인지 또는 행복감·우울감 등의 원인인지를 밝히려는 연구가 많다. 그러나 앞서 "인간과 동물"에서 언급했듯이, 최근에 유전자 위에 있는 '후생유전인자'라는 물질이 발견되면서 사정이 복잡해진다.[4] 후생유전인자가 유전자의 작용을 억제도 하고 부추기기도 하는데, 그 후생유전인자는 경험 즉 환경 여하에 따라 크게 영향을 받는다고 한다. 유전과 환경이 엎치락뒤치락하는 격이다.

나아가 어떤 논자는 DNA 유전자뿐 아니라 앞 세대의 경험 여하가 다음 세대의 유전구조에, 아마도 후생유전인자에, 영향을 준다는 추론까지 하고 있다.[5] 앞 세대의 좋은 버릇, 나쁜 버릇이 그 흔적을 유전구조에 남긴다는 말이다. 할아버지의 버릇이 손자 속에 살아 있다는 말이고 앞 세대의 환경의 영향이 유전에 얹혀서 뒤 세대로 이어진다는 말이다. 장차 어떤 요지경 같은 발견이 더 돌출할는지가 궁금하다.

대뇌는 정신작용의 중추다. 지능·정서, 도덕·성격 여하도 다 대뇌 속에 담겨져 있고, 다 대뇌 신경조직 속에서 작용한다. 근래 MRI, fMRI 등 대뇌 속을 '들여다볼' 수 있는 기기가 발달되어 대뇌 생리·심리학이 크게 진전했지만, 그래도 대뇌 작용의 신비는 아직 짙은 베일에 싸여 있다. 하지만 많은 뜻있는 발견이 속출하고 있다.

우선 인간의 대뇌는 컴퓨터와는 다르다. 컴퓨터는 그 기기인 하드웨어는 완제품으로 나온다. 그 기기에 원하는 프로그램인 소프트웨어를 걸어서 작동하게 한다. 어떤 프로그램을 쓰느냐가 컴퓨터의 하드웨어 구조나 기능에 하등 영향을 주지 않는다. 이에 반해 인간의 대뇌는 탄생 시 완제품이 아니다. 근래 대뇌 생리학의 의미심장한 발견의 하나는, 소프트웨어인 경험 여하에 따라 하드웨어인 대뇌의 작용뿐 아니라 대뇌의 기능과 구조 자체가 변화해 간다는 사실이다. 경험이 대뇌라는 그릇 속에 그저 '담겨'만 있는 것이 아니라 그 그릇의 생김새 자체를 바꿔놓는다는 말이다.

대뇌의 신경조직을 전화의 전선에 비유한다면, 탄생 시 아이의 대뇌엔 먼저 굵직한 전화 간선幹線이 깔리고 거기에서 장차 있을 모든 수요에 대비할 수 있게 동네 모든 집으로 이어지는 필요 이상의 무수한 지선支線이 뻗어나간다. 신경 간선이 무수한 지선을 뻗어내는 '가지 치기'를 한다. 그런 다음 경험에 의해서 자주 쓰이는 지선은 점점 굵게 하고 안 쓰이는 지선은 사정없이 절단해 버린다. 안 쓰이는 신경을 잘라버리는 반대 뜻의 신경 '가지 치기'가 진행된다. 그렇게 경험 여하가 신경조직을 계속 바꿔놓는다. 즉 한편에서는 가지를 늘리고, 또 한편으로는 가지를 잘라버리는 두 가지 '가지 치기'가 진행되면서 대뇌 구조가 계속 바뀌어 간다. 인간의 대뇌는 대단히 유연한 '신경가소성'神經可塑性neuroplasticity을 가지고 있다는 말이다.

이런 두 가지 '가지 치기'는 특히 대뇌가 급성장하는 유년기에 활발하다. 대뇌의 구조적 발달은 약 8세 전후에 대충 끝난다는 것이 20, 30년 전까지도 통념이었다. 그러나 근래 나오는 여러 연구는, 그런 두 가지 '가지 치기'의 대뇌발달이 사춘기에 다시 활발해지고, 25세 쯤까지도 계속된다고 밝히고 있다. 또한 통념과는 달리, 신경세포와 신경연접의 증식은 성인기 그리고 노년기까지도 계속되는데, 문제는 기껏 증식해 놓은 신경세포는 쓰지 않으면 다시 사정없이 잘려져 나간다는 것이다. 이른바 용불용설用不用說이 작용한다.[6] 인간의 대뇌는 가장 중요한 중추 기관이기 때문에, 태아 때도 가장 빨리 크게 자라고, 생애를 통해서 가장 늦게 노년기까지도 '자라난다'는 말이다.

유전과 환경은 누군가의 말대로 결국 '둘이 서로 껴안고 춤추는 관계'와 같다. 유전과 환경은 딱 잘라서 이분론으로 생각할 수는 없는 문제다. 여하 간에 선천적인 유전은 후천적으로 좌지우지할 수 없다. 최선을 다할 수 있는 여지는 환경이고 경험뿐이다. 그리고 그 여지는 상상외로 넓고 크다. 따라서 교육의 힘도 상상외로 크고 넓을 수가 있다는 말이 된다.

학교에서 한 반을 한 학기 수업하고 나서 학기말에 시험을 보면 그 성적이 으레 수·우·미·양·가 또는 A·B·C·D·E 등으로 위가 둥근 산山 모양의 정상분포로 펴져 나온다. A급 성적 우수 학생은 대개 15퍼센트 내외로 나오고, 보통인 B·C급이 약 70퍼센트 내외, 낙제급인 D·E가 약 15퍼센트로 나온다. 또 사람들은, 교사도 학생도, 학업성적은 아예 그렇게 세 그룹으로 나올 것으로 미리 기대한다. 일컬어서 삼분기대三分期待다.

그러나 그렇게 학업성적이 정상분포로 나온 것이 과연 '정상'인가, 또 '정상'이라야 하나? 꼭 그렇게 15퍼센트만 우수 성적이고, 나머지는 다소간에 결함이 있는 불량 성적이라야 하나? 학생의 나쁜 성적의 원인을 '본래 머리가 나빠서', '가정환경이 좋지 않아서', '게을러서' 등 학생 탓으로만 돌리고, 교사 자신의 교육방법이 잘못된 탓이라고 생각하지는 않는다. 유전론적인 생각이다.

정상분포는 자연 현상에서는 흔하다. 같은 나이 아이들 수백 명의 키를 재면 그 높낮이의 수치들이 정상분포로 나온다. 가을 한 나무의 낙엽들 수백 장의 길이를 잰다면 그 수치도 정상분포로 나올 것이다. 그러나 인간의 노력이 들어간 인공물·인간사에서는 반드시 그렇지 않고 그래서도 안 되는 경우가 많다.

가령, 어떤 자동차 공장에서 제조되어 나오는 차가 A급인 완전한 것이 15퍼센트고 나머지는 다소의 결함이 있는 B·C·D급의 자동차라면 그 공장은 문을 닫아야 할 공장이다. 도자기공이 완전하게 구워내는 그릇이 15퍼센트 밖에 안 된다면 그 도자기공도 폐업해야 한다. 그런데 왜 교육에서는 완전한 학습성과인 A급 성적의 학생은 15퍼센트 밖에 안 되고, 나머지는 다소간 결함이 있는 B·C·D·E급 성적의 학생을 양산하면서도 교사도 학생도 학부모도 사회도 그것을 당연한 것으로 생각하나? 고질적인 '삼분기대' 때문이다.

가령, 한 반의 학생 100명에게 한 학기 수학을 가르쳐서 100명 다 실질적으로 A급의 학습성과를 거둘 수 있게 하는 완전한 교육은 정말 있을 수 없는 것인가? 100명 다는 아니더라도 15명이 아닌 90명 또는 80명 대다수의 학생을 실질적으로 우등생으로 교육해낼 수 있는 교육방법은 없는 것인가? 교육의 힘, 교육력은, 고작 15퍼센트만 '완전학습자'인 우등생으로 길러내고, 나머지 85퍼센트는 다 다소간에 학습결함이 있는 '불완전 학습자'를 양산해서 이 사회에 배출하는 힘 밖에 없는 것인가?

나는 모든 학생을, 적어도 80~90퍼센트의 학생을 다 소기의 교육목적을 달성하게 하는 '완전학습', '완전교육'이 있을 수 있다는 것을 확신한다.[7] 하기 나름으로는 교육은 그런 '막강한' 교육력을 지닐 수 있다는 것이 나의 신념이다. 여기에서 세론하지는 않겠지만, 그런 이론적 근거도 있고 교육실험의 증거도 있다. 그런 교육방법의 요체는 다음과 같다.

> (1) 배운다(학습): 우선 선행先行학습에 즉 앞에서의 학습에 어떤 경험이 있는지를 확인하고, 있으면 그 결함부터 먼저 교정한 다음 학습과제에 들어간다. 예컨대, 수학 2차방정식을 배우기 전에 우선 1차방정식을 제대로 아는지 확인한다. 부실하면 그것부터 교정한다. 그런 다음 학습내용은 적절하고 다양한 방법을 동원해서 알기 쉽고 재미있고 인상 깊게 가르친다.
>
> (2) 해본다(시행·평가): 배운 바를 확인하기 위해서 예문 또는 응용문제를 풀어보게 하고, 실기과목에서는 실행도 해본다. 이런 학습성과의 평가·확인은 한 학기에 적어도 서너 번 시행한다. 이런 평가는 성적을 매기기 위한 것이 아니라 학습을 돕기 위한 것이기에 '형성평가'라고도 부른다.
>
> (3) 고친다(교정): 학습과정에서는 누구나 다소간에 오류·착오·실수·졸렬을 범하게 마련이다. 어떤 천재·수재라도 아무런 오류·실수 없이 막바로 대성하는 경우는 없다. 대성의 길, 완전학습으로의 요체

는 그 오류·실수를 누군가가 발견해 주고 지체없이 교정해 주는 데 있다. 그런 학습결함을 교정한 다음에야 다음 학습과제로 넘어간다.

즉 학습-평가-교정의 주기적인 사이클이 자주 돌아가야 한다. 가능하면 매주 매시간 돌아가면 더 좋다. 모든 학습에서 가장 중요한 관건은 '교정'이다. 학습결함의 교정 없이 다음 또 다음의 학습으로 진행하면, 한 번의 결함 때문에 다음 학습에 더 큰 결함이 생긴다. 결함이 구르는 눈덩이처럼 불어나면서 이른바 '학습결함의 누적' 현상이 생기고, 학습은 점점 오리무중이 된다. 수학에서 어쩌다 앞의 것을 모르면 뒤의 것을 점점 더 모르게 되는 이치다.

학습-평가-교정의 사이클은 가정교사와 같은 교사와 학생이 1 대 1인 개별교수 상황에서는 자연스럽게 즉각적으로 돌아간다. 잘 모르겠다고 고개를 갸우뚱하는 학생을 보고도 막무가내로 그대로 다음 학습으로 넘어갈 가정교사는 없다.

문제는, 학교와 같이 한 교사가 많은 학생들을 가르치는 집단교수 상황에서는 교사가 여간 노력을 하지 않고서는 많은 학생의 학습경향을 일일이 발견하고 교정해 주기가 어렵다는 데 있다. 그것이 학교교육의 치명적인 난점이고, 그 때문에 학교교육의 성과가 정상분포로 나오는 '불완전한 교육'이 되고 만다.

그러나 집단수업이 불가피한 학교교육에서도 학교와 교사에게 창의와 성의 그리고 열의만 있으면 학습-평가-교정의 사이클을 자주 회전하게 함으로써 완전한 교육을 성취할 수 있는 방법은 있다.[8] 그 방법의 세론도 여기에서는 생략할 수밖에 없다. 다만 그런 방법을 창안할 수 있는 선행조건은 교육력이 그런 완전한 교육을 가능하게 하는 힘을 가지고 있다는 신념일 것이다.

교육과 세뇌

제2차 세계 대전 때 영국의 명수상 처칠Churchill이 "나는 배우고는 싶다. 그러나 가르쳐지기는 싫다"I like to learn but I don't like to be taught.라고 말한 적이 있다. 자기 혼자 마음대로 공부하고는 싶지만, 자기에게 이래라저래라 하는 교육은 받기 싫다는 말이다. 그 말대로 처칠은 초등학교 시절 선생님 말을 잘 듣지 않는 고집통이 장난꾸러기였다고 한다.

처칠의 말은 여러 가지로 해석할 수 있다. 내가 재미있는 공부는 하고 싶지만, 재미없는 학교공부는 하기 싫다는 말일 수도 있고, 내 멋대로 공부하고는 싶지만 꼭두각시처럼 지시대로 움직여야 하는 학교교육은 싫다는 말도 된다. 더 극단적으로 해석하면 내 생각을 펴나가게 하는 교육은 좋지만, 어떤 사상으로 나를 세뇌洗腦하려는 교육은 싫다는 말도 된다.

교육은 바람직한 행동의 계획적인 변화를 이룩하는 일이라고 정의할 수도 있다. 일정한 계획적인 프로그램으로 구구단을 모르는 아이에게 그것을 외울 수 있는 능력을 길러주는 일, 버릇없는 아이를 버릇있게 길러주는 일, 민주주의를 제대로 알고 실천하는 역량을 길러주는 일이 교육이다. 다시 말해서, 일정한 교육계획에 따라 구구단 외우기, 예의 바르기, 민주주의 제대로 알기 등 바람직한 행동으로 변화를 이루어내는 즉 그런 행동을 육성해내는 일이 교육이다.

이 정의는 독립적 사고를 할 수 있는 인간을 기르는 '교육'에도 적용되고, 어떤 사상의 노예를 기르는 '세뇌'에도 적용되는 정의다. 교육은 '교육'이 될 수도 있고, 자칫 '세뇌'도 될 수 있다. 그렇다면 교육과 세뇌를 분간하는 요인이 무엇이냐가 문제다. 나는 그 요인은 '바람직한 행동'을 무엇으로 보느냐, 그리고 그 '변화'가 어떤 변화냐에 있다고 본다. 민주주의 제대로 알기는 민주사회에서는 바람직한 행동이고 그것을 가르치는 것이 '교육'이다. 그러나 독재사회에서는 민주주의는 바람직하지 않고 그것을 가르치는 것은 '세뇌'에 해당한다. 그리고 이루어낸 '변화'가 더 이상의 변화를 허용하지 않는 고착·고정적인 변화면 그것은 세뇌고, 앞으로 변화·발전을 함축하는 신축성·유연성이 있는 변화면 그것은 교육이다.

1950~53년 6.25 전쟁 때, 많은 미군 병사들이 중공군의 포로가 되어 중국으로 끌려갔다. 미국에서는 그 포로들이 굶주림, 심한 노동, 매질 등 학대를 받을 것이라고 걱정하고, 그 결과 후일 석방되면 더 철저한 반공주의자가 되어 돌아올 것이라고 기대했다.

그러나 중공군은 미군 포로를 학대하지 않았고, 그들의 의·식·주도 중국 병사와 똑같았다. 다만 오후 서너 시간 공산주의 강의시간에 출석할 것만 의무였다. 그러면서 강의시간에 가장 열심히 듣고 그리고 공산주의에 동조하는 발언을 자주 하는 포로는 눈여겨보았다가 담배·초콜릿·외출 등 특별상을 주곤 했다.

휴전 후 본국으로 돌아온 미군 포로 중에 예상 밖으로 꽤 많은 병사들이 공산주의 동조자가 된 것에 미군 당국은 경악했다. 이들은 공산주의 '교육'에 세뇌 당한 것이다. 중공군은, 그렇게 알고 했건 아니건, 벌보다 상이 행동변화 또는 행동수정에 더 효과적이라는 학습이론을 세뇌교육에 적용했던 것이다. 가령, 그렇게 세뇌 당한 병사들이 그 후 민주적인 미국생활에서도 조금도 변화 없이 계속 고착적인 공산주의자로 남아 있다면 중공군의 교육은 더 철저한 세뇌였던 셈이다.

앞에서 교육은 인간을 인간답게, 나라를 나라답게 만들어가는 일이라고도 정의했다. 그 말은 교육목적을 정하는 두 기준이 인간과 사회라는 것을 뜻한다. 즉 바람직한 인간관 그리고 바람직한 사회관이 교육목적의 두 원천이다. 말을 바꾸면 인간의 자아실현과 사회의 안정·번영이 교육목적의 두 차원이다.

이때 사회적인 교육목적의 추구는 사회의 정치 이념에 적합한 인간특성을 지닌 인간형으로 '판 찍어내기'를 바란다는 점에서 자칫 세뇌작용에 가까워지기 쉽다. 그 점에서는 교육은 부득이 쉬이 세뇌가 되고 말 가능성이 커진다. 독재사회도 민주사회도 각기의 체제에 적합한 인간형을 길러내기를 바라기 때문이다. 예를 들어, 독재사회에서는 비판 없이 순종하는 성격을, 민주사회에서는 적정한 비판력이 있는 성격을 기르기를 원한다. 이렇게 현존사회에 적합해야 한다는 점에서 학교교육은 세뇌일 수밖에 없다. 그래도 민주사회에는 그 사회를 위한 교육이 세뇌작용에서 벗어날 수 있는 원리가 있다. 민주주의 자체가 개개인의 자아실현을 최대한 가능하게 하는 사회라는 이념이기 때문에 사회적 목적과 인간적 목적이 합치될 수 있기 때문이다.

하지만 사회에는 정치 이념 이외에 전통문화가 있어서, 사회는 거기에 적합한 인간형을 교육이 길러내기를 바란다. 우리나라 문화는 설에는 부모나 어른에게 큰절로 세배하고, 연장자에겐 경어를 써야 한다. 그런 점에서 교육은 때로는 '판 찍어내기'의 세뇌일 수밖에 없다. 다만 그런 세뇌가 사회문화에 유익하고 개인의 자아실현에도 도움이 되리라는 희망은 가져볼 뿐이다.

교육과 세뇌의 차이를 듀이의 주장을 빌려 밝혀 볼 수 있다.[9] 듀이는 '교육은 경험'이고, 경험으로 앞의 경험을 개조해 가는 '경험의 재구성'이라고 했다. 경험에는 강의·독서 등 간접 경험도 필요하지만, 우선 직접적인 행동 경험이 더 긴요하다. 나아가 듀이는 경험의 계속적인 재구성은 그 자체가 교육목적이며, 달리 밖으로부터의 어떤 외재적 목적은 필요 없다고 주장한다. 그러려면 교육에서 학생에게 경험하게 하려는 경험은 그 자체가 교육적으로 좋은 경험이라야 한다.

그렇게 그 자체가 교육적으로 좋은 경험이란 어떤 것이냐? 듀이의 답은 보다 풍부한 좋은 경험을 할 수 있는 가능성을 넓게 열어주는 경험이다. 지금 이 경험을 함으로써 앞으로 더 많은 좋은 경험을 할 수 있게 하는 경험이 좋은 경험이다. 덧셈·뺄셈의 경험은 곱하기·나누기 경험을 할 수 있는 길을 열어주는 좋은 경험이다. 수학의 경험은 수많은 자연현상과 사회현상을 이해할 수 있는 경험의 문을 열어준다. 그렇게 앞으로의 경험의 문을 넓게 그리고 다시 더 넓게 열어주는 경험을 마련하는 것이 교육이다.

이에 반해서, 어떤 종교교리나 사상을 그것에 하등의 의문도 주저함도 용서되지 않는 절대적인 진리라고 굳게 믿게 하고, 그것과 다른 사상은 조금도 거들떠보아서는 안 되는 것으로 가르친다면 그것은 교육 아닌 비교육적인 세뇌다. 여러 종교, 여러 사상의 극단주의자들이 그런 세뇌의 소산이다. 조선 시대에 주자학 이외의 사상은 다 사문난적, 이단사설로 몰았던 것도 그 예다. 그것은 교육 아닌 세뇌다. 그런 사상의 고착은 계속적인 유연한 자체 성찰과 발전을 막는다. 여기에서 우리는 앞서 "신론"에서 인용한 틸리히의 말, 고차적인 신앙은 '회의와 같이하는 신앙'이라고 한 말을 상기할 만하다.

더구나 학문에서는 모든 법칙 또는 이론은 언제나 하나의 가설假設 hypothesis로 보아야 한다. 새로운 증거 앞에서는 언제나 그 자체를 재구성하거나 때로는 파기도 해야 하는 가설로 보아야 한다. 새로운 증거에도 불구하고 막무가내로 고집하는 것은 독단론獨斷論으로 전락한다. 독단론의 주입은 세뇌다. 고대 그리스 톨레미Ptolemy의 우주론인 천동설은 아름다웠다. 하지만 천 년 이상을 사람들이 믿어왔던 그 천동설은 코페르니쿠스가 제시한 새로운 증거 앞에 파기될 수밖에 없었다. '좋은 이론은 스스로를 파괴하는 힘을 가지고 있다'는 말이 있다. 좋은 이론은 새로운 증거 앞에서는 언제나 스스로를 파괴할 용의가 있는 이론이라는 뜻이다. 그런 열린 자세를 기르는 것이 교육이다.

하나 부가해야 할 것은, 위와 같은 교육과 세뇌의 분별도 교육력이 약하면 별 뜻이 없다는 점이다. 교육력이 약하면 학교교육이 어느 정도가 참된 교육이고 어느 정도가 비교육적인 세뇌냐를 따지는 것이 별 문제가 되지 않는다. 교육력이 약하면 어차피 교육도 불완전하고 세뇌도 불완전해질 것이기 때문이다. 중공군의 미군 포로 교육은 '다행히' 불완전했다. 대다수의 포로들은 세뇌 당하지 않았기 때문이다. 그래서 교육력은 약한 것이 강한 것보다 나은 것인가? 그래서 교육을 중요하다 하면서도 현실에서는 그저 그럭저럭 적당히 해도 되는 것으로 여기는 것일까?

'교육' 대 '세뇌'의 문제와 관련해서 흔히는 심각하게 따지지 않는 좀 까다로운 문제가 있다. 그것은 교육으로써 오늘 세대가 내일 세대의 운명을 어느 정도까지 좌지우지 컨트롤해야 하느냐라는 문제다.

이것은 문화 변천이 느렸던 옛날 사회에서는 별 문제가 되지 않았다. 오늘의 사회나 내일의 사회나 비슷한 것이기 때문이다. 오늘 수판으로 계산하기를 잘 가르치면 그것이 내일의 사회에도 그대로 잘 통용될 것이기 때문이다. 그러나 수판에서 수동계산기, 다시 전동계산기, 다시 컴퓨터, 슈퍼컴퓨터, 다시 인터넷, 스마트폰 등으로 정신없이 변화하는 현대에서는 심각한 문제가 된다. 수판을 잘 가르쳐 거기에 고착되게 하면 컴퓨터 시대에서는 낙오자가 되기 때문이다.

학교에서는 오늘의 세대가 내일의 세대를 가르친다. 오늘의 세대는 최선을 다해서 내일의 세대가 내일에 잘 살도록 교육하려 한다. 하지만 오늘의 세대가 내일의 세계를 꿰뚫어 보는 데에는 한계가 있다. 오늘의 세대는 오늘의 사회상이 그대로 내일의 사회상일 것이라고 소박하게 생각하기 쉽다. 그럴수록 그 교육은 내일에 도리어 역기능이 될 수 있는 가능성이 커진다.

한국의 내일은 예측불허의 엄청난 대형 변화의 격랑이 밀어닥칠 전망이 확실하다. 정치·경제·사회·문화의 세계화의 격랑, 언제나 험악한 동북아 정세의 격랑, 통일을 내다보는 심난한 한반도의 격랑 등 이 모든 격랑을 헤쳐나갈 수 있는 내일의 세대의 역량을 오늘의 세대는 길러야 한다. 이를 위한 교육은 닫힌 고착적인 개념과 성격을 형성하는 세뇌 기능은 최소한으로 줄이고, 열린 유연한 개념과 성격을 형성하는 교육의 기능을 최대화해야 한다. 나머지는 내일의 세대가 스스로 자신을 계속 재구성해 가면서 자신의 운명을 스스로 개척해 나가기를 바랄 뿐이다.

결어

내 사상의 소원

내 사상의 소원

나는 내게 어떤 사상이 있다면,
그것이 다음과 같은 사상이기를 바란다.

나는 내 사상이 다양한 인간문화의 기초로 형성되어 가기를 바란다.

나의 좁은 전문 관심은 교육이다. 하지만 그 교육의 향방을 가늠하기 위해서도, 그 전에 한 인간 한 국민으로서 삶의 갈피를 잡기 위해서도, 내 사상은 동서고금의 종교·정치·경제·학문·예술 등 다양한 문화를 가능한 한 넓게 섭렵하면서 형성되어 가기를 바란다. 물론 그런 다양한 섭렵엔 한계가 있고 또 한계가 있어야 하는 것인지도 모른다. 하지만 자신의 전문으로 자칫 편협한 사상이 되기 쉬운 사상을 계속 펴나가기 위해서도 내 사상은 계속 그 배경의 다양성을 추구하기를 바란다.

나는 내 사상이 어떤 한 사상에 완전히 세뇌되는 것을 언제나 경계하기를 바란다.

내 사상은 지금 내가 아무리 깊게 신봉하고 있는 사상이라도, 거기에

완전히 내 몸을 맡겨버리는 극단주의로 전락하지 않기를 바란다. 아무리 지금 전폭적으로 찬동하는 사상이라도 거기에 한 치 한 폭의 회의·반성·비판의 여유는 남겨 놓을 수 있기를 바란다. 나는 내 사상의 노예가 되지 않고 내가 사상의 주인이기를 바란다.

나는 내 사상이 열려 있는 사상이고 그 계속적인 재구성이 가능한 사상이기를 바란다.

나는 내 사상이 새로운 경험이나 새로운 증거 앞에 스스로를 재구성해 가는 유연성을 지니고 있기를 바란다. 나아가 나의 사상과 반대되는 사상도 경청할 수 있고, 그것을 정·반·합의 변증법적 원리에 따라 더 고차적인 사상으로 발전시킬 수 있기를 바란다. 이것이 지금 간직하고 있는 사상에 대한 애착 때문에 쉬운 일은 아니겠지만, 그래도 그것이 발전의 기제다.

나는 내 사상이 모든 갈등적인 이분론二分論을 초극하고, 그것을 이원론二元論으로 이해하면서 그 양립·상보 나아가 그 조화·종합을 찾아가기를 바란다.

사람들과 사회의 삶에는 고와 락, 안정과 불안, 생과 사, 정신과 육체, 지성과 감성, 부와 빈, 보수와 진보, 자유와 평등 등 수많은 이분론들이 많다. 그런 이분론은 자주 갈등을 빚는다. 많은 이분론은 실은 양립해야 각기의 존재이유가 서고, 서로를 채워 주는 상보관계에 있으며, 나아가 새로운 조화·종합·창조의 원리도 될 수 있는 이원론으로 해석해야 한다. 생과 사는 극단적인 이분론이다. 하지만 아마도 도통한 고승에게는 생과 사를 이원론으로 보고, 그 생과 사를 꿰뚫어 동일 선상으로 보는 달관이 있을 것이다.

나는 내 사상이 내가 중용中庸의 길을 걸을 수 있게 해주기를 바란다.
중용은 두 극단의 물리적 중간을 뜻하지는 않는다. 한 사상을 때와 장소와 경우에 적합하게 실행함을 뜻한다. 모든 사상은 그 순수한 모습으로 정의되고 주장되며, 거기에 현실의 잡다한 여건들은 들어가 있지 않다. 예컨대, 민주주의는 1인 1투표의 총선이 그 순수한 정의다. 거기에는 국민이 어느 정도는 절대 빈곤은 벗어나 있어야 하고, 국민들의 지적·도덕적 특성이 충분히 성숙되어 있어야 한다는 등의 조건은 포함되어 있지 않다. 하지만 현실에서 민주주의를 창달하려면 이런 조건을 감안하는 중용을 취해야 한다. 아니면 민주주의 자체가 조금도 실현되지 않는다. 극단주의가 자주 실패로 돌아가는 이유다.

나는 내 사상이 모든 사물이나 활동을 어떤 다른 목적의 수단가치보다는 먼저 그 자체가 보람인 목적가치를 밝히고 거기에 삼매경으로 젖어들 수 있게 해주기를 바란다.
나는 내가 하는 모든 활동에서 그 쓸모보다는 먼저 그 자체의 재미·뜻·보람·희한함·오묘함·소중함을 발견할 수 있기를 바란다. 스포츠는 건강을 위해서가 아니라 그 자체가 재미있어서, 공부는 그 쓸모가 아니라 그 자체가 오묘하고 희한해서, 모든 인간관계는 어떤 이득 때문이 아니라 그 자체가 그저 반갑고 소중해서 맺어 있기를 바란다. 그런 자체목적적인 활동에 행복의 시간이 있고 성취의 가망이 있으며 도덕의 진수가 있고, 거기에 삶의 충만감이 있기 때문이다.

나는 내 사상이 궁극적으로 교육의 전인사상에 이어져 나의 교육사상을 더욱 풍부하게 해주기를 바란다. 전인사상은 어쩌면 교육에 관한 나의 중심 사상이다.

사람이 건전한 지·정·덕·체의 조화를 어우르고, 인문·사회·자연·예술의 기본소양을 갖추는 것은 인간의 자아실현과 사회의 발전에 기본적인 요건이라고 나는 믿는다. 나는 다양한 인간문화와 그 사상에 관한 성찰이 전인사상을 교육에 실현하는 길로 이어지기를 바란다.

나는 내 사상이 가능한 한 그 언행일치로 이어지기를 바란다.

내가 투철한 성인도 아니고 영웅도 아닌 이상, 나의 일거수일투족 모든 행동이 언제나 나의 사상과 일치하기는 어려울 것이다. 때로는 지혜가 짧아서, 때로는 의지가 약해서 언행이 일치하지 않을 수도 있다. 그러나 그런 경우를 최소로 줄일 수 있기를 바란다. 언제나 나의 행위가 보편적인 입법이 될 수 있을 만큼 모범적인 행위일 수는 없다 하더라도, 언제나 인간을 수단으로서만 아니라 동시에 목적으로 대할 수 있기를 바란다.

나는 내 사상이 한국의 현실 그리고 그 미래에 적합한 것이기를 바란다.

한국은 내가 태어나고 살아오고 묻힐 곳이다. 그리고 내 자손들이 대대로 살아갈 곳이다. 내 사상이 그 한국의 오늘의 현실과 내일의 항로에 조금이라도 도움이 되기를 바란다. 한국의 오늘과 내일은 한편으로 보면 평온하고 희망 차 보인다. 경제는 최빈국에서 중진국을 넘어서 선진국으로 진입하려 하고, 6.25 전쟁 이후로는 반세기 넘어 전란도 없었다. 그러나 다른 한편으로 보면 한국의 현실과 미래는 여러 가지로 어려운 시련을 겪어야 할 개연성도 안고 있다. 도리어 평온에 젖는 것은 근시안적인 안일이고, 긴 안목에서 긴요한 것은 닥쳐올지도 모르는 역사의 격랑에 대비해야 하는 정신자세일 것이다. 내 사상이 그 대비에 작은 일조가 되기를 바란다.

주(註)

서론: 이분론 너머

1. Irwin, T. (trans.), *Aristotle: Nicomachean Ethics* (Indianapolis: Hackett Publishing Co., 1996).
2. 이동한 역해, 《중용 · 대학》 (서울: 나남, 2000).
3. Hobbes, T., *Leviathan* (N.Y.: Collier Books, 1962).
4. McGilchrist, I., *The Master and his Emissary* (New Haven: Yale Univ. Press, 2009).

1. 인간의 삶

1. 이정전, 《우리는 행복한가》 (서울: 한길사, 2003).
2. Begley, S., "How the Brain Rewires Itself" (Time, Feb. 12, 2007).
3. 니체, 《비극의 탄생》: 세계사상대전집 9 (서울: 대양서적, 1970).
4. Heidegger, M., (전양범 옮김), 《존재와 시간》 (서울: 시간과 공간사, 1989).
5. May, R., *Love and Will* (N.Y.: Norton, 1956).
6. Tillich, P., *Courage to Be* (New Haven: Yale Univ. Press, 1952).
7. Satinover, J., *The Quantum Brain* (New York: John Wiley, 2001).
8. Cloud, J., "Why Genes Aren't Destiny" (Time, Jan. 18, 2010).
9. Kluckhohn, F. and Strodbeck, F., *Variations in Value Orientations* (Evanston, Illinois: Row, Peterson, 1961).
10. Dawkins, R., *The Selfish Genes* (N.Y.: Oxford Univ. Press, 1976).
11. Damasio, A., *Descartes' Error* (N.Y.: Putnam's Sons, 1994).
12. Medina, J., *Brain Rules* (Seattle: Pear Press, 2009).
13. 타케우치 요시오, (이동희 역), 《중국 사상사》 (서울: 여강출판사, 1987).

2. 서로 어울려

1. Fromm, E., *Escape from Freedom* (N.Y.: Holt, Rinehart, 1941).
2. Whyte, W., *Organization Man* (N.Y.: Double Day, 1957).

3. 장영자, 《축복》, "자녀를 위한 기도-더글러스 맥아더" (서울: 비체, 2008).
4. Orwell, G., *Animal Farm* (N.Y.: Harcourt Brace Jovonovich, 1946).
5. Greenfeld, R., *Nationalism: Five Roads to Modernity* (Cambridge: Harvard Univ. Press, 1992).

3. 나라는 잘 다스려야

1. 함석헌, 《뜻으로 본 한국사》 (서울: 제일출판사, 1965).
2. 손무, (강무학 역), 《손자병법》 (서울: 집문당, 1978).
3. *Encyclopedia Britannica* (Chicago: Encyclopedia Britannica Inc., 1968).
4. 김용만, 《고구려의 발견》 (서울: 바다출판사, 1998).
5. Zakaria, F., *The Future of Freedom* (N.Y.: Norton, 2003).
6. Tocqueville, A., *Democracy in America* (N.Y.: Alfred A. Knopf, 1994).
7. Przeworski, A. and Limongi, F., "Modernization: Theories and Facts," *World Politics*, 49(2), 1997.
8. Mill, J., (이상구 역), 《자유론》 (서울: 상설문화문고, 1971).
9. Hill Jr. T. (trans.), *Kant: Groundwork for the Metaphysics of Morals* (N.Y.: Oxford Univ. Press, 2009).
10. Fromm, E., *Escape from Freedom* (N.Y.: Holt, Rinehart, 1941).
11. Mill, J., (이상구 역), 《자유론》 (서울: 상설문화문고, 1971).
12. Almond, G. and Verba, S., *The Civic Culture* (Princeton, N.J.: Princeton Univ. Press, 1963).
13. 손무, (강무학 역), 《손자병법》 (서울: 집문당, 1978).
14. Bass, B., *Transformational Leadership: Industrial, Millitary, and Educational Impact* (N.J.: Lawrence Erlbaum, 1998).
15. Bennis, W., *Why Leaders Can't Lead* (San Fransisco: Jossey-Bass, 1990).

4. 풍요한 삶을 위해

1. Sachs, J., *The Price of Civilization* (London: The Bodley Head, 2011).
2. Fukuyama, F., *Trust* (N.Y.: Free Press, 1995).
3. Weber, M. (trans. by Kalberg, S.), *The Protestant Ethics and the Spirit of Capitalism* (Los Angeles: Roxbury, 2002).
4. Sachs, J., *The Price of Civilization* (London: The Bodley Head, 2011).
5. Gardner, H., *The Creating Minds* (N.Y.: Harper Collins, 1993).

5. 알아야 하기에

1. 노자, (우현민 역주), 《노자》 (서울: 박영문고, 1981).
2. Popper, K., *The Logic of Scientific Inquiry* (N.Y.: Science Editions, 1961).
3. Guilford, J., *The Nature of Human Intelligence* (N.Y.: McGraw Hill, 1967).
4. 오병남, 《미학 강의》 (서울: 서울대학교출판문화원, 2010).

6. 사람의 도리

1. Goleman, D., *Emotional Intelligence* (N.Y.: Bantam Books, 1995).
2. Kohlberg, L., *Essays on Moral Development* (San Fransisco: Harper and Row, 1981).
3. Erickson, E., *Childhood and Society* (N.Y.: Norton, 1963).
4. Irwin, T. (trans.), *Aristotle: Nicomachean Ethics* (Indianapolis: Hackett Publishing Co., 1996).
5. Mill, J., (이상구 역), 《자유론》 (서울: 상설문화문고, 1971).
6. Hill Jr. T. (trans.), *Kant: Groundwork for the Metaphysics of Morals* (N.Y.: Oxford Univ. Press, 2009).
7. 김종구, 《사법개혁에 대한 제안》 (한림대학 한림과학원 수요세미나, 2000).
8. Fukuyama, F., *Trust*, (N.Y.: Free Press, 1995).
9. 사를르 달레, (정기수 역), 《조선교회사서론》 (서울: 탐구당, 1992).
10. Kluckhohn, F. and Strodbeck, F., *Variations in Value Orientations* (Evanston, Illinois: Row, Peterson, 1961).
11. 김용만, 《고구려의 발견》 (서울: 바다출판사, 1998).
12. Folger, T., "Rising Sea" (National Geographic, Sept. 2013).

7. 삼라만상 뒤엔

1. 이민수 역, 《주역》 (서울: 을유문화사, 1974).
2. 서종범, 《불교를 알기 쉽게》 (서울: 밀알, 1984).
3. Dawkins, R., *The God Delusion* (N.Y.: Honghton Mifflin, 2006).
4. *Encyclopedia Britannica* (Chicago: Encyclopedia Britannica Inc., 1968).
5. Shermer, M., *The Believing Brain* (N.Y.: Henry Holt, 2011).
6. Tillich, P., *Courage to Be* (New Haven: Yale Univ. Press, 1952).
7. Schwartz, J. and Begley, S., *The Mind and the Brain* (N.Y.: Harper Collins, 2002).

8. 모두 다 잘 배운다

1. Rousseau, J., (이명철 · 문경자 옮김), 《에밀 또는 교육론 1, 2》 (서울: 한길사, 2008).
2. Damasio, A., *Descartes' Error* (N.Y.: Putnam's Sons, 1994).
3. Medina, J., *Brain Rules* (Seattle: Pear Press, 2009).
4. Cloud, J., "Why Genes Aren't Destiny" (Time, Jan. 18, 2010).
5. Begley, S., "Sins of the Grandfathers" (Newsweek, November 8, 2010).
6. "Use it or lose it" (The Economist, Oct. 21, 2006).
7. Bloom, B., "The 2 Sigma Problem: The Search for Methods of Group Instruction as Effective as One-to-One Tutoring" (Educational Leadership, June/July, 1984).
8. 김호권, 《완전학습이론의 발전》 (서울: 문음사, 1994).
9. Dewey, J., (오천석 역), 《경험과 교육》 (서울: 박영사, 1980).

찾아보기

ㅈ

ㅊ

ㅋ

ㅌ

ㅍ

ㅎ